本书得到佛山科学技术学院高水平理工科大学建设专项基金和佛山市自然资源局禅城分局、佛山传媒集团佛山日报社联合资助项目"佛山市禅城区历史文化名城保护宣传推广基金"资助

印象·佛山　《印象·佛山》系列丛书编委会编

绘城 他者目光

杨俭波 等 著

Hui Cheng

Tazhe Muguang

中国社会科学出版社

图书在版编目（CIP）数据

绘城：他者目光/杨俭波等著．—北京：中国社会科学出版社，2021.9
ISBN 978-7-5203-8969-3

Ⅰ.①绘⋯　Ⅱ.①杨⋯　Ⅲ.①文化史—研究—佛山
Ⅳ.①K296.53

中国版本图书馆 CIP 数据核字（2021）第 173309 号

出 版 人	赵剑英
责任编辑	卢小生
责任校对	周晓东
责任印制	王　超
出　　版	中国社会科学出版社
社　　址	北京鼓楼西大街甲 158 号
邮　　编	100720
网　　址	http://www.csspw.cn
发 行 部	010-84083685
门 市 部	010-84029450
经　　销	新华书店及其他书店
印　　刷	北京君升印刷有限公司
装　　订	廊坊市广阳区广增装订厂
版　　次	2021 年 9 月第 1 版
印　　次	2021 年 9 月第 1 次印刷
开　　本	710×1000　1/16
印　　张	18
插　　页	2
字　　数	286 千字
定　　价	229.00 元

凡购买中国社会科学出版社图书，如有质量问题请与本社营销中心联系调换
电话：010-84083683
版权所有　侵权必究

《印象·佛山》系列丛书编委会成员名单

主　　任：李　溟（佛山市禅城区人民政府副区长）
副 主 任：陈丰顺（佛山市自然资源局禅城分局党组书记、局长）
　　　　　陈　忻（佛山科学技术学院环境与化学工程学院院长）
　　　　　关羡湛（佛山市自然资源局禅城分局党组成员、副局长）
　　　　　沈　煜（佛山日报社总编辑助理）
学术指导：龚胜生（全国政协委员、湖北省人民政府参事、华中师范
　　　　　　　　 大学城市与环境科学学院教授、博士生导师）
　　　　　侯庆涛（佛山市禅城区人大常委会委员、国家一级注册建
　　　　　　　　 筑师）
　　　　　魏兴琥（佛山科学技术学院研究生学院院长）
　　　　　区锦生（佛山市美术家协会名誉主席、佛山市城市规划委
　　　　　　　　 员会委员）
主　　编：杨俭波（佛山科学技术学院环境与化学工程学院副教授）
成　　员：区迅敏（佛山市自然资源局禅城分局名保办负责人）
　　　　　王丽萍（佛山日报社禅城全媒体中心主任）
　　　　　李　淦（佛山日报社禅城项目部经理）
　　　　　李　凡（佛山科学技术学院环境与化学工程学院教授）
　　　　　李文芳（佛山市自然资源局禅城分局专责办负责人）
　　　　　潘国英（佛山市自然资源局禅城分局注册城乡规划师、城
　　　　　　　　 乡规划工程师）
　　　　　刘书安（佛山科学技术学院环境与化学工程学院讲师）
　　　　　黄　维（佛山科学技术学院环境与化学工程学院讲师）
　　　　　马蔚彤（佛山科学技术学院人文学院讲师）

李　兰（佛山科学技术学院环境与化学工程学院助教）

关永铿（佛山日报社项目部媒介策划）

林子洋（佛山市自然资源局禅城分局科员）

康停军（佛山市测绘地理信息研究院所长、博士、高级工
　　　　程师、注册测绘师）

前　言

《中华人民共和国国民经济和社会发展第十四个五年规划和2035年远景目标纲要》指出："要保护和延续城市文脉，让城市留下记忆，让居民记住乡愁。"广东省"十四五"规划提出："保护传承岭南文化，加强对历史文化名城保护、修缮和资源活化利用。"佛山市"十四五"规划也指出，要"持续活化历史文脉，大力弘扬佛山优秀历史文化，加强历史街区、历史文化风貌区、名镇名村和保护性建筑的保护和管理"。可见，进入新时代，文化建设和历史文化遗产保护正成为丰富人民精神生活、保障人民基本权益的内在要求。对佛山来说，如何利用"十四五"规划开局之年的先发优势，为文化发展和历史文化遗产保护开新局、谋长远，成为当前必须认真思考和审视的问题。

城市文化建设和历史文化遗产保护，既需要高屋建瓴的规划指引和政策推动，又需要各级实际工作者的努力和践行，更需要最广大的人民群众保持和维护对城市文化发展、历史文化遗产、地方感维护的良好认知和指认，这个过程中，基于"人"的主观认知视角，以第三者立场，观察和了解不同群体如何认知和想象佛山，对佛山城市、文化和地方的情感体认，对指导营造良性发展的环境、促进城市文化建设至为关键。本书的立论基础就在于此，即基于"他者"视角，通过分析不同的"他者"认知、想象和建构佛山的过程，描绘出佛山在"他者"视野中的形象和印记。

本书立足文本分析视角，从"他者"认知、想象和建构角度，考察不同主体在艺术创新过程中体认、感知和诠释佛山的方式、程度及特征，进而探讨立足"观察者"角度的佛山历史名城、街区和建筑等的保护、活化和发展问题。本书主要包括以下内容：一是以佛山石湾陶艺家群体为对象，观察分析石湾陶艺家及其陶艺创作作品。通过对陶艺家艺术生涯、家学渊源、知识学识、风格特色、核心作品等的跟踪分析，了解陶艺家作为"他者"与佛山城市之间的因缘际会，以及陶艺家作为"他者"旁观城市风物的焦点、重心和核心视点，从而建构基于陶艺家群体的关于佛山历史城市、文化遗产的认知、想象和建构视点集合，进而推动后续保护措施和方案的寻优及重构。二是以佛山城市街头小品和城市公园景观为对象，讨论城市街头小品景观、城市公园景观在设计、设立和布局上与佛山历史文化、城市地方情感认知之间的关联，并结合弘扬佛山城市精神，地方文脉、地脉保持和优化，城市地方情感维系等，思考城市街头小品景观和城市公园景观发展布局的优化路径和发展对策。三是立足不同绘画者角度，通过对绘画者及其作品的分析、比较，探析绘画者群体在创作、描绘佛山城市时，其作为"城市观察者"视角及其重心，以"他者"的身份书写城市的方式、聚焦对象及其表达体系。四是以地方志为对象，通过文本分析方法，对地方志在书写佛山城市、风物、地景上的重点、焦点和核心，以历史演化为分析工具，探寻佛山城市文脉、地脉建构的历史逻辑和个体偏好，进而客观地培育和建构佛山城市文化、遗产、地方传达要素体系。五是以佛山竹枝词为研究对象，整理挖掘佛山竹枝词在描绘、书写佛山的内容、对象、表征风物上的发展特征。并立足佛山城市的八景文化，分析佛山竹枝词文本表达体系与佛山传统八景文化之间的内在关联和文义特征。本书主要采取文献整理、实地调研、文本分析及案例研究等方法，开展以"他者"视角的面向佛山历史文化名城为本体的地景描绘、记忆传达、遗产书写和历史发展等方面的分析。

  佛山市自然资源局禅城区分局、佛山市禅城区文化广电旅游体育局、佛山日报社等单位作为佛山城市文化发展和遗产保护的主管机构、传播部门，长期致力于佛山城市文化遗产的保护、传承和弘扬工作。立足两个百年发展机遇和交汇期目标设定，以国家、省、市"十四五"规划任务为起点，在党的十九大精神指引下，形成本书的选题、立项和写作。本书既是作者研究团队（佛山科学技术学院产业发展与城市促进研究中心、地方文化与旅游发展研究中心）持续耕耘佛山名城保护的直接成果，更是团队所在单位与佛山市自然资源局禅城区分局、佛山市禅城区文化广电旅游体育局、佛山日报社等单位通力合作的见证。本书的顺利出版更直接得益于佛山市自然资源局禅城分局、佛山珠江传媒集团公司的专项出版经费支持。同时，本项目的开展和推进，也获得作者研究团队同期开展的其他科研项目支持，包括"基于社区营造的传统村落旅游文化共同体及其协同进化研究"（2016年教育部人文社科青年基金项目，项目编号：16YJC850006）、"舞蹈地理视角下广场舞的混杂、体现和认同"（2017年教育部人文社科青年基金项目，项目编号：17YJCZH065）和"历史街区更新背景下的公众参与和城市社会文化空间建构"（2013年广东省教育厅广东省高等学校高层次人才项目，项目编号：2013－193）。

目　　录

第一章　陶艺家视野中的佛山印记 …… 1
 第一节　佛山（石湾）陶艺概述 …… 1
 第二节　佛山陶艺家群像 …… 18
 第三节　陶艺家作品中的佛山印记 …… 28
 第四节　主动与被动：陶艺家如何想象和建构佛山 …… 50

第二章　街头小品中的佛山印记 …… 57
 第一节　街头小品与城市 …… 57
 第二节　佛山街头小品与景观 …… 58
 第三节　佛山街头小品中的地方印记 …… 62

第三章　公园景观中的佛山印记 …… 76
 第一节　公园景观与城市 …… 76
 第二节　佛山公园景观小品与景观 …… 77
 第三节　佛山城市公园中的地方印记 …… 79

第四章　绘画者视野中的佛山印记 …… 107
 第一节　不同绘画者作品中的佛山印记 …… 108
 第二节　绘画者如何想象和建构佛山 …… 145

第五章　志书叙事中的佛山书写 …… 150
 第一节　志书舆图中的佛山 …… 150
 第二节　佛山舆图的景观意象 …… 162
 第三节　志书叙事对聚落环境的书写 …… 189
 第四节　佛山城隍庙的空间文化解读 …… 202

第六章　志书诗画中的佛山印记 ············· 211
  第一节　佛山竹枝词 ····················· 211
  第二节　佛山竹枝词的地景和想象 ············· 216
  第三节　八景：诗画中的地方呈现 ············· 239

附录　佛山市现有城市公园统计 ··············· 267

参考文献 ························· 270

后　记 ·························· 278

第一章　陶艺家视野中的佛山印记

第一节　佛山（石湾）陶艺概述

　　陶瓷艺术品及陶瓷雕塑，是土火融合再生的艺术。它以陶土（瓷土）为原材料，经过陶塑艺术家（陶工）或陶艺家的立体化塑形加工和造景，再以火熔炼煅烧，最终成为让人赏心悦目、美轮美奂作品的艺术。佛山（石湾）陶器烧造的历史可溯源至5000年前，发展至今形成了具有典型岭南特色、广府风情的南国窑系和陶瓷艺术风格。从考古发现的成果来看，佛山（石湾）陶塑窑口遗址可追溯到新石器时期的河宕遗址，河宕遗址出土的大量陶器中，表面可见叶纹、绳纹、网纹、云雷纹等装饰（见图1-1至图1-4）。春秋战国时期至汉代，墓葬随葬陶器成为后代陶器原型，唐代佛山石湾一带出土的随葬品中，已经看到了施釉、做工等精美的青黄釉陶罐，甚至还可见装饰贴塑陶器。

图1-1　叶纹陶器　　　　　　　　图1-2　绳纹陶器

图 1-3　网纹陶器　　　　　　　　图 1-4　云雷纹陶器

唐宋时期的佛山大帽冈窑①址、南海奇石窑②等都是当时岭南地区以生产施釉陶器为主的民间窑场,器皿造型以民间日用品的碗、盘、碟、罐、坛、瓶（见图1-5至图1-7）等为主；产品多施青釉、青黄釉或酱黄釉（见图1-8），个别制品附加有塑贴的动物或人物装饰，其产品与明清时期佛山（石湾）窑产品之间有一定的承袭关系。

图 1-5　明石湾窑灰蓝釉辅首双耳炉　　　图 1-6　清石湾窑花釉斑点纹菊瓣盘
（故宫博物院藏）

---

① 曾广亿、古运泉、宋良壁：《佛山石湾、阳江石湾古窑关系初探》，《石湾陶展》，香港冯平山博物馆 1979 年版。
② 曾广亿：《南海奇石唐宋窑址调查》，《广东文博通讯》1973 年第 1 期。

图1-7 素胎刻纹璃耳方瓶　　　图1-8 白釉苏东坡像（潘玉书制）

从制陶技艺的养成和变化来看，佛山（石湾）制陶技术的传承和发展，与北方陶瓷技艺南下密不可分，佛山（石湾）制陶技艺的形成和发展，随中国历史上的人口大迁移而不断提升。南迁移民带来了北方中原地区的先进制陶工艺，推动了佛山（石湾）制陶工艺和水平的提升与发展。"广窑谓之泥均，其蓝色甚似灰色……于灰釉中，旋涡周遭，颇露异彩，较之雨过天晴，尤极浓艳，且为云斑霞彩。不足以方厥体态，视彼窑变泪痕若零雨直下者，匪可相提并论。……又有时于灰釉中露出深蓝色之星点，亦足玩也。"[①] 佛山（石湾）陶业及陶窑烧造技术的发展和提升，在漫长的历史进程中，从釉色、造型、烧制等多环节借鉴了官窑、哥窑、汝窑、定窑、钧窑等北方诸多名窑技术。"石湾集宋名窑之大成"的说法，就充分说明了这一点。

从陶塑工艺品的类型来看，佛山（石湾）陶塑分为人物、动物、器皿、微塑和瓦脊五大类别（见图1-9和图1-10）。佛山陶塑产品，尤其是艺术陶瓷类，在明清以降的岭南和东南亚地区，一直被称为"石湾公仔""公仔脊""瓦脊公仔"等。这种带有强烈地方特色的称呼，既反映了大时

---

① 《陶雅》卷下，三乐堂珍藏本，上海朝记书庄光绪三十二年版，第20页。

图1-9 "南石"款铁锈釉弥勒佛坐像（明末）

图1-10 清石湾窑双狮耳香炉

代（明清时期）下，随着当时对"瓦脊"产品需求下降和东南亚地区市场的全面拓展，佛山（石湾）陶艺家应对时势变化对产品进行创新研发的结果，也是佛山（石湾）地方产业发展在产品人格化上的投影。"石湾公仔"的内涵化、故事性、情节化、人格化特征，在充分展现佛山地方核心要义——渔、樵、耕、读、牧、弈、饮、琴、游、戏等传统人物故事和百姓日常生活场景、劳动场景的基础上，更表达了佛山（石湾）人的审美意趣和情感体验——佛山（石湾）陶塑惯于表现逼真和写实，讲究情感的植入和展现，陶塑作品中有大量关于褒忠贬奸、扶正祛邪、祈福求安、尊老爱幼、教化良善的主题，形成了佛山（石湾）陶塑的典型陶艺风格。同时，在人物造型设计和对象偶像选择上，多以老子、钟馗、关公、罗汉、达摩、观音、寿星、济公、八仙（见图1-11至图1-15）等大众耳熟能详的人物为造像和表现对象。这些为满足道德和宗教需求而创作的偶像形象，代表了百姓心目中经由原始社会至农业社会传承的传统道德观、价值观和心理认知，也是在自然神祇论的指引下佛山地方社会多神崇拜的地方知识呈现方式。同时，实用和审美合二为一的石湾陶塑，对于美的表达方式，也体现了以艺载道、日用即道的宏观宇宙观。陶艺家通过巧妙的技艺，在师法造化的同时，并不是一味相法自然，而是进入到了更加高级的"见心源、见众生"的层面。融情感于泥工，张审美于陶塑，充分展示了石湾陶塑艺术审美沿袭的多元（样）性、流动性、复杂性和主观性特征。

图 1-11　白釉长眉罗汉像（刘传制）

图 1-12　变釉托钵罗汉像（局部）
（梁醉石制）

图 1-13　彩绘瓷塑苏武牧羊
（粤东渭岩制）

图 1-14　李逵闹江州（刘传制）

图 1-15　白釉如来佛立像（刘传制）

佛山（石湾）陶瓷技艺外师造化、内得心源，既充分吸收了各种名窑陶艺技巧，又极大地彰显了地方文化传承和地方传统审美对陶业发展、美陶艺术的投影与浸染，形成了高度写实和适度夸张的完美结合。陶艺家深入领会时代审美趣味，并加以吸收、消化和创新，反映了佛山地方文化和传统给予他们的艺术体悟，使佛山（石湾）陶艺制品内含着深厚的地方写实印记。佛山（石湾）陶塑在精致中彰显大气，在写实中内蕴夸张，是中国陶瓷艺术和民窑艺术的典范。

佛山（石湾）陶瓷及其烧造工艺技术，生成于岭南特殊的地理、历史、文化环境，是岭南文化（广府文化）的有机组成部分。历史地看，以广州为极核的岭南地区自古至今就是我国对外交流的繁盛之地，也是多元文化共存共处和交流融合的窗口与重要区域。其地近远洋、海运便捷的交通运输条件，形成了开放、包容、务实、求新的核心文化价值观。佛山（石湾）陶塑的工艺文化发展与景德镇陶瓷数百年受皇家文化浸润和宜兴紫砂接受江南雅文化熏陶大不相同，它是以满足岭南和东南亚地区民间百姓日用为目的，形成了独具特色的岭南民间审美趣味，即民本为上和大俗大雅。

从品种发展的角度来看，佛山（石湾）陶瓷涵盖范围广泛，既有家庭陈设欣赏品、供祭祀品、小玩具、实用陶瓷雕塑品，也有器皿微雕、建筑装饰陶雕等。人物陶塑多以仙佛、神像和渔樵耕读等为题材，尤其以瓦脊人物群雕为知名。明清时期，佛山（石湾）陶业随着市场经济、城镇发展的高速增长，进入快速发展的繁盛时期，不仅大量生产民间百姓日用陶和建筑装饰用陶，陶业发展也快速适应市场对艺术彩塑陶瓷等需求，开始大量生产各种艺术釉陶，尤其以造型丰富、釉色多样的陈设用陶和具有写实艺术风范的各种人物、动物陶塑等最具盛名。这一时期的佛山（石湾）窑产品行销地域广阔，素有"石湾瓦，甲天下"①的盛名、"石湾之陶遍两广，旁及海外之国"② 等美誉。

佛山（石湾）陶塑的民本主义倾向，使其产品塑制和器物烧造，带有基本的普世关爱情怀，而且突出表现为人们对人生平安富贵的向往和塑造。反映到石湾陶的具体生产上，就是产品有很强的寓意吉祥象征性，花窗、影壁、花脊上的建筑装饰陶，各类日用器皿，人物或动物立体雕塑摆件以及盆景微雕等各类陶器都是工艺不厌精，花色不厌多。佛山（石湾）陶是真正从民间生活土壤中孕育出来的实用艺术，它的创造力根植于丰厚的民

---

① 阮元：《广东通志》卷九七《舆地略》十五。
② 屈大均：《广东新语》卷十六《器语》。

众生活。

近代以来,在东西方交流融合进程中,佛山(石湾)陶塑原先立足民生、专注民生福祉的社会功能部分消失,部分被机器工业革命挟裹的廉价工业产品所替代,此种时代大变局之下,佛山(石湾)陶艺家中的佼佼者纷纷转型工艺美术家,由此开启了佛山陶塑艺术和技术的腾飞。陶艺家极尽才情和天分,在材料、造型、装饰、施釉、烧成工艺等诸多环节都做了个性化发挥。佛山(石湾)陶塑业也在晚清以来迎来了一个世纪的名家辈出、佳品迭现的艺术化陶塑时代。工业革命和技术进步带来了市场空间的增长与扩大,更促使佛山(石湾)陶艺家以更加宽广的视野和胸怀去应对,佛山陶业界更加开放,陶艺家竞争意识更加旺盛,无论是传统派还是现代派(学院派)都在尝试突破原有的艺术样式,希望用新鲜、新颖的艺术语言去研制陶器,赢得市场。一些年轻的陶艺家大胆尝试采用粗泥胚来塑造形象,以求烧成后的粗糙质感来产生视觉冲击力。一些陶艺家专擅配釉,在传统仿哥釉、仿钧釉基础上,新增淡红、宝石红、酱黄、淡黄、草绿等釉色(见图1-16至图1-19),极大地提升了用釉色来表情达意的力度。

图1-16 (清)变釉鸭

图 1-17　佛山祖庙三门正脊（局部）[（清）石湾文如璧制]

图 1-18　变釉马 [（清）黄云记制]

图 1-19　红釉熊 [（清）黄云记制]

在审美意趣和艺术追求上，佛山（石湾）陶艺家的审美品位也经历了从注重描摹自然的自然审美层次向更高层次的形神俱在的高级审美层次转型。佛山（石湾）陶艺家艺术传统中，注重描摹自然（既指自然之物，也包括自然之人），专注和擅长于刻画视觉、触觉感受到的细节真实（见图 1-20 和图 1-21），如骨骼、肌肤、毛发、指甲以及穿戴配件等。但局部的惟妙惟肖、活灵活现不是艺术旨归的全部，"看山是山，看水是水"从来都是中国传统审美的第一层次，它离"看山不是山，看水不是水"乃至"看山还是山，看水还是水"的更高层次相距较远。中国艺术的传统审美中，"心匠自得为高"（米芾语），提炼和升华艺术形象更多的不是靠眼，而是看心的统合觉察能力和情境合一的美感感知。艺术境界的显现，不是一个单层、平面和自然的再现，而是一个多元、立体和境界层深的创构。从直观感相的摹写、活跃生命的传达，到最高灵境的启示，分别有"格""气""情"三个层次："格"是映射人格的高尚格调，"气"是"生气远出"的生命,"情"是心灵对于印象的直接反映。① 艺术形象的想象和构造,根本通道在于实现对象的节奏化。如传统山水画强调起承转合,融天缩地,就是在节奏上要实现对自然山水的节奏化,高下俯仰要有势,左顾右盼要有情,远近往复要有韵。佛山(石湾)陶瓷艺术之美就在于实现了形式美的跨越,追求整体审美的渲染、塑造和传达,达到了好的艺术还要感染人、具有感染人的力量和尺度的效果。推动了由美入真,启迪人、丰富人、完善人,真正实现以更加饱满的艺术灵魂,丰富和满足人民群众对美好生活的追求。

图 1-20 瘦骨仙 [(清)霍津制]

① 宗白华:《美学散步》,上海人民出版社 1981 年版。

图 1-21　读书人坐像 [（清）潘玉书制]

佛山（石湾）陶塑艺术作为典型岭南艺术风格的中国雕塑类别，比较注重巧用衣纹的折叠、舒展、飘举来表达人物的情感心理，甚至人格本身。在人物的动态和组合关系上大胆借鉴传统戏剧，选择最富有"暗示力"的关键时刻进行定型，以形写神，意味无穷。石湾传统陶塑艺术大师如黄炳、黄古珍、陈祖、陈渭岩、冯秩来、刘佐潮、潘玉书、霍津、廖作民、廖坚、区乾等人在陶艺造型上都做出了让人叹为观止的典范性作品（见图1-22）。表现民俗民风的人物作品多诙谐幽默；表现名士风流的作品多个性鲜明；表现佛道人物的作品既重情重义又不乏烟火气息。佛山（石湾）陶艺作品的质朴、率真，外形于物，内铭于质，既具有高度的地方文化审美特征，同时又充分展现了佛山陶艺审美的形于外、朴于神、神于内的多面融合特征。

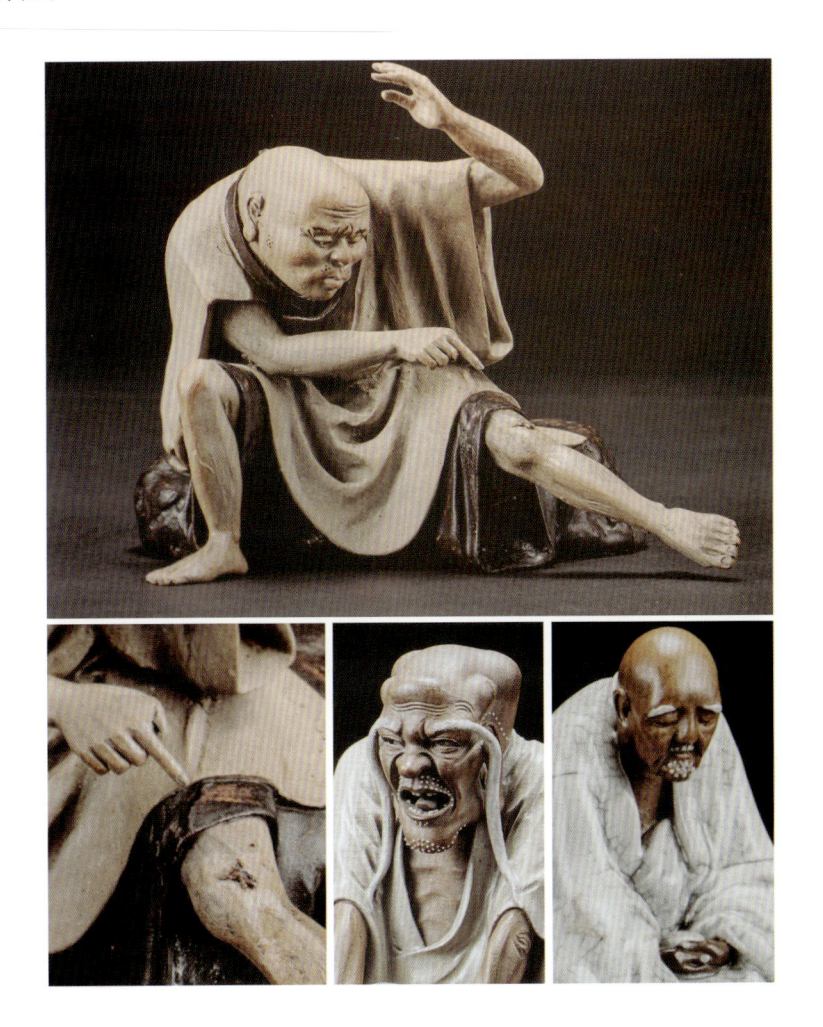

图 1-22　拍蚊公（上）[石湾刘胜制]及其局部（左）、长眉罗汉（局部）（中）[黄炳芸屿制]和静坐罗汉像（右）[潘玉书制]

佛山现当代的著名陶塑艺术大师刘传、庄稼、曾良、刘泽棉、廖洪标、梅文鼎、黄松坚、刘炳、潘柏林、钟汝荣、杨锐华、霍家荣、庞文忠、黄志伟、封伟民、霍冠华、潘汾淋、何惠娟、霍然均、刘健芬、刘雪玲、苏锦伦、冼艳芬、杨英才、周炳基等（其中部分陶塑艺术大师及其作品见图 1-23 至图 1-37），既传承前辈艺术风骨，又不断主动创新，以生花妙笔，书写佛山（石湾）陶塑艺术华章。其作品深浸的佛山文化及地方特征在缘起、特征、风度等方面，如何相互作用和表征，即为本章写作和讨论的重点。

图 1-23　刘传大师

图 1-24　白釉关公千里走单骑（刘传制）

图 1-25　庄稼大师

图 1-26　杜甫入梓州（庄稼制）

第一章 陶艺家视野中的佛山印记

图 1-27 曾良大师

图 1-28 双栖（曾良制）

图 1-29 刘泽棉大师

图 1-30 引福归堂（刘泽棉制）

图 1-31　中国工艺美术大师廖洪标 　　　图 1-32　释迦牟尼坐像（廖洪标制）

图 1-33　中国工艺美术大师、中国陶瓷艺术大师黄松坚

第一章　陶艺家视野中的佛山印记　17

图1-34　中国工艺美术大师、中国陶瓷艺术大师黄松坚、黄志伟父子

图1-35　中国工艺美术大师、中国陶瓷艺术大师刘炳（佛山刘胜记第四代传人）

图1-36　红釉魏仇伏魔（陈渭岩制）　　　图1-37　拍蚊公（刘朝佐制）

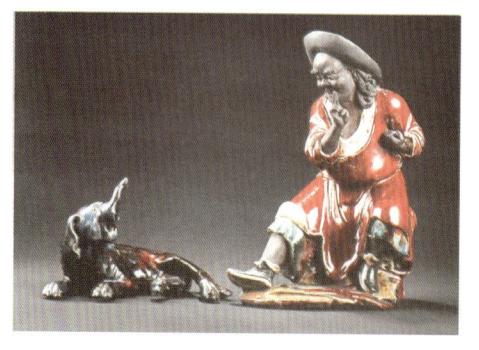

第二节　佛山陶艺家群像

一　佛山（石湾）陶塑艺术发展的源起及历程

佛山石湾窑，一般是指在佛山市禅城区石湾镇街道的石湾江东北岸、海口以东、大帽冈以西、澜石以北的狭长地带。这一地区由于陶土及岗砂蕴藏丰富，是良好的烧窑场所。其陶窑烧制及陶塑制品的生产，最早可追溯到唐代及以前，但相对成形规模发展和产业化则主要在宋代以后，明清以来则为勃兴时期，尤其体现在陶塑艺术产品领域。明清时期，石湾陶器业不断发展，并以陶塑为特色。佛山（石湾）陶塑艺术在明清时期进入快速发展阶段，明初石湾窑产品主要是以瓶、罐等日常生活用品，以及香炉、烛台、观音、佛像、土地公等宗教礼仪用品为主。明中期开始出现大量的花盆、鱼缸、花凳以及影壁、琉璃瓦、琉璃瓦脊、琉璃臂脊等建筑饰件。清代初期至中期，由于人们对宗庙祠堂、佛道庙宇等建筑的装饰要求不断提高，石湾瓦脊陶塑得以繁荣发展。明代嘉靖年间，石湾出现了陶业行会，至清末民初增至30多行。明清时期，陶业行会的出现表明石湾陶的生产和经营已趋于规范化。清代中叶以后，佛山（石湾）陶塑和公仔陶艺技术开始成熟，并逐渐形成和发展了具有强烈地方特色的风格特征。明清时期，石湾艺术陶塑也受到皇家的青睐，成为"贡陶"进入皇宫（见图1-38和图1-39）。北京故宫博物院现存的82件清宫旧藏的明清时期石湾窑陶器，说明石湾陶业制作具有较高水准。

第一章　陶艺家视野中的佛山印记

图1-38　蓝釉加彩
锦上添花瓶（清宫藏）

图1-39　升名款
素胎刻纹璃耳方瓶（清宫藏）

民国时期，佛山陶塑艺术继续发展，其艺术成就随着东西方文化艺术交流的迅猛发展而呈现多元和中西交融合璧之势，陶塑艺术及陶瓷制品的艺术成就登上高峰，成为中国陶瓷艺术史上浓墨重彩的一员。中华人民共和国成立以后，与当时特殊的体制和政治制度相适应，佛山（石湾）陶塑艺术的发展，也体现出了浓重的集体主义创作特征和革命浪漫主义主题。改革开放以后，随着开放带来的视野、眼界开阔，城市化、全球化、工业化和改革动力带来更加多元、复杂和多角度艺术发展表现形式，使佛山（石湾）陶塑艺术开始以全新复合的、更为立体多元的形式和风格来表达和诠释新时期的佛山陶瓷艺术。

二　陶业兴旺下的艺术家群体及其艺术风格

佛山作为中国自明清以来的产业重镇，无论是明清时期以其手工业、商业高度发达而"省佛"并称、岭表地区与广州齐名的"一大都会"，还是民国时期的发达蚕桑纺织产业使其成为岭南重镇，抑或是改革开放以来位居中国制造业城市第五名、GDP过万亿城市群成员的新加入者。高度发达而特征明显的城市制造业、商贸物流产业历来是佛山城市的符号和标志。

佛山制陶业作为城市产业发展中历史最为悠久、传承最为完整的产业之一，它的高度发达支撑和保障了佛山（石湾）陶塑艺术的发展和优化。从现有可见文献、史料和作品来看，明代以前的佛山（石湾）制陶产品和陶艺手工品，目前不复多见，故其艺术传承及典型传承人的来历、过往和艺术水准无法系统评鉴。根据佛山（石湾）陶塑陶瓷艺术工作者的可回溯历史，可信的历史应该始于明代，明代佛山（石湾）制陶良工，有祖唐居、陈文成、杨名、杨升、可松等。明代晚期以来，石湾陶塑制品上往往印有店号、制作者姓名等款识。从陶工技艺发展的角度来看，明代佛山（石湾）制陶和陶业的繁荣，主要在于当时庞大的出口市场（东南亚地区乃至南亚、非洲等地）需求，拉动当时佛山镇（石湾）陶塑产品的生产，由于产品生产和销售主要服务对象为广府区域、周边的主要粤东西北地区和以东南亚地区为主要市场，明代佛山（石湾）制陶业和陶塑产品表现为浓重的民用、日用特征，早期产品在艺术追求上相对有限，产业发展的主体力量是以制陶工匠为劳动力主体和创作主体的。工匠发展陶塑产业和设计塑制陶器产业，主要基于经济、实用和效率等来综合考虑生产和设计的组织及进程。以工匠为创作主体人群的明代佛山制陶业，在发展的艺术追求上，缺乏总体诉求和系统的艺术高度，但也能看到基于单品（如常见的盘、碗、瓶、碟等）收藏精品。①

清代中后期至民国初年，佛山（石湾）陶塑发展进入兴盛期，涌现出多位制陶名家和陶塑艺术大师，如文如璧、黄炳、陈渭岩、霍津、潘玉书、来禽轩、春芦堂等，其中最知名者有陈渭岩、刘朝佐、潘玉书等。这些陶塑名家各有不同的技艺和风格特色。陈渭岩长于模仿名窑色釉，精通人物、动物和器皿的塑制及烧造，其作品造工精妙，衣纹线条流畅，讲究起伏飘逸。作为清末民初佛山陶塑艺术的代表人物，陈渭岩不但精于传统继承，更是广拓视野，取国内外其他陶瓷名窑烧造之长。1925年，陈渭岩偕同潘玉书应邀去景德镇参加交流技艺的学习活动，使陈渭岩的创作更上一个台阶，通过陶土和瓷土的糅合混同使用，开启了其艺术发展的新阶段（见图1-36）。刘朝佐则相对沉浸于佛山本土色釉、陶土和地方特产、风格的把握，他既能仿传统名瓷技艺，又创造性地开发了施釉工艺，通过广泛的釉色混同和调和，开创乳绿、乳蓝、乳黄、灰黑等色釉系列，风格自成而造

---

① 如清宫旧藏明清时期佛山（石湾）陶制作品82件中，明代有藏品32件，且多以瓶、罐、缸、盘、碟等为主。

诣非凡。潘玉书作为清末民初佛山（石湾）陶塑技艺最为杰出的代表人物，擅长人物塑造，人物传神、衣褶流畅。潘玉书先生师从陈渭岩先生，在深得陈渭岩先生陶塑真传的基础上，广采东西方雕塑艺术之精华，师古又开拓创新，其所创作的人物，造型写实中透着夸张，神形俱在，美不胜收。潘玉书先生尤其擅长仕女造型塑造，其所塑造的仕女，眉毛轻灵、眼神清澈、嘴角轻抿，造型塑像的内在温柔灵秀，跃在眼前。精于以线的变化来表现重叠的衣褶，节奏感强，是佛山（石湾）陶塑艺术承前启后的代表性人物，为现代当代佛山（石湾）陶塑艺术的继承和发展奠定了良好的发展基础。当代佛山（石湾）国家陶艺大师黄少伟先生的开创性线塑工艺技术，当有潘玉书先生艺术风格的余荫与传承（见图 1-40 至图 1-41）。其他如潘铁逵的写实人物陶塑；黄炳兼擅长动物人物，其翎毛技法精湛，工艺造型逼真，神态灵活；黄古珍长于器物上作画诗书，所制的瓦脊公仔工意结合，神采交辉，玲珑璀璨；它们都是民国时期佛山（石湾）陶塑技艺的大成和展现。

图 1-40　白迫裂釉静坐罗汉像（潘玉书制）　　图 1-41　《超脱》（黄少伟制）

1949 年后，随着中华人民共和国成立带来的国家政治体制的划时代变革和创新，佛山（石湾）也进入全新的社会主义建设和发展时期，佛山（石湾）传统陶业从此开始了前所未有的现代化、社会主义化和革命化转型。陶塑技艺和艺术风格也开启了全新的以革命浪漫主义和集体主义为核心旨归的发展与提升。在以集体主义为重心的社会（共产）主义观念影响之下，社会主义运动在行动和行为逻辑上，极大地促进和带动了具有广泛意义的社会发动和多元力量整合，并在情感和审美方面开启了全面、彻底、全新的建构过程，使情感和审美成为建构历史神话、促进制度认同、保证忠诚的有力工具，社会文艺和审美风尚实现从自由到集中、从实验到工具、从多元到一元，成为彰显意识形态力量和意志的工具与风向标。与这种革命化、浪漫化风潮相对应，佛山（石湾）陶塑在以革命浪漫主义为主导的社会主义建设时期（20世纪50年代至70年代末），形成了其特有的艺术风格，它一方面折射了"政治挂帅"情况下全社会审美意趣的旨归，也展现了其艺术风格在孕育和养成层面，来自中国南方（岭南地区文化）文化的地方性、发展韧性和创作才华的影响与作用。刘传、庄稼、刘泽棉、廖洪标、刘炳、黄松坚、黄兰书、苏锡荣、毛桂珍、马海、罗琼竹、姚志明、霍胜等佛山（石湾）陶塑艺术家在此一时期的国家美术陶瓷雕塑上均产生不同程度的重要影响，他们的作品也成为这个时期体现和展示中国雕塑史的重要材料及物证。

刘传先生创作的《屈原》和《鲁迅》（1953年）获得郭沫若、郑振铎等文化名流的高度认同和肯定；1954年出版的《广东美术作品选集》中，收录了包括刘传的《鲁迅》和《屈原》、尹积昌的《中国志愿军与朝鲜女孩》、潘鹤的《课余》、庄稼和谭畅的《喂鸽》等在内的佛山（石湾）陶艺家的作品。

在新时期、新社会和新风尚的共同作用下，佛山（石湾）陶塑艺术的整体发展，逐渐走上更加多元、厚重、深层的创作方向，创作题材逐渐打破了传统上观音、罗汉、八仙、达摩等一统天下的基本局面，大量以民间喜闻乐见的诗人、词人、曲人、英雄人物等出现在陶塑创作之中。其优秀者如《举杯邀明月》《屈原》《关汉卿》等作品。陶艺家的创作紧跟当时社会政治风向，创作了一系列以"阶级斗争""革命精神"为主题的现实主义题材陶艺作品。1965年，《人民日报》发文对佛山（石湾）陶塑艺术进行了高度赞扬："著名的广东石湾陶瓷艺术，在京剧艺术改革成功的鼓舞下，摆脱了古代人物形象的束缚，出现了一批塑造社会主义时代的工农兵形象的新作品……题材十分广泛。"[①] 20世纪70年代，佛山陶塑艺术创作

---

① 陶克：《革命时代需要社会主义新文艺》，《人民日报》1965年6月10日第3版。

继续紧密跟踪时代发展和主流思想导向,创作了一大批革命现实主义题材的作品(见图1-42至图1-45)。这种艺术创作与时代政治主题密切互动

图1-42 白毛女组塑盼东方出江日
(集体创作,1967年)

图1-43 地雷战
(刘泽棉制,20世纪60年代)

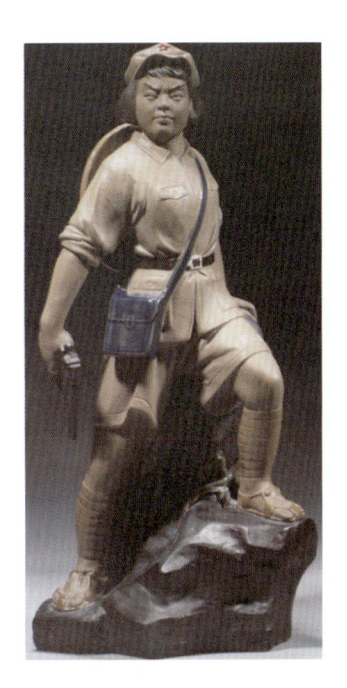

图1-44 娘子军
(刘泽棉制,20世纪60年代)

图1-45 十大英雄人物张思德
(集体创作,20世纪60年代)

的产业发展和艺术风格，推动佛山（石湾）陶塑在产业发展和艺术创作上同步进入辉煌时期。《喜悦》《塔吉克姑娘》《移山造田》《雪海飞燕》《试针》《铁人王进喜》《炉火正红》《丰收在望》《收租院》《红灯记》《白毛女》和毛主席纪念堂大型陶瓷浮雕花板等一批单件和大型组塑佳作涌现，佛山（石湾）陶塑艺术再上高峰。同时，生产工艺的模式化和可复制化，以及这种模式化复制产生的传播效应，使相关作品的创作者（艺术家）成为全国知名的工艺美术家。

改革开放以来，随着开放、搞活、市场、效率和交流融合成为中国改革开放时期的总体追求和指向，中国社会经济和城市发展进入快速增长阶段，佛山（石湾）陶业和陶塑生产也进入高速增长期，佛山（石湾）陶艺的生产、设计和烧造呈现出勃勃生机与活力，在市场需求扩大、对外交往频繁、文化旅游产业发展和宽松的政治经济环境等多重作用下，佛山（石湾）陶业发展和陶瓷艺术创作出现新的发展趋势和特征，突出表现在以下三个方面。

（1）国营集体创作消解，个人工作室迅速兴起。改革开放带来了城市、经济、产业的快速发展，一些原来依附于国营企业从事生产、设计工作的陶艺家开始离职走上自主发展的新路，陶艺家通过开设陶艺工作室，极大地释放和拓展了个体创作热情与空间，陶艺家也通过市场机制的运作和保障，获得了相应的知识溢价收益。比如，"又一村""湾溪刘氏""瓦工窑""艺之谷""石湾刘胜记""虞公窑""陶花源""钟汝荣工作室"等成为此一时期石湾陶艺家自主创业的典型代表。佛山（石湾）陶艺家立足个人工作室，继承与开拓相协调，创作出一大批优秀作品如中国陶瓷艺术大师钟汝荣等（见图1-46和图1-47），石湾陶艺也由此进入了多元化自由发展的时期。

（2）家族制、师徒制相对消解，学院制培养渐成主流。家族代际传承，师徒制陶塑技艺传习，是佛山（石湾）陶塑陶艺传承和发展的历史基础。自明代开镇以来，佛山（石湾）就有聚族而居的传统。石湾是陶家族，自明代开始，有霍、吴、罗、何、陈、廖、林、伍等诸大姓社群。这些大姓家族以制陶、产陶、售陶为族业，组织家族从事陶塑的生产、流通和批零销售，并逐渐发展出不同历史时期较为知名的店号，如文如璧、刘胜记、黄云记、云渔氏、区大记、瑞初斋、吴南石堂、秩来巧、黄古珍等清代至民国家喻户晓的石湾陶塑家族店号。中华人民共和国成立后，全新的社会主义发展制度，对传统的家族小作坊式生产方式进行了全面改造，在经历改

图1-46 中国工艺美术大师、中国陶瓷艺术大师钟汝荣

图1-47 山鬼（钟汝荣制，1996年）

革开放前社会主义时期的集体主义和国营企业生产、创作阶段后，至改革开放后，传统的家族一体、混同经营的发展模式全面解体。同时，在陶瓷技艺习得和传承上，也一改传统的师徒制、父子制主导的传统模式，陶艺传习的领域更加开放多元。在师徒制、父子制①作为佛山陶艺习得和传承的典型方式继续存在的同时，更多的年青艺术家进入陶塑艺术创作的路径，主要是通过系统的学院训练，建立其关于陶塑技艺创作的理论和实践基础。同时，国内主要从事陶塑技艺培养的院校，如中央美术学院、景德镇陶瓷大学、广州美术学院、佛山科学技术学院等也为石湾陶瓷艺术的发展和创新，提供了源源不断的人才资源。黄志伟先生作为佛山当代陶艺家（中国工艺美术大师+中国陶瓷艺术大师）的典范，其源自家学的同时，青年时期曾求学于广州美术学院，并得到了系统的专业教育和训练。潘超安先生毕业于广州大学工艺美术专业，谢剑辉、郑若琼等也毕业于陶瓷艺术设计

---

① 如佛山荣获中国工艺美术大师+中国陶瓷艺术大师"双大师"称号的黄松坚、黄志伟父子，即为父子制的典型代表。

专业，富于才情、勇于创新的潘柏林先生，也曾在中央工艺美术学院进行过系统的修业学习。年青一代的陶瓷工艺设计师以自身规范、完整的学院教育和训练为基础，通过广泛的涉猎和融通，为佛山（石湾）陶塑艺术的发展增添了新鲜血液和动力。

（3）艺术风格始于传统且高于传统，呈现多元立体拓展趋势。佛山（石湾）陶艺在历史发展过程中相沿成习，渐成风格，如石湾陶塑作品多以人物、动物、器皿、盆景、建筑装饰等为主体，在艺术格调追求上，始于写实，且神形具备。造型历来多以古拙朴厚、釉色斑斓为特征，由此形成地方特征明显的中国岭南陶塑代表之一。同时，佛山地方文化传统中的浓重"民本"特征也对石湾陶艺的形成和发展产生了重大影响。立足民生、服务民生从来都是石湾陶艺的产业基础和艺术追求，也具有强烈的生活气息和人文关怀情调。

改革开放以来，随着中国与世界的相互了解和融合加深，佛山（石湾）陶艺在当代主要陶艺家如梅文鼎、潘柏林、钟汝荣、曾鹏、魏华、黄志伟等大师的引领下，主动求新求变，创新发展。梅文鼎先生以人文关怀和当代艺术思想为特色的超现实主义新陶艺，擅长动物创作及器形设计，并极力推动石湾现代陶艺的探索，其作品风格以简胜繁，造型古朴、高雅、简洁、清新。钟汝荣先生擅长表现田园、市井风情题材，用胎色塑造人物的筋骨、肌肤，捕捉人物意趣横生的瞬间情态，形象奇特刚正，结构严谨精巧，造型夸张传神，兼工带写为其艺术特色。率先提出"以画入陶"的陶塑理论，独创"绘塑""刮塑"新技艺，开拓石湾陶艺"戏曲入陶"和"科幻陶塑"的现代陶艺新门类。杨锐华先生追求以画入陶，写实与写意结合，粗线条与大块面浑然一体，作品雄浑大气（见图1-48）。自创的釉彩为传统技艺增添极具表现力的新釉种，在造型和釉彩方面取得了重大突破。黄志伟先生在家学传承和石湾瓦脊公仔文化精髓的熏陶下，独创线性陶塑技术，获国家发明专利，发挥陶泥线条特有的形态风韵，以泥条的"线"来"塑面""形""神"，使作品主题神韵突出，开辟了现代石湾陶塑表现技法的新天地（见图1-49和图1-50）。封伟民、霍冠华、潘汾淋、何惠娟、霍然均、刘键芬、刘雪玲、苏锦伦、冼艳芬、杨英才、周炳基等青年一代陶艺大师（其中部分陶艺大师的作品见图1-51和图1-52），以更加宽广视野、更大作为推动着佛山陶艺开放创新。

第一章　陶艺家视野中的佛山印记

图1-48　中国工艺美术大师、中国陶瓷艺术大师杨锐华先生

图1-49　中国工艺美术大师、中国陶瓷艺术大师黄松坚、黄志伟父子集体创作中

图1-50　春夏秋冬（黄松坚、黄志伟父子合制，2000年）

图 1-51 田园飘香（潘汾淋制，2003 年）

图 1-52 山居秋韵（局部）（何惠娟制，2012 年）

第三节 陶艺家作品中的佛山印记

一 佛山（石湾）陶塑（艺）品类风格及其流变

作为长期基于民用和民本需求发展起来的佛山（石湾）陶器、陶塑产业和产品体系，石湾陶塑（陶艺）产品从品类发展的角度看，品类涵盖相当广泛，它既有家庭陈设欣赏品、供祭祀品、小玩具、实用陶瓷雕塑品，也有器皿微雕、建筑装饰陶雕等。而艺术陶瓷（即传统意义上的佛山"公仔"类艺术陶塑品）主要有人物陶塑、动物陶塑、艺术器皿、山公微塑等。其中，人物陶塑题材有古代历史、神话传说、戏剧人物，如关公、钟馗等；佛道宗教人物，如观音、弥勒佛、达摩、罗汉、八仙、土地公、福禄寿等；市井民间人物，如渔、樵、耕、读。在艺术表现和地方文化艺术的整体旨归上，佛山（石湾）的人物陶塑在塑造人物形象时注重写实与适当的夸张相结合，做到形神兼备。在陶塑技艺和手法上，擅长圆雕、微雕、浮雕、半浮雕、贴塑等技法进行创作和艺术表现（见图1–53）。

图1–53 继往开来（黄松坚制，2000年）

石湾动物陶塑的特色是陶塑技工和陶艺家在创作过程中充分借鉴了国画中翎毛绘画的方法，以木或铁的矬刀代笔，雕刻、塑制出动物的毛发及鸟的羽毛纹理和质感，被后人称作"胎毛动物"（见图1–54和图1–55）。这种以高度写实、拟实为特征的石湾动物陶塑艺术创作风格，使佛山（石湾）陶塑具有强烈而广泛的求真、求实和拟真、拟实特色。这种写实、求实和拟实的艺术创作风格的养成，既是石湾陶艺在面向普通百姓生活需求

图 1-54　云渔氏款
《素胎猫》（民国）

图 1-55　云渔氏款《素胎猫》
（局部）（民国）

和审美意趣下的独特风格写照，又培育和养成了佛山（石湾）陶塑区别国内主要制陶产地（如景德镇）在整体品类风格和艺术追求的独特特征。石湾动物陶塑题材涉及普通百姓日常生活空间中常见的家畜、家禽、水生动物、飞鸟、蜂蝶等，既是普通百姓日常生活视野所见的熟悉之物，也是佛山所在岭南珠三角地区地方特产的真实还原。对其真实性的不懈追求，也充分说明了石湾陶塑的受众群体是普通百姓，而不是官绅文人阶层。因为就中国艺术的传统审美而言，基于文人审美的艺术追求，更强调"神而上和形而下"和"形神兼备"。但对普通百姓来说，在艺术创作的审美意趣上，拟实、写实的"形而上"才是他们对艺术水平高低进行判断的适宜参照系。当然，随着石湾陶塑艺术品逐步庙堂化，陶艺制品在艺术审美追求上也越来越强调形神兼备。如明清时期的佛山（石湾）动物陶塑名家如黄炳、黄古珍、朱谦、霍津等，其创作精品中，讲究对各种动物造型的惟妙惟肖、栩栩如生，清代艺人黄炳的陶塑猫——充满张力的捕鼠架势、透亮而毛茸茸的毛发效果、炯炯有神的眼神，都活灵活现地展示了日常生活空间中一般家庭所养花猫的神态，而猫所呈现出来的"神形"体态，也是艺术品受众（普通百姓）所熟悉的场景和事务。世人把黄炳创作的猫类陶塑作品称为"黄炳猫"。还有"黄炳鸭""黄古珍鸭""朱谦兔""霍津牛"等也较有名声。这种以写实、拟实为艺术创作的追求发展到20世纪50年代，则出现了比较明显的向形神兼备风格转换趋势，突出者如曾良，其在前人艺术熏陶和指导下，逐渐发展出带有浓重个人风格的动物陶塑——鹰形陶塑（见图1-56），曾良的鹰形陶塑创作，既有传统传承之妙工，更见新时代艺术的印记。曾良的动物陶塑使他成为中华人民共和国成立以后石湾动物陶塑的扛鼎人物之一。石湾陶塑技艺的发展使人物和动物的立体雕塑成为当今佛山（石湾）陶瓷的主流产品。在塑制技艺上，石湾陶艺家既继承传统造型手法，又广泛和充分地借鉴国内外美术表现语言，把写实、写意、抽象、变形、卡通化、跨界拼接等方法全面引入到陶塑艺术品的创作之中。陶艺家对西方美术史上曾经出现过的艺术潮流诸如原始艺术、象征主义、古典主义、现实主义、印象派、抽象派、现代派、波普、后现代派等，都进行了相对比较系统的参考和借鉴。当代佛山（石湾）陶艺家以其无与伦比的开放性，吸收和创新着石湾陶瓷技艺。

图1-56 鹰（现代）（曾良制）

石湾陶塑品类中的艺术器皿，主要是指传承自明清以来的佛山（石湾窑）烧造、制作的各类供生活日用、陈设或文房使用的器皿，包括玩具、花瓶、花盆、金鱼缸、文房用品、仿古器物、仿各名窑产品等。石湾窑艺术器皿造型规整，制作精细，其自元明伊始，传承至今，发展成为石湾陶艺品类的一个十分重要的门类。石湾窑陶瓷艺术器皿的相对知名、传承和产业化，一般认为，始于元明时期，此一时期，随着中原移民的持续流入，带动石湾陶窑烧造技术的相对提升，同时石湾陶窑的产品发展、生产规模增长迅速，带动了石湾陶塑技术水平的改进和发展，石湾陶塑开始出现仿钧釉的釉陶，这种以在钧釉中加铅以使陶器呈现出低温钧釉的幻彩效果，极大地推动了石湾陶塑烧制水平的提升，也使石湾陶塑发展成为一个具有自身独特特征和表征地方特色的陶瓷产品，世称为"广钧"。随着社会经济和对外贸易的发展，明清时期，广钧进入繁盛发展阶段，以广钧为石湾窑仿钧窑的造型生活用具为主，有碗、瓶、壶、盘、洗、盘架、三足炉、樽等。明清时期，石湾陶塑艺人善于运用材料，通过熟练的技巧来塑造各种形象,艺人在制作时注重不同形象的主要特征,细致地刻画与雕琢。各类形象生动传神,变化万千(见图1-57和图1-58)。

图1-57 秩来巧造款彩釉《鱼跃龙门》信插(民国)

图1-58 佛山祖庙琉璃彩塑瓦脊(八仙过海局部)(民国)

山公微塑演化自佛山传统建筑陶塑，是供盆景点缀之用的陶塑，又称为"山公盆景"。最早出现于清末光绪年间，山公微塑为山水盆景的装饰配件，通常以垂钓、下棋、骑驴等人物形象出现，还穿插有各种鸟兽、船桥、亭台楼阁等。山公微塑制作细致，具有小中见大的艺术特色。晚清至民国时期，由于社会变革带来的建筑风格转变，佛山石湾窑曾经盛产的如影壁、瓦脊、琉璃瓦等建筑装饰用陶市场需求大幅萎缩，而前代已取得一定生产成就的人物或动物类陶塑制品即"石湾公仔"逐渐成为这一时期佛山（石湾）陶业生产的主流品种。

从佛山（石湾）陶塑的成型手法来看，佛山（石湾）陶塑造型有贴塑、刀塑、捺塑、涅塑等手法；在施釉手法上，惯用捺、挂、荡、淋、辘等；石湾陶塑艺人、匠人都极擅长造型和施釉手法的结合使用，通过刀塑、捺塑、涅塑、贴塑达到"从心所欲，无不如意"的返璞归真境界。代代相传的匠人和艺人，从不拘泥于某种技法的一成不变，而是代有创新，推动着石湾陶塑艺人能者辈出，不断提高石湾陶塑行业的声誉和水平。20世纪前半期，佛山（石湾）地处的广东是中国东西文化交汇、融合和碰撞的先发地区，也是对外商贸发展、经济成长的相对富裕地区。在文化艺术发展上，受外来西方文化和日本艺术思潮影响较早，使清末至民国时期佛山（石湾）陶塑艺术，也较为普遍和明显地带有东西融合特征，并使佛山（石湾）陶塑艺术以此为基点，形成其在中国陶瓷艺术和雕塑艺术发展中的独特地位。近代雕塑中的形体、比例、解剖等引入石湾陶塑后，也涌现了一大批以人物见长的大师，他们借助各种专门工具及身边可用的刷子、竹签等，依靠刀塑、捺塑、捏塑、贴塑手法，灵活地组合使用，把人物的面部表情塑造得惟妙惟肖，动态十足（见图1-59至图1-61）。随着陶塑产品的高级化，陶艺家为满足藏家收藏的需要，开始在独自创作的作品上打上印章和署名，民间艺人还巧妙地把鱼、霞、螃蟹乃至蔬菜瓜果等形象形塑到美观实用的器皿上，成为人民群众喜闻乐见的一种品类，从而实现和表达了佛山（石湾）陶塑民用、民本和实用的艺术特色。中华人民共和国成立以后，随着老一辈陶塑艺术家艺术风格的沉淀和传承与中华人民共和国不同年代的主流思想、政治动向、大众审美的结合，佛山（石湾）陶艺家群体在不断壮大，陶艺家的作品在深刻烙印着时代印记的同时，也在更加广谱的领域抒写、记录和诠释着佛山的地方文化。陶艺家的作品对佛山地方、城镇、乡村和物产等的记录、绘写也更加广泛和多元。

图 1-59 《回娘家》（现代）（潘柏林制）

图 1-60 《王者之风》（现代）（黄志伟制）　　图 1-61 《娴情》（现代）（黄志伟制）

二 佛山（石湾）陶艺家作品里的佛山印记（符号）

艺术具有社会性特征，艺术的社会本质就是其社会性。艺术之花并非凭空生长、盛放，它需要社会作为土壤，没有社会作为土壤，艺术就会成为无根之木、无米之炊，无法生根发芽。艺术作为人类社会的一种文化现象，它的创作、传承主要是为了满足人类的审美需求。从一定意义上说，艺术是人类日常生活中进行社会性娱乐的主要和特定方式。艺术的创造主体是人，作为艺术家的人，其成长、发展都离不开社会环境，艺术家与社会生活、社会关系、社会网络等直接关联。正是因为艺术的社会性，而社会又具有时代性，所以，不同时代的艺术总是具有自己独特的形式、风格和审美意趣，也各有自己的精彩。同时，艺术是由艺术家的审美意趣、水平造诣、思想追求和个性特征共同决定的，它取决于艺术创作者的审美、艺术气质和艺术修养，它与政治、道德、宗教和哲学等都相互关联，因此，艺术的创作与形成深受社会环境、审美的影响，更受艺术家自身独特气质、风格等影响，这也给了我们通过对艺术家创作的过程、创作的作品，发现其不同时期作品在风格、追求、风骨、审美等方面的不同和差异，来建构和形成艺术家对于其生长、成熟的养育之地的报效和反哺；通过对他们的作品的全面、系统、深入的分析，进而找出艺术家气质、风骨、喜好等投影到城市、乡村、风土、人情等之上的印记和特征。这正是通过系统、全面、深入地分析和建构佛山（石湾）陶瓷艺术大师的作品和创作历史变迁过程，来发现和认知佛山（石湾）陶瓷艺术家对其生活、成长、成才的这块土地（城市或乡村）的或真实或浮夸、或动情或悲鸣的全方位记载和书写。

　　下面主要选取佛山（石湾）陶瓷的经典精品，即清宫廷收藏及近现代以来石湾陶艺家被国内外各大主要馆藏珍品和各种大型展览、竞赛的获奖作品。作品时代涵盖从明代至当代的与佛山（石湾）有关作品，包括：（1）明清两代的佛山（石湾）陶艺精品（主要是入选明清宫廷收藏的陶艺佳品，目前藏于北京故宫博物院的有81件）；（2）民国以来至当代，佛山主要陶艺大师的有关作品，且以中华人民共和国成立以后的国家级陶艺大师和工艺美术大师的作品为主。图1-62为黄志伟制《海阔天空》（当代）。

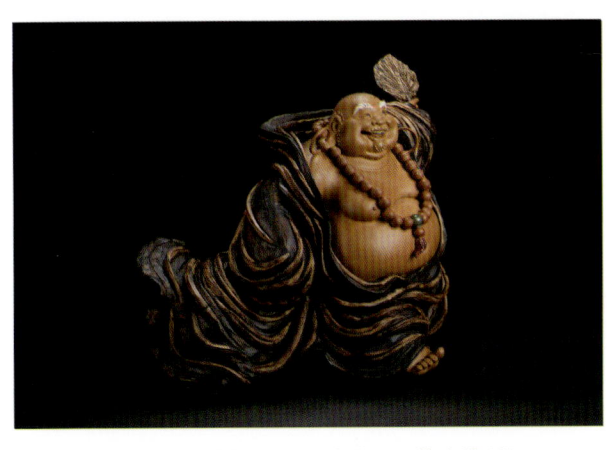

图1-62　海阔天空（当代）（黄志伟制）

（一）清宫旧藏及石湾陶塑佳品的佛山印记

北京故宫博物院现藏有自明清至当代的佛山（石湾）陶艺作品共 400 件，所有藏品皆来自清宫旧藏及北京故宫博物院建院以后的收藏，两大藏部现藏有佛山（石湾）陶珍品共计 370 件。两大藏部多数藏品为北京故宫博物院建院后通过社会捐赠、收购以及其他文博单位拨交等途径收藏。[1] 清宫旧藏[2]佛山（石湾）陶藏品共计 81 件。黄卫文先生对清宫旧藏佛山（石湾）陶艺珍品进行了系统整理，查核清宫旧藏佛山（石湾）陶艺珍品共 81 件，其中，明代佛山（石湾）陶造旧藏珍品 32 件[3]，以器皿类陶瓷为主，包括瓶类 18 件，盘类 4 件，缸类 3 件，水丞 2 件，花插 2 件，罐 1 件，水注 1 件，笔洗 1 件；清代佛山（石湾）陶造旧藏珍品 49 件[4]，其中，人物坐像 40 件（包括罗汉坐像 37 件，弥勒坐像 2 件，寿星坐像 1 件），花插 2 件，炉 2 件（包括石湾窑窑变花釉三足炉 1 件，石湾窑蓝釉狮耳炉 1 件，碗 1 件）。北京故宫博物院收藏的这些佛山（石湾）窑陶制品普遍造型规整，器形丰富，釉色多样，制作精良，代表了佛山（石湾）明清时期陶业生产的工艺水平。

明清时期，佛山石湾窑陶业不仅大量生产普通日用陶和建筑装饰用陶，更以善制善造供日用、陈设或文房使用的各式器皿和题材丰富、塑造生动传神的各类陶塑而闻名。北京故宫博物院旧藏佛山（石湾）珍品造型，可分为器皿和陶塑两大类，其中，明代陶艺珍品以器皿为主，尤其以日常生活日用和文房日用两类为主；清代旧藏佛山（石湾）陶艺制品，造型和制品种类更加多元，日用器皿类尽管依然占有较大比例，但陶塑类，尤其是

---

[1] 黄卫文：《故宫博物院藏石湾陶整理与研究》，《森罗万象》，岭南美术出版社 2017 年版。
[2] 清宫旧藏文物是指北京故宫博物院建院之际，点查接收的紫禁城皇宫内以及其他几处清代皇家宫苑，包括颐和园、承德避暑山庄、盛京皇宫（今沈阳故宫）等处的清宫原藏文物。
[3] 具体为石湾窑凸缠枝莲纹梅瓶 1 件，石湾窑窑变花釉梅瓶 1 件，石湾窑仿钧釉兽耳衔环方瓶 1 件，石湾窑仿钧蓝釉方罐 1 件，石湾窑酱釉菊瓣盘 1 件，石湾窑窑变花釉菊瓣盘 3 件，石湾窑仿哥釉梅瓶 1 件，石湾窑白釉琮式瓶 1 件，石湾窑绿釉方瓶 1 件，石湾窑月白釉菊瓣式壁瓶 2 件，石湾窑月白釉双耳瓶 1 件，石湾窑双耳瓶 1 件，石湾窑盘口瓶 1 件，石湾窑月白釉云纹水丞 1 件，石湾窑窑变花釉象式花插 1 件，石湾窑仿哥釉壁瓶 1 件，石湾窑绿釉环耳瓶 1 件，石湾窑青灰釉莲瓣式瓶 1 件，石湾窑绿釉凸花兽耳衔环瓶 1 件，石湾窑月白釉长颈瓶 2 件，石湾窑绿釉四孔方花插 1 件，石湾窑仿钧釉玫瑰紫釉水注 1 件，石湾窑蓝釉红斑胆式瓶 1 件，石湾窑水丞 1 件，石湾窑花瓣四足洗 1 件，石湾窑仿钧釉大缸 3 件。
[4] 具体为石湾窑蓝釉撇口瓶 1 件，石湾窑绿釉瓶 1 件，石湾窑蓝釉牛式花插 1 件，石湾窑月白釉牛式花插 1 件，石湾窑各色釉罗汉坐像 36 件，石湾窑青蓝釉四系瓶 1 件，石湾窑罗汉坐像 1 件，石湾窑仿钧釉小碗 1 件，石湾窑窑变花釉三足炉 1 件，石湾窑寿星坐像 1 件，石湾窑蓝釉狮耳炉 1 件，石湾窑米白釉弥勒佛坐像 1 件，石湾窑黄釉弥勒佛坐像 1 件，石湾窑窑变花釉鱼尾瓶 1 件。

人物陶塑类收藏大大增多。这反映出明清时期佛山（石湾）陶业在产品造型和生产上，随着时代变化和市场需求变化，快速进行着有针对性的改变和适应。陶工烧造和制陶技艺在地方性的呈现上，对明清时期的陶工来说，实用性、工具性的陶塑制品是其大类和主要制品，故陶塑制品对地方性的呈现和表达，也以依附性和点缀性为主要特征：陶工对佛山地方特色、物产、文化、风土等地方特征的艺术加工和表达，主要是通过对陶塑实物（如瓶、盘、盆、碗、碟、缸、文房四宝等）主体的依附性表达（比如，在瓶身画上表达佛山本地风土风物，如榕树荔枝、鸡鸭动物等特产，以瓶身各种主题性塑画来间接表达陶工对地方知识的理解、地方实物的理解、礼赞及地方风土风物的选择性审美表达）（见图1-63和图1-64）。

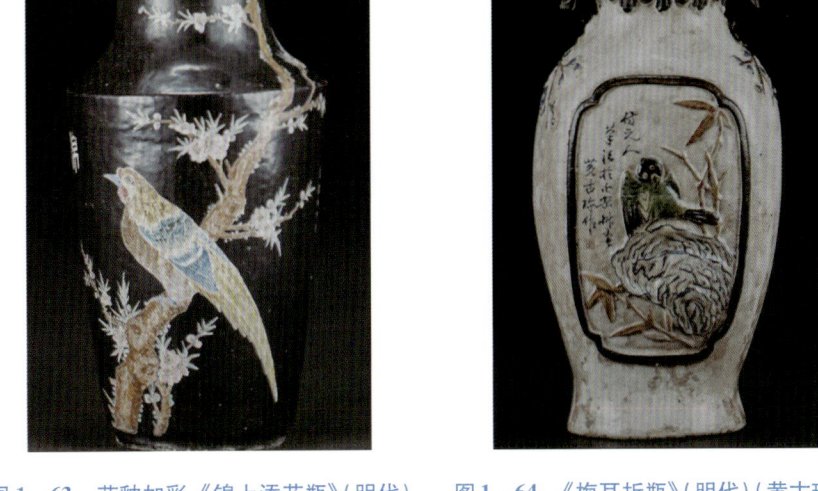

图1-63 蓝釉加彩《锦上添花瓶》（明代）　　图1-64 《梅耳折瓶》（明代）（黄古珍制）

同时，明清之交，随着佛山城镇发展能力、产业发展水平、对外商贸拓展的进步和发展，佛山城镇消费水平和消费审美认知也大为提升，以佛山地方戏剧——粤剧为主要艺术表达方式的、以满足佛山镇居民、商民、业户等日常消费需要的文化旅游产品和项目（戏剧、诞会、民俗展演、集市庆典等）开始更多出现，佛山镇陶工在这种社会文化礼俗节会和庆典文化影响之下，其创作的陶塑制品中，也很快打上了当时佛山地方文化传承的印记，突出的如在新的陶塑产品形式——琉璃陶塑①上，石湾陶塑中的琉璃陶塑，以勾画和描塑有关地方民众印象深刻的经典戏剧场景为主要艺术呈现形式（见图1-65）。这种陶塑制品内化戏剧故事人物及舞台背景题材的出现，与当时佛山发达的手工业和商贸大都会中心，乃至珠江三角洲地区的戏剧演出活动长盛不衰关系密切。民国时期，佛山镇内大小庙宇超过160座，但凡重要岁时节令、庙宇神诞、行业祖诞等，必有迎神赛会和"神功戏"演出，使佛山成为粤剧重要的发源地。戏剧及神诞赛会的流行，使舞台装饰需求不断增大且内容更加多元深入，大型琉璃陶塑所承载的大量陶塑人物故事和关联产品（琉璃瓦脊）正是适应当时广府地区赏剧娱乐和民间日常娱乐生活空间进一步丰富化、立体化需求而出现的。在创作题材上，此一时期的琉璃陶塑多与粤剧唱本剧目的内容和人物关联，比如酬神、祈福戏剧多包含的"六国大封相""八仙贺寿""玉皇登殿"、江湖十八本中的"十奏严嵩""十二金牌"等。这些都是当时流行粤剧的经典场

图1-65　佛山祖庙三门瓦脊郭子仪祝寿（局部）

---

① 琉璃陶塑人物花脊装饰大多用于庙宇主体建筑的正脊廊庑的屋脊或照壁的顶脊。陶塑瓦脊大约出现在明末清初，早期以花卉、卷草或博古纹为主，其上多施以绿釉（佛山陶工俗称为花脊）。陶塑人物花脊出现后，简称为人物脊。塑造时，根据总体设计构思，分块完成其中的戏剧故事群组人物、鸟兽，其中配有多种建筑物等道具和点缀的周边装饰图案，以及脊身西方的"脊脚花"。上施以黄、绿、红、蓝、白、褐、黑及窑变钧釉等高温灰釉，这种琉璃为石湾所特有，其与北方琉璃的区别在釉料上是高温灰釉，而且不需要素烧，佛山石湾窑所烧琉璃是通过一次高温烧成的。

景，它们既是普通民众喜闻乐见的戏剧故事精华片段，也是寻常百姓日常交谈中的重要内容。因此，当佛山（石湾）陶工以创新思路和手法，推出这些琉璃瓦脊，便很快风靡珠江三角洲乃至漂洋过海到了东南亚地区。

佛山（石湾）琉璃陶塑人物花脊作为一种具有地方特色的建筑陶塑艺术装饰，其题材创意设计与广府本地戏剧文化的衍生发展有着强烈的本地关联性，体现出相生相伴的文化地方性亲缘关系。佛山（石湾）琉璃陶塑产品的内容表达和呈现，大多以一出戏曲故事为主题，以民间传说、演义唱本和祈福寓意内容为副题，单个瓦脊上所塑场景、场面宏大，人物往往有数十个乃至百个以上，人物体貌及角色造型，均直接采用地方戏曲故事中的典型场面，形象鲜明生动、栩栩如生。在具体人物塑造上，佛山（石湾）陶人物采用面部不施陶釉的传统技法，这种面部不施陶釉的技法，主要为了方便煅烧完成后，上脊安装前对所有人物的面部做戏剧舞台式的油彩"开面"，这在表现手法上，类似于演员上台前的"化妆"和扮相。其产生的直接效果是，经过此一环节的处理，陶塑瓦脊的色彩既可以更加丰富亮丽，也能掩盖煅烧过程中产生的各种烧制瑕疵，同时，对人物群像的油彩化处理，可以使陶塑瓦脊在整体上色彩更加艳丽夺目，视觉冲击力更大，也更符合佛山乡土人文审美中的艳俗化特征。佛山祖庙三门正脊长达三十一米余，是清光绪年间佛山（石湾）著名花盘行文如璧店烧制，脊上共塑有三组故事，所塑人物152个，图1-66为姜子牙封神。比较经典地反映了明清佛山琉璃陶塑的最高水平和陶艺美学审美风格。

图1-66　佛山祖庙三门瓦脊——姜子牙封神

可见，明清时期佛山（石湾）陶塑制品，在艺术的地方书写和映照上，明代早期处于较为懵懂的萌芽期，至明末清初，随着佛山镇社会经济和产业的发展，尤其是制陶业高速发展，石湾陶塑制品的艺术水平整体提升，这种提升是与佛山当时陶工技艺水平以及他们对佛山镇地方文化、艺术、民俗、风土、风物等的关照和写照相适应的。在表现特征上，具有较强的实用性、依附性、初创性和乡土性。

（二）佛山陶艺家作品中的佛山印记

对佛山（石湾）现当代陶艺家作品中有关佛山地方的书写、记忆和关照的分析与研究，我们选取的艺术家群体是佛山（石湾）庞大的陶艺家群体，在其艺术创作生涯中获取了主要的国家级荣誉称号（如中国工艺美术大师、中国陶瓷艺术大师和中国陶瓷设计艺术大师）的大师（见表1–1）的作品为选择对象。为充分反映分析对象的可靠性和艺术成就，我们选择的原则是：（1）主要选取陶艺大师被国内外各大博物馆、美术馆、档案馆、陈列馆、方志馆收藏的馆藏陶艺珍品；各地方政府（佛山市政府、广东省政府、国内其他省份的地方政府等）以及其他非政府组织购买以赠送为目的的艺术品；中国政府机构购买赠送国际友人和国外机构的艺术珍品。（2）陶艺大师历年来获奖作品，尤其是代表其职业艺术生涯较高艺术成就的各种金奖、特别奖、一等奖等，以国家级、省级以上各种奖项为主。

表1–1　　　　　　　　佛山工艺美术界国字号大师名单

称号		艺术家	
		已故者	健在者
中国工艺美术大师（共七届）	陶艺类（12人）	刘传、庄稼、曾良、黄松坚	廖洪标、刘泽棉、刘炳、梅文鼎、潘柏林、钟汝荣、杨锐华、黄志伟
	其他类（3人）	吴秋（彩灯）	杨玉榕（彩灯）、陈嘉棠（藤编）
中国陶瓷艺术大师（共三届）			刘炳、潘柏林、钟汝荣、黄志伟、霍家荣、封伟民、霍冠华、潘汾淋、庞文忠、何惠娟、霍然均、刘健芬、刘雪玲、苏锦伦、冼艳芬
中国陶瓷设计艺术大师（共两届）			杨英才、周炳基

入选大师包括刘传、庄稼、曾良、黄松坚、廖洪标、刘泽棉、刘炳、梅文鼎、潘柏林、钟汝荣、杨锐华、黄志伟、霍家荣、庞文忠、封伟民、

霍冠华、潘汾淋（见图1-67）、何惠娟、霍然均、刘健芬、刘雪玲、苏锦伦、冼艳芬、杨英才、周炳基25人。诸大师入选作品数见图1-68。诸位大师中，享有双国字号大师称号（中国工艺美术大师、中国陶瓷艺术大师）的有刘炳、潘柏林、钟汝荣、黄志伟等艺术家。① 从年龄和发展阶段来看，入选的陶瓷艺术家在年龄上涵盖了自民国末期至中华人民共和国成立以来的不同时期，其中刘传、庄稼、曾良等作为从民国至中华人民共和国时期的佛山（石湾）陶塑艺术发展承上启下式人物，是第一代老艺术家；刘泽棉、廖洪标、梅文鼎、刘炳等作为主要显扬于中华人民共和国成立以来的20世纪六七十年代，这一批陶塑艺术家属于典型的中生代艺术家，其作品大都烙印着较为厚重的社会主义集体主义精神和印记（20世纪60年代红色革命主题，70年代的革命斗争主题等）。钟汝荣、杨锐华、庞文忠、黄

图1-67 中国陶瓷艺术大师潘汾淋先生

---

① 刘传、庄稼、曾良等老一辈陶艺家之所以没有入选中国陶瓷艺术大师，主要是因该项国家级评选活动，发起的时间较迟，而诸位年长的陶瓷艺术家错过了当年的评选时机所致，而并非是老一辈大师的水平问题。

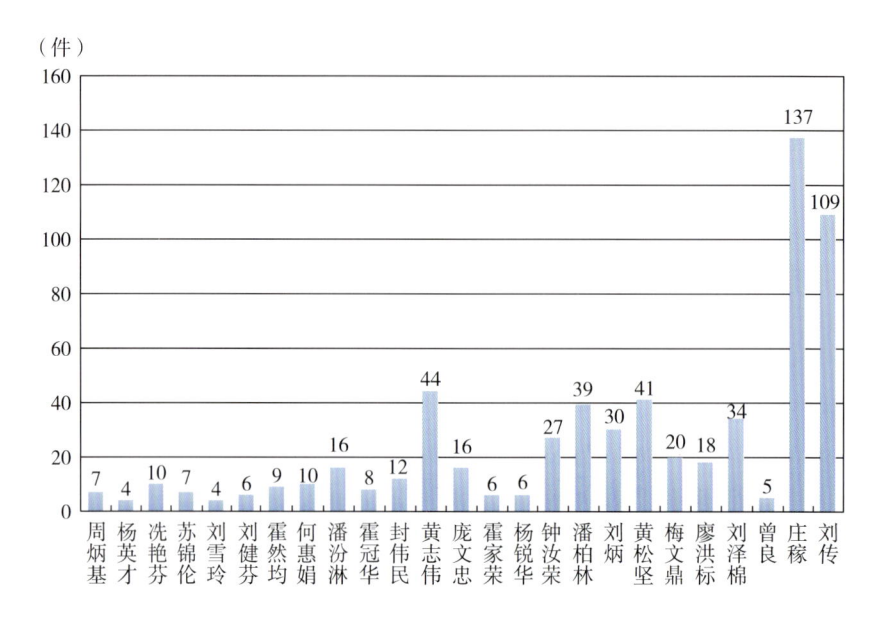

图 1-68　佛山当代陶艺家作品入选分析组数量

志伟等以其相对厚重的学院派风格,往往集家学传承和正规艺术教育于一体,展现出浓重的继承创新特征。潘汾淋、何惠娟、苏锦伦、杨英才等成长和显扬于改革开放以后,受改革开放和多元化思想影响较多,其作品既有更加倾注对佛山乡土、人文、风情的热爱和表达(如潘汾淋的自然写实派),也有多元视角下多样化、立体化展示世界、中国和佛山的整体趋势。

(三)陶艺家艺术风格养成分析

对于个人经历对陶艺家艺术风格养成的作用分析,本书围绕陶艺家的年龄、籍贯、学历、入行学习的模式[①]等展开对陶艺家个人艺术特色的养成分析。样本统计数据显示,佛山(石湾)陶艺家上呈现出以下三个基本特征。

(1)以传统传承为主要特色的陶艺家群体。即 20 世纪 40 年代以前出生的艺术家群体,包括刘传(1916 年)、曾良(1925 年)、庄稼(1931 年)、廖洪标(1936 年)、刘泽棉(1937 年)、刘炳(1939 年)、梅文鼎(1940 年)、黄松坚(1940 年)等。他们的学艺生涯主要开始于传统陶瓷作坊经营之下的师徒制,他们的师傅要么是当年石湾陶塑艺人的鼎鼎大名者,如刘传、曾良、庄稼等都有曾师从民国制陶大师潘玉书先生的经历,

---

① 即家族经营的师徒制、国营单位的师徒制、自学成才制、科班出身制等。

要么是家族企业几代绵延传承的结果，如刘泽棉师承石湾知名陶塑店号"刘胜记"等。第一代艺术家由于时代的原因，整体学历偏低，且以男性为主体。

（2）以红色印记为典型特征的陶艺家群体。即出生于 20 世纪四五十年代的陶艺家群体，包括周炳基（1946 年）、庞文忠（1951 年）、潘柏林（1953 年）、杨锐华（1955 年）、钟汝荣（1956 年）、冼艳芬（1956 年）、霍冠华（1959 年）、霍家荣（1959 年）等，这个时期出生的陶艺家，其成才期和中华人民共和国成立时间高度叠合，陶艺家个人发展经历中，开始出现经过科班训练的艺术养成经历，如钟汝荣、霍家荣等。在创作风格和艺术造诣等的养成与形成方面，陶艺家的成年经历、学习经历、成才经历，都与共和国建立的重大时代特征相契合，他们的创作风格也表现出浓重的革命浪漫主义、注重团体协作的集体主义（多集体创作形式）和以开放包容为特征的多元主义。

（3）改革创新和开拓继承相结合的新一代陶艺家群体。包括黄志伟（1966 年）、封伟民（1964 年）、潘汾淋（1965 年）、何惠娟（1963 年）、霍然均（1964 年）、刘健芬（1963 年）、刘雪玲（1965 年）、苏锦伦（1960 年）、杨英才（1967 年）等；年青一代的陶艺家，在学历（本科学历占比大幅提高，一半以上拥有大学本科学历）、籍贯（籍贯来源更加广泛，其中黄志伟是广东东莞人，杨英才是河南禹州人）等方面，表现更为优秀，这些陶艺家来源的扩大、正规学校教育的提升，促使年青一代陶艺家在艺术素养、开放水平、视野见识等方面，相对前代陶艺家都有了较为明显的提升和优化，创作题材更加多样且与佛山地方性的结合更为紧密，创作风格更为多元复合。

（四）陶艺家作品里的佛山印记

为便于统计分析，我们对 25 位陶艺家入选作品（馆藏作品和获奖作品）进行了分类统计。①

1. 馆藏作品方面

首先，从入选作品的数量来看，表现出比较明显的"明星"级陶艺家获收藏的陶艺作品数量要远远高于其他陶艺家，从业经历越久、时间越长的陶艺家，其作品获收藏的数量也会越多，同时，领军级陶艺家荣获收藏的作品数量通常会比其他陶艺家要多（见图 1-69）。突出者如第一代老陶

---

① 仙佛神话人物、历史人物、现代人物、现代题材、器皿、动植物等类别。

艺家中的刘传、庄稼、刘泽棉、黄松坚等以及新生代陶艺家中的黄志伟等，这些陶艺家作品获收藏的数量较大，说明其作品的社会认可度较高，综合艺术价值更高。其中，刘传、庄稼、刘泽棉是上一代陶艺家的领军人物，黄志伟是佛山（石湾）陶艺家中年青一代的领军人物，其领军身份的确立和奠定，也是通过实打实的作品水平、造诣和成就造就的。

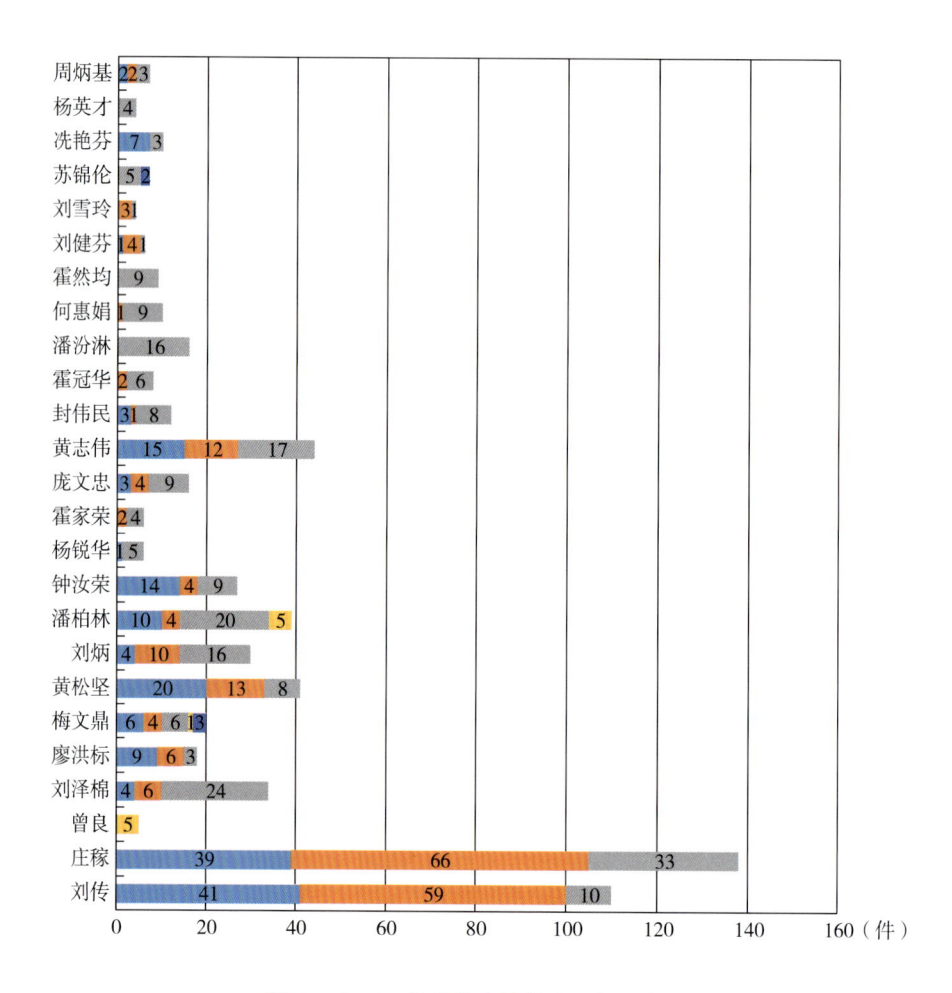

图 1-69　25 位陶艺家馆藏珍品数量统计

其次，从 25 位陶艺家收藏作品类别来看，也呈现出一定的差异。其基本特征表现在以下两个方面。

（1）老陶艺家（如刘传、庄稼、曾良、刘泽棉、黄松坚等）获藏作品在题材上更多偏向于传统类作品（如仙佛神话类作品、历史人物类作品）。

刘传获藏的110件作品中，仙佛神话人物数量为41件，占37.3%；历史人物类数量为59件，占53.6%；现代题材的馆藏数量，只有10件，占全部馆藏品数量的9.1%。庄稼大师的馆藏作品共138件，其中，仙佛神话人物获藏数量为39件，占全部收藏品的28.3%；历史人物类馆藏作品数量66件，占全部获藏作品数量的47.8%；现代题材的有关藏品数量33件，占全部获藏作品的23.9%。这说明老一辈陶艺家的作品较多反映石湾陶艺传承创新的传承功能，其作品对佛山地方特征和地方性呈现，也更多停留在传统的书写模式中，即要么以戏剧故事讲述真善美，传达佛山人在道德旨归、文化追求上的态度和选择；要么通过陶艺家自我对于佛山地方的理解和认知，以及陶艺陶塑主题的外化和表达，从材质、器物、风土、物产、好恶等方面，建构陶艺家自身精神世界和心理认知的乡土佛山、传统佛山和理想佛山。

（2）年青一代（20世纪60年代以后出生）陶艺家作品，与老一辈艺术家馆藏作品相比较，年青一代陶艺家馆藏作品的类别更为多元化，年青一代现代生活题材类作品入选的数量大大增多，一些陶艺家的馆藏品种，以现代题材作品为主，如杨锐华、潘汾淋、霍然均、苏锦伦、杨英才等人。同时，性别差异也较为明显，突出体现为女性陶艺家的馆藏作品更多为传统型作品（即以传统仙佛神话人物和历史人物为主），突出者如刘健芬、刘雪玲，分析其原因，可能与女性陶艺家学艺的经历有关，她们依然较多体现为师徒制关系。一方面，女性受教育的机会相对男性来说较少，同样是从事陶艺陶塑事业，年青一代男性陶艺家从事该行业，可能更有一个主动想为的过程，所以，他们会在接受系统的现代教育之后，因为家业、家庭、师承等原因，选择从事陶艺工作。而对女性而言，尤其是对20世纪六七十年代出生的中国女性而言，因为受教育机会等原因，她们从事陶艺行业，较少是自我选择的结果，而是一个相对被动的接受过程，所以，自入门之初，女性陶艺家就会置身于陶业、陶塑的工作场景之中，并通过系统、艰苦的劳作过程，逐渐成长起来。其艺术造诣成长历程，是一个跟随示范、亦步亦趋、学习模仿再创造提升的过程，这种独特的个人学艺成长历程，就使佛山（石湾）女性陶艺家的作品在风格养成上依然保留较多的传统特色和风格底色（见图1-70）。

最后，从25位陶艺家馆藏作品的分类收藏来看，刘传、庄稼、黄松坚、黄志伟、钟汝荣等的仙佛神话类作品收藏最多（见图1-71）；历史人物类作品中，收藏最多的依次为刘传、庄稼、黄松坚、黄志伟、刘炳等（见

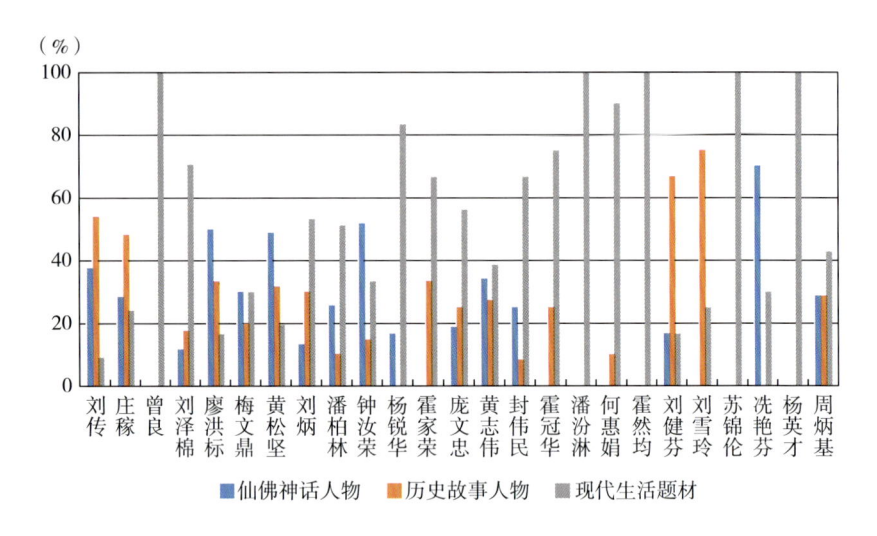

图1-70 25位陶艺家馆藏作品按类别统计的占比情况

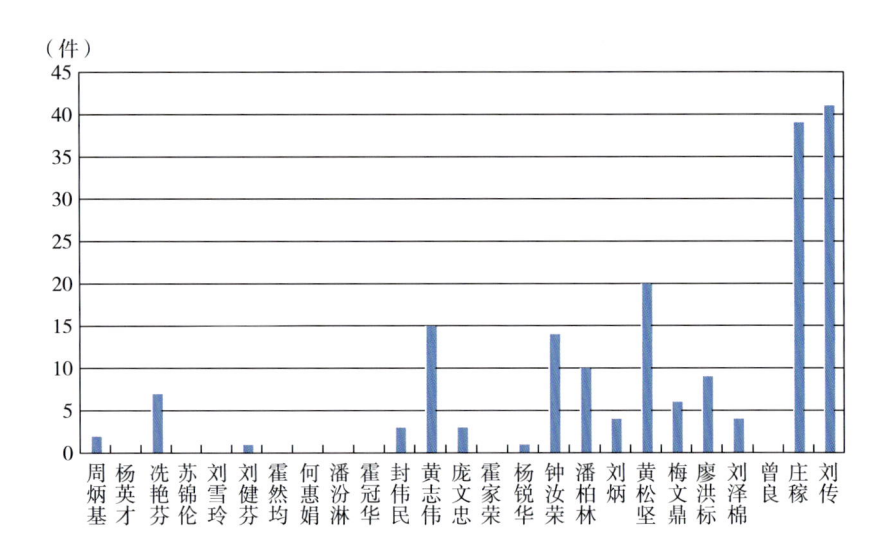

图1-71 25位陶艺家仙佛神话类作品馆藏统计

图1-72);现代生活题材类馆藏作品中,入选数量最多的分别是庄稼、刘泽棉、潘柏林、黄志伟、潘汾淋、刘炳、刘传、庞文忠、何惠娟、霍然均等(见图1-73)。另外,从入选作品分类占比的情况来看,25位陶艺家在仙佛神话类馆藏作品的收藏情况,所藏作品占其全部收藏作品比例最高的陶艺家依次是冼艳芬(70%)、钟汝荣(51.85%)、黄松坚(48.78%)、刘传(37.60%)、黄志伟(34.09%)、周炳基(28.57%)、庄稼

(28.46%);在历史故事人物馆藏作品占比方面,占比最高的陶艺家依次为刘雪玲(75%)、刘健芬(66.67%)、刘传(54.10%)、庄稼(48.17%)、霍家荣(33.34%)、廖洪标(3.34%)、黄松坚(31.7%);现代生活题材类馆藏作品方面,占比最高的陶艺家分别是曾良(100%)、潘汾淋(100%)、霍然均(100%)、苏锦伦(100%)、杨锐华(83.34%)、霍冠华(75%)、刘泽棉(70.59%)霍家荣(66.67%)、封伟民(66.67%)、庞文忠(56.25%)、刘炳(53.34%)。可见,无论是仙佛神话人物还是历史故事人物,相对于年青一代陶艺家,老一辈陶艺家(女性陶艺家)创作的数量更多,入选馆藏的优秀作品也更多。而在现代题材类陶艺馆藏珍品方面,除与陶艺家个人创作的专长和风格特色密切相关外〔如曾良(100%)的入选馆藏作品全部为鹰类作品,就在于曾良是佛山当代陶艺家中,擅长鹰类陶塑创作的第一人,业内有"曾良鹰"之称〕,主要表现在:随着年青一代(学历更高,艺术熏陶更完整、全面,视野、思路、方法更为多元等)在陶塑和陶艺创作上的成熟与各自风格养成,一个全新的、区别于传统石湾陶业和陶艺固有形象的新生代陶艺创作群体已经培养成型,他们也正在以开放的思想、视野、技法,从全方位、全角度、广尺度的范围内描绘一个立体、全视域的佛山和佛山城市印记。

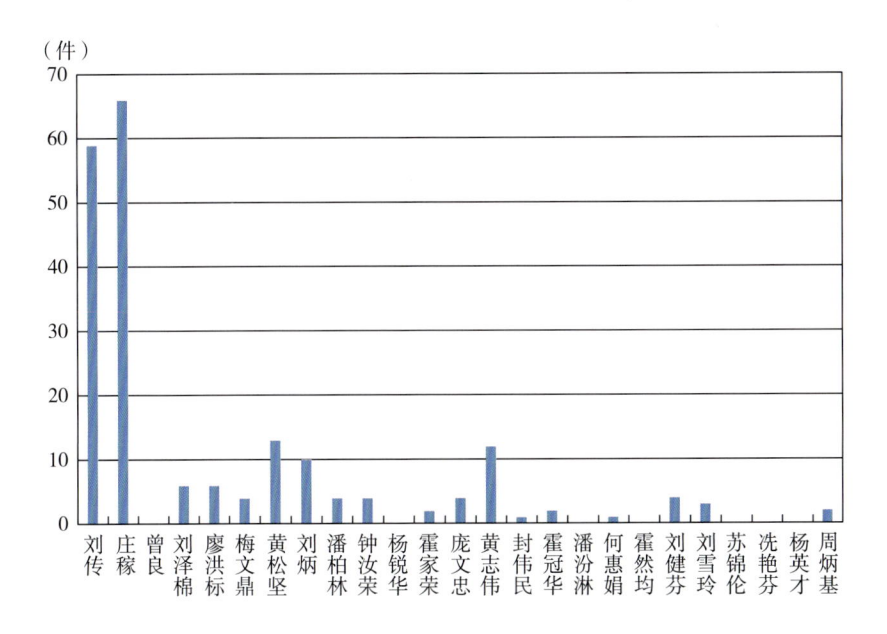

图 1-72　25 位陶艺家历史人物类作品馆藏数量统计

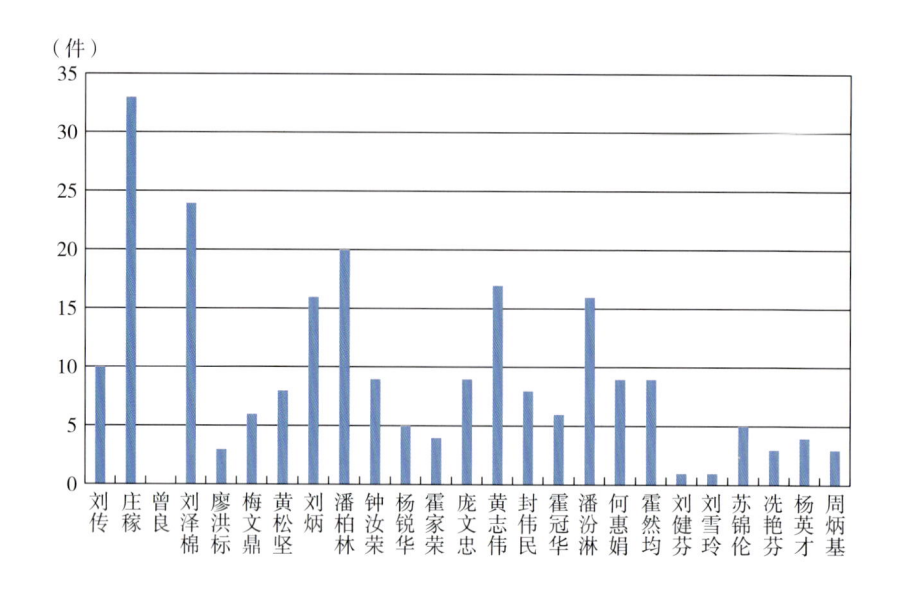

图 1-73　25 位陶艺家现代生活题材类陶艺品馆藏情况统计

2. 获奖作品

根据 25 位陶艺家的获奖作品统计，我们从作品数量规模和占比两个方面展开分析。

(1) 作品数量规模。相较于馆藏陶艺品的数量，25 陶艺家获奖作品的数量相对平均，没有出现馆藏文物收藏数量在不同艺术家之间的巨大差别性。统计数据显示，25 位陶艺家获奖数量最多的是刘雪玲（39 次），其次是霍然均（34 次）、黄松坚（34 次）、刘健芬（31 次）、刘传（27 次）、封伟民（27 次）（见图 1-74），获奖的头部陶艺家，并没有像馆藏作品相对集中于老一辈陶艺家群体中，而是年青一代陶艺家的获奖表现更为突出。获奖数量较少的除曾良（曾良因个人艺术创作题材的相对局限性，故其作品的延展性较差，同时，其作为老一辈陶艺家，可能获得的获奖机会也相对有限，故获奖作品较少）和庄稼（可能还是因为评奖机制的建立与老一辈陶艺家艺术创作的高峰期相对错位有关）外，其余陶艺家的获奖次数均在 12 次以上。其表现出以下两个特征。

其一，对老一辈陶艺家来说，尽管中华人民共和国成立以来的评奖颁奖机制建立相对较迟，但是，对于行业领军型老艺术家而言，各种、各层次奖励机制的设立，依然较少影响到其作品参评及获奖的机遇，如刘传，作为中华人民共和国成立以后佛山石湾陶艺陶塑业的领军者，举凡国家、省、市层面的各种评奖推选,首选一般都会有他,故尽管奖评机制建立较慢,刘传大师的获奖频次依然不低。

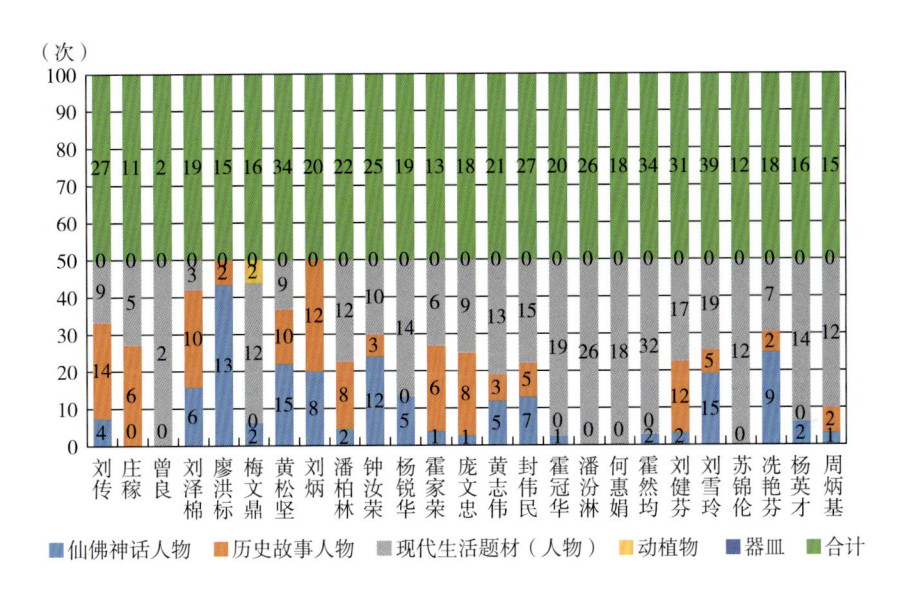

图 1-74 25位陶艺家获奖作品数量分类统计

其二,对于年青一代陶艺家来说,逐渐成熟和多样化的奖评机制,使他们都有展示、传达个人艺术能力和水平的平台及窗口(见图1-75),陶艺家通过多元、多样和丰富的评奖机制,广泛参与到国家、省市层面的不同奖评活动中,并通过广泛的获奖及其宣传,也达到了推动佛山(石湾)陶艺不断创新、发展的目的。同时,在人才培养上建构了可持续发展的人才队伍。

(2) 获奖作品占比情况

从25位陶艺家获奖作品分类的占比分析来看,我们可以看出以下两个特征。

其一,老一辈陶艺家和女性陶艺家的获奖作品中,传统题材类(仙佛神话类、历史故事人物类)作品获奖的比例较高,这说明受师承传统、艺术生涯训练的特定性及知识获取的方式、方法的差异性等因素影响,老一辈陶艺家和女性陶艺家艺术风格更为保守和传统。

其二,年青一代陶艺家的获奖作品更为多元、立体,这说明随着时代的发展和进步,与石湾陶业发展一起成长的陶艺家,在成长轨迹和方式上呈

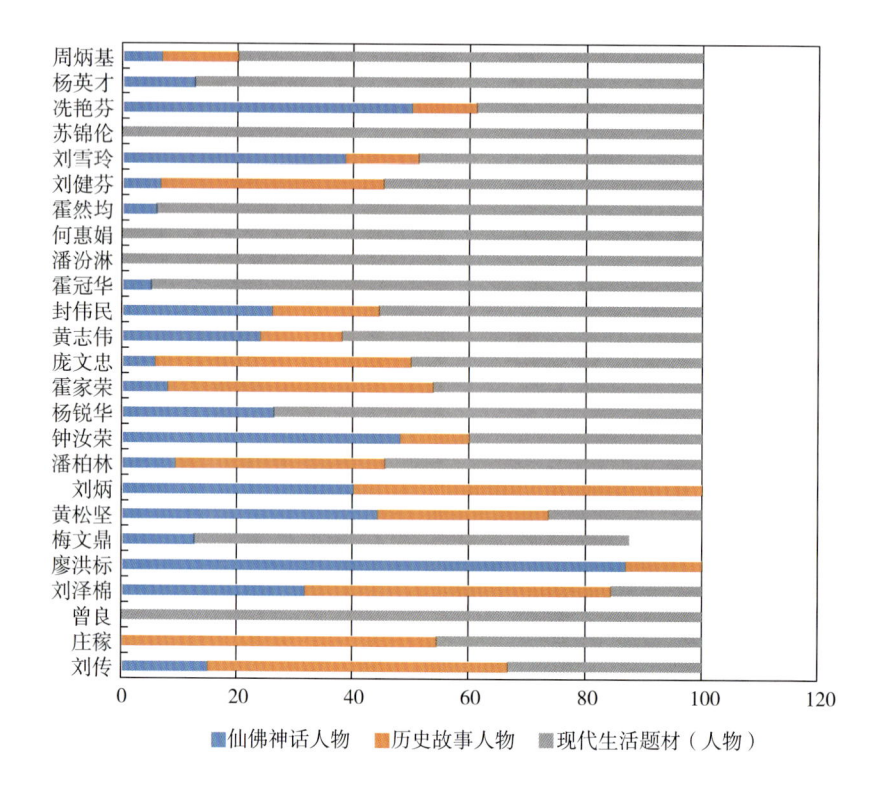

图 1-75　25 位陶艺家获奖作品分类占比情况统计

现出立体化、多元化、多样化、现代化特征，他们的作品对佛山地方性的呈现和表达也较为跳脱于传统"间接描述"方式之外，而采取更为直接、全面、深入和具体的讲述及解说方式。乡土性、文化性、生活性的地方记忆和印记，也正越来越多地出现在陶艺家创作的陶艺产品之中，出现在佛山城市和社会经济发展的历史征程之中。

第四节　主动与被动：陶艺家如何想象和建构佛山

陶瓷是工艺美术的诗。诗贵在意境，诗人通过诗意化的意境塑造，构造其关于世界、人生、社会、道德、审美等问题的诸多想象和理解，并进而建构诗人自身关于其对这个世界的美好、不幸、欢愉、苦痛等各种情感以及体验的建构和表达。陶艺家制瓷冶陶首先重意境，一方面，要求陶艺家应该具有诗人的气质、机敏、才情和品性,这样才能创作出诗一般的陶瓷佳作,塑制和烧造出惊为天人的传世作品。另一方面,诗意化的陶艺审美情操,也是陶艺家能够真正塑陶土为瓷器,化腐朽为神奇的奇妙所在。其次,陶艺家还要有诗人的悲悯、诗人的感性、诗人的汪洋恣睢和天马行空,唯有如此,陶艺家才能在才情纵横、大开大合之间,建构出理想之作。同时,对生长于特定社会文化空间和自然地理生态空间的人来说,任何文化创作和开拓创新,都是以现有社会、文化、经济等领域的积累为基础的。人,尤其是作为陶艺家的人,不可能跳脱于其生活的客观现实之外,发展出与其切身生活世界之外的审美观念、文化心理和社会思维。陶艺家创作陶艺产品的过程,也是一个以其生活环境的综合体验为基础,适度加注了个人(或者组织团队)情感、感官体认、场域感知(好恶)等的综合创作过程。这个过程中,产品的烧造、捏制,如何与陶艺家内心深处的情感倾向相衔接,陶艺家的传统知识、创新思维又是通过何种途径和环节,进入到产品的本地化建构过程中?陶艺家对生长于斯的城市、乡村的记忆、认知和情感,如何外化于陶瓷产品设计之中,如何内化为陶艺审美的再造和表达,便是本节讨论的议题。

一 从宋明至民国:地方文明表征和道德传统体系建构下的消极应对

至少在明初以前,佛山(石湾)陶业发展的基础,主要来源于三个方面:一是中原动荡致使北方移民,尤其是中原地区具有制陶业高技术水平的陶工及其家族的南迁为佛山(石湾)一带陶业发展带来了人力资本和技术支撑力量;二是佛山(石湾)一带富集的高岭土资源逐渐被开发出来,并进入产业化利用阶段,推动了石湾一带陶业的兴旺和发展;三是明代国家对外贸易政策的调整和变化,使广州—佛山一带成为国内对外贸易的重要节点和窗口,带动广州—佛山所在的珠江入海港口地区市场和商贸的繁荣,促进了相应的制陶产业发展。技术移民的到来,本地陶业发展必备资源的开采和利用,加上国内外社会经济发展和环境的变化,使石湾陶业开始呈现欣欣向荣之势。产业技术、产业规模在经历初创期的积累后,迅速扩张成为岭南地区重要的陶业产品制造中心。然而,就产品能力、产业组织和发展规模来说,此一时期的石湾陶业尚处于从初创到发展的起步阶段,石湾陶窑、陶业生产,在组织上呈现为较小规模、以家族生产为组织方式的主要特征,其产品发展,主要是为了满足岭南地区,尤其是珠江流域入海口附近的珠江三角洲地区城乡百姓生活日用对陶业产品的需求。这种以城乡百姓日用需要为产品发展定位的陶业生产,对制陶业者来说,艺术性要求不高（或者对初级陶工来说，对艺术的初步认知，可能是一些相对基础和原始的线纹图饰）。这一阶段陶业陶工，对陶器产品的生产和追求主要有三个方面：一是塑制出良品，烧制出良品，能较好地满足生产、生活等功能性需求；二是成本低廉，陶业产品能够使最穷困家庭也有能力消费；三是功能性满足是其基础，也是最基本的产品质量要求。而陶器塑制、烧制的艺术化追求，可能仅仅发生在同类产品中的某个特定类别上。比如，产品生产本身就是为了满足富有社会阶层消费需求而进行的开发和设计。在绝大多数情境下，陶工对陶瓷产品的艺术化处理过程，相对较少，且表现为被动消极的施为过程。

因此，从陶工在产品生产过程中对其生活、成长的这块土地——佛山的艺术化建构和想象来看，表现出以下两个方面的特征。

（1）宋明时期的佛山及其周边石湾等高地地区，是珠江三角洲入海口地区茫茫海域中的孤岛之一，此后较长一个时期内，佛山及石湾一带百姓生活相对困苦，尽管气候随着海退等地质原因，使珠江三角洲地区成陆面积逐渐增大，村舍烟火也随着外来世族的集群式迁入而日渐兴旺，这带动了佛山地方性农业、手工业和商业的繁盛，使石湾陶业开始进入生产贸易阶段。但此一阶段石湾生产的陶业产品，在陶业陶工对生产的实用功能追求和自身审美素养的匮乏等原因作用之下，使初创阶段佛山陶业产品在艺术追求上相对原始，且多表现为满足日用生活功能性需求的支撑和辅助作用。陶工塑制、烧造陶瓷产品，主要是基于可用而不是可看、可赏的视角来组织生产。因而对当时佛山地方特征的印记留念、地方想象也就无从谈起。

（2）明清时期，石湾陶业产品的生产和创作，开始出现以地方戏剧故事题材为蓝本的艺术化再造过程，尤其是传统神话故事人物、事迹，历史传说人物、故事等，在陶业产品的发展、真善美的弘扬和传达中运用较多。比如，传统仙佛神话故事人物（如达摩、佛祖、罗汉、菩萨、三清、老子、八仙、济公等）、历史忠义道德人士（如文化渊薮的孔孟子、忠义仁厚的刘关张）、护佑民间疾苦的各种神仙人物（如八仙、钟馗、门神等）；典型文人（如唐宋八大家、诗仙、诗圣、诗王等，书法高士、传说名流等）都大量出现在佛山（石湾）陶塑名家的艺术作品中。从陶艺家作品创作对佛山城镇地方特征的诠释和表达来看，此一时期的佛山城镇发展正处于社会经济发展、产业推进和文化促进的传统规则建设时期，对佛山镇这样的新兴商贸城镇来说，如何建构其具有自身特色的地方政教、社情、文化、民风等的规则体系，其思想指导的重要源泉之一，就是口口相传的传世故事、神仙人物，就是发端于珠江三角洲地区城乡且得到广泛喜好和支持的地方戏剧——粤剧传唱故事中所表达的道义、忠奸、良善人物及其事迹、故事，也正是通过对神话传说故事人物、戏剧说唱故事人物等的艺术化组织、诠释和表达，使佛山地方文化、乡土地方性等深层次内容得以建构和表达。所以，以陶业产品发展为基础的佛山（石湾）陶塑艺术的深化发展，借由对传统仙佛人物、神话故事、历史人物、传唱故事等描摹、记录，以使民众在使用、保存这些陶瓷产品过程中不断深化这些故事、人物、传说的正面教化意义，建构普通使用者关于佛山地方文化认知中对于良善、真美、爱与包容等的记忆和想象，并逐渐形成佛山地方文化记忆的道德规范认知体系。

可以看出，佛山（石湾）陶业通过对传统仙佛人物、神话故事、历史人物、故事的艺术化塑造和烧制，部分地完成和传达了佛山地方社会对于真、善、美等道德认知体系的建构。但是，这种地方文化系统的建构和发展过程，表现出较为明显的消极应对式特征。故这一时期佛山陶艺家对佛山地方特征、城镇想象、文化认知的记录和表达，多为间接方式，而少见陶艺家个性鲜明的高扬和宣示。它的消极、被动和隐含意味，也构成了明清时期佛山陶业文化传扬上的典型特征。这种发展态势和特征一直持续到民国时期，尽管民国时期的各种社会动荡、外来文化冲击、不同思潮的影响和作用带来了石湾陶艺设计的多元化、多样化，但整体而言，在相对动荡的整体时局下，佛山石湾陶塑和陶艺发展仍然处于一种相对自我循环的封闭结构之中，陶艺制品对佛山地方社会的记录和想象，整体呈现出一种渐趋多元的相对闭塞特征。

二 中华人民共和国成立以来：时代洪流挟裹下的主动植入式建构

中华人民共和国成立后，随着国家治理体制的划时代革新，佛山（石湾）也进入全新的社会主义建设时期，以革命激情、浪漫主义、集体主义和集体精神为指导的新型文化创作思潮对传统陶艺创作思想产生了重大冲击，佛山（石湾）传统陶业由此开始了前所未有的现代化、社会主义化和革命化转型。陶塑技艺和艺术水平也开启了全新的发展和提升。共产主义观念影响之下，特色化的社会主义运动在行动和行为逻辑上，极大地促进和带动了具有广泛意义的社会发动和多元力量整合，并在情感和审美方面开启了全面、彻底、全新的建构过程，使情感和审美成为建构历史神话、促进制度认同、保证忠诚、获得人心的有力工具，社会文艺和审美风尚实现从自由到集中、从实验到工具、从多元到一元，成为展现、彰显意识形态力量和意志的工具与风向标。革命化、集体化、浪漫化的陶艺创作思潮，成为此一时期的主流特征。与这种革命化风潮相适应，佛山（石湾）陶塑在以革命思维为主导的社会主义建设时期（20 世纪 50 年代至 70 年代末），形成了这个时代中特有的艺术风格和发展成就，它既折射了"政治挂帅"风向下全社会审美意趣的旨归，也展现了一种孕育自中国南方（岭南地区）文化的地方特殊性、发展韧性和创作才华。庄稼、刘泽棉、廖洪标、刘炳、黄松坚、黄兰书、苏锡荣、毛桂珍、马海、罗琼竹、姚志明、霍胜等佛山（石湾）陶艺家在此一时期的国家美术陶瓷雕塑上均产生了不同程度的影响，艺术家的作品也成为这个时期体现和展示中国雕塑史的重要材料及物证。刘传先生创作的《屈原》《鲁迅》（1953 年）获得郭沫若、郑振铎等文化名流的高度认同和肯定，也在当时首都文艺界和雕塑界得到了较多关注和好评；1954 年出版的《广东美术作品选集》收录了包括刘传的《鲁迅》《屈原》、尹积昌的《彭湃像》《中国志愿军与朝鲜女孩》、潘鹤的《课余》、庄稼和谭畅的《喂鸽》等在内的佛山（石湾）陶塑艺术家的作品。

在创作题材上逐渐打破传统上观音、罗汉、八仙、达摩等一统天下的局面，大量以人们喜闻乐见的诗人、词人、曲人、英雄人物等出现在陶塑作品之中。其优秀者如《举杯邀明月》《屈原》《关汉卿》等作品在国内具有较高的知名度和影响力，也在整体上提高了佛山（石湾）陶艺家群体在全国的影响力。佛山（石湾）陶艺家以此为契机，通过大量的集体创作形式，创作了紧扣时政、引领社会文化新风貌的一系列陶塑作品。20 世纪六七十年代，佛山（石湾）陶塑艺术继续呈现欣欣向荣的发展局面，其中刘传创作的《海瑞》被陈列于人民大会堂广东厅。陶艺家的创作也紧跟当时社会政治风向，创作了一系列以"阶级斗争""革命精神"为主题的现实主义题材陶艺作品。1965 年，《人民日报》发文对佛山（石湾）陶塑艺术进行了高度赞扬："著名的广东石湾陶瓷艺术，在京剧艺术改革成功的鼓舞下，摆脱了古代人物形象的束缚，出现了一批塑造社会主义时代的工农兵形象的新作品……题材十分广泛。"[①] 20 世纪 70 年代，佛山（石湾）陶塑艺术进入辉煌时期。《喜悦》《塔吉克姑娘》《移山造田》《雪海飞燕》《试针》《铁人王进喜》《炉火正红》《丰收在

[①] 陶克：《革命时代需要社会主义新文艺》，《人民日报》1965 年 6 月 10 日第 3 版。

望》《收租院》《红灯记》《白毛女》和毛主席纪念堂大型陶瓷浮雕花板等一批单件和大型组塑佳作涌现，使佛山（石湾）陶塑艺术再上高峰。同时，随着陶制品生产模式化产生的传播效应，这些陶塑作品的创作者（陶艺家）纷纷成为全国知名的工艺美术家。围绕"文化大革命"的时代背景而衍生出的大量陶塑制品，凸显了其与时代美学、主流审美旨趣的内在关联。

改革开放以后，随着思想文化领域的逐步开放，改革带来的各种红利也推动着石湾陶业的改革创新，以个人英雄主义思想为导向的成才观、发展观实现了对传统社会主义思想意识的替换和改造，陶艺创作领域出现了大量的专业级、专家型的创作工作室。这也促进了陶艺家的创作更加广泛和多元，对佛山地方性的记录也从传统的被动式向主动诠释、表达模式转变。以顺应时代发展洪流为典型特征的新一代陶艺家开始以更为积极、主动的心态和创作思想去解释、介绍佛山地方文化和地方特征。

图1-76至图1-79就是一些具有时代特征的陶瓷艺术品。

图1-76 《衣锦还乡》
（陈鹏君制，2008年）

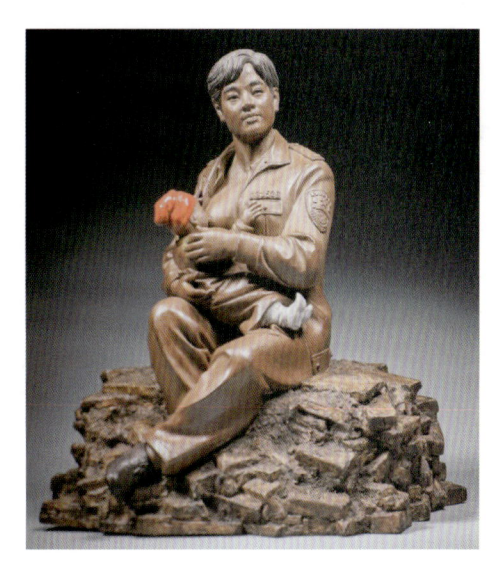

图1-77 《警察妈妈》
（刘兆津制，2008年）

图 1-78 《攀登》
（黄松坚制，1977 年）

图 1-79 《天涯若比邻》
（罗益明制，2008 年）

第二章　街头小品中的佛山印记

第一节　街头小品与城市

目前，学术界对"街头小品"尚未有统一的概念，现有"城市公共摆设"或"街头小品"之称。从广义的角度来理解，街头小品是一些区别于大型建筑、民居、村落以及其他建筑的装饰元素。在国外有很多类似的专业词汇，如 urban furniture（城市装置）、street furniture（街道装置）等，在一些国家，还会把它们称为"街具"。① 从狭义的角度来理解，人们经常提到的街头小品是雕塑类小品，它们常常被放置在绿地草木之中或新厦旧楼之间。街头小品是城市公共环境中的重要元素之一，更是环境景观的创造者，在城市景观环境中扮演着重要角色，它们的存在，不仅为城市景观环境赋予了特定的内涵和特征，更丰富和提高了城市景观环境的品质。因此，在探讨街头小品与城市的关系中，我们从广义的角度去理解街头小品，认为城市街头小品是设置于城市人行道上、街头节点处，甚至是道路上的公共小品设施，包括城市街头景观硬装和绿化外的所有景观设施。

街头小品本身具有一定的功能性、造型艺术性，体量小巧，是与周边环境相融合的小型建筑构造物或艺术造型体。② 街头小品虽不能起主导作用，但对整个城市公共环境的影响作用很大，是城市公共环境中的重要组成部分，在城市公共环境中具有举足轻重的作用。它们与城市建筑、道路、植物等共同构建了城市公共环境的整体形象，能更深刻地展示出城市景观的品质和文化特征。街头小品带着一种强烈的满足公共需求，体现社会、

---

① 乔峰、孙艳：《浅析环境小品的艺术设计品位》，《乌鲁木齐职业大学学报》（人文社会科学版）2006 年第 4 期。
② 申恬波：《解析城市街头景观小品造型设计》，《现代装饰》（理论）2013 年第 12 期。

地域、场所集体精神，表现和探讨公共事务的目的性。街头小品都有一个特定的、区域的、独特艺术景观或艺术装置，有着特定的功能性和对特定地域文化的理解。①

街头小品在西方的起源可以追溯到古巴比伦时期，以壁画和雕塑的艺术形式存在于环境和建筑物之间，以起到装饰和点缀的作用。世界上的发达国家有关城市开放空间中的街头小品建设的新形式不断出现。发展至今，美国、日本及欧洲各国等国家街头小品呈现出规模化、普及化特征。在城市街道、广场、商业中心地区、地铁站、公园、游乐场等公共场所不断开发了各种街头小品，体现了独特的时代气息和文明特征。

我国的城市开放空间中的街头小品建设目前处于借鉴、学习阶段。在当今这个快速发展的社会，建筑与街道都在不断变化，很多地方街头小品的设计却未能跟上城市快速发展的步伐，经常可见街头小品设施损坏了无人及时修理、有指示牌却找不到正确的方向等尴尬问题，使街头小品的实用性功能丧失。② 在追求建筑物、周围环境与人和谐统一的过程中，想要把三者有机联系起来，形成一个和谐统一的整体是不容易的，需要在三者之间有一个媒介，而街头小品就是这样一个不露痕迹且以极其自然的方式把建筑物和环境与人有机统一起来的媒介。所以，从街头小品看城市的地方印记，是了解一座城市最为直观和快捷的形式之一。

第二节　佛山街头小品与景观

一　佛山街头小品与景观的关系

若把佛山公共环境视为一个整体的景观，那么无处不在的街头小品绝对是不可忽略的重要组成部分。英国美学家夏夫兹博里说："凡是美的，都是和谐而匀称的，都是真的。"这里的和谐便是指街头小品需要与环境共生共融。共生意味着街头小品辅以周边环境，具有功用性；共融强调街头小品在视觉上需要与周边景观协调，不能仅单纯追求单体的完美，而是需要考虑与公共环境的融合关系。所以，可以从视觉和用途两个方面对街头小品与景观的关系进行剖析。

---

① 郑晓晨：《公共艺术的人文精神》，硕士学位论文，华东师范大学，2010年，第32页。
② 申恬波：《解析城市街头景观小品造型设计》，《现代装饰》（理论）2013年第12期。

第二章　街头小品中的佛山印记

在视觉上，街头小品的空间尺度、形象、材料、色彩等组成元素需要与周围环境相融合，两者之间的协调比街头小品单体的设计更为重要。例如，佛山市禅城区升平路的《秤平斗满》（见图2-1），以铜像的方式呈现，不仅是因为铜像是佛山一大特色，更是因为铜像的颜色能很好地体现陈旧的概念，铜像刻画的买卖米的百姓仿佛连同旧时光一起被定格在了升平老路上，老街和人像的和谐自然，让进入到这里的人不禁有了回到过去的感觉，这是一个街头小品很好地融入景观的成功例子。但即使这个铜像做得再成功，如果把它放到一个满是高楼大厦的地方，就会觉得街头小品本身的美感下降了，还会破坏展览点的和谐美。

图2-1 《秤平斗满》主题铜像

图片来源：林晓青摄。

在用途上，街头小品可以为观看景观的人创造更好的体验感，包括路灯照明、盲人道护航、护栏提供保障等。越是贴心的街头小品，就会让人对所处的环境越有好感，也更乐意去欣赏、去认可一个地方。如果一个地方的公共区域连基础设施都没配备完整，那么因不便带来的不适感就会让一个人对这个地方甚至整个城市感到失望。所以，街头小品的实用功能看起来微小而普通，但在影响一个人对一个地方的认可程度上起着关键作用。

街头小品在视觉和用途上的作用其实并不冲突。一个街头小品，既可以在视觉上融入景观，同时又可以很好地发挥它的用途，但佛山的街头小品在这个方面略有欠缺。虽然佛山的很多实用性街头小品确实让人有好的体验感，但有当地特色的实用性街头小品却很少，容易让人没有识别感。例如：大众化的公交站、造型与大多数地方都相似的垃圾桶、护栏、指示牌，等等，看到这些小品，没法立刻辨别自己是在佛山还是在广州，甚至是其他地方。所以，继续挖掘地方特色，让实用性街头小品也有佛山印记，让本来有佛山印记的街头小品与公共环境相互协调，是当前研究佛山街头小品的努力方向。

二　佛山街头小品的分类

因为街头小品的功能识别度十分明显且独立，所以，研究人员一般按照其功能进行分类。例如，国内学者申恬波在解析城市街头景观小品造型设计过程中将街头景观小品分为公共标志类、休息娱乐类、实用功能类、美化装饰类和单体构筑类[1]；陈芬在探析公共环境中街头景观小品的造型设计时将街头景观小品分为满足交通需要的小品、满足人体需要的小品、满足人们所需信息的小品、满足景点需要的小品以及满足人们生活的必需小品。[2]

对比国外，佛山的临时性街头小品大部分都独具特色，像佛山街头的大型元宵花灯、舞狮头和锣鼓的组合小品、巨大的中国结等；而长期性的街头小品中，最具本地特色的是装饰性的街头小品，像佛山的街头小品以铜像居多，铜像大都以本地民俗民生为主题等。结合前人的研究和实地考察结果，为更好地研究、分析佛山的街头景观小品，本书以存在的时间长短为界限，把佛山街头景观小品分为临时性和长期性两大类，佛山街头景观小品分类情况如图2-2所示。

临时性街头景观小品一般可以分为以下四类。

（1）节庆类：指用于春节、元宵等大型节日烘托节日气氛的临时装饰品，比如大型花灯、特色临时花坛等；

（2）展销类：指艺术作品在街头临时展览点展出，如2020年年末创意产业园内的光影巨兔艺术装置等；

（3）公益宣传类：指一种宣传积极向上思想、传播正能量的目的性很强的景观小品；

（4）商业宣传类：指品牌IP实体展等，一般位于实体店附近的街道，具有强烈的宣传品牌目的。

---

[1] 申恬波：《解析城市街头景观小品造型设计》，《现代装饰》（理论）2013年第12期。

[2] 陈芬：《公共环境中景观小品的造型设计探析》，《泰安教育学院学报岱宗学刊》2011年第3期。

第二章 街头小品中的佛山印记

```
佛山街头景观小品
├── 临时性
│   ├── 节庆类
│   │   ├── 春节主题
│   │   ├── 元宵主题
│   │   └── ……
│   ├── 展销类
│   │   └── 光影巨兔艺术装置
│   │       ……
│   ├── 公益宣传类
│   │   ├── 保护野生动物主题
│   │   ├── 扫黄赌毒主题
│   │   └── ……
│   └── 商业宣传类
└── 长期性
    ├── 实用类
    │   ├── 公共标志类
    │   │   ├── 指示牌
    │   │   ├── 路标
    │   │   └── ……
    │   ├── 休息娱乐类
    │   │   ├── 独立座凳
    │   │   ├── 儿童游戏区
    │   │   └── ……
    │   ├── 单体构筑类
    │   │   ├── 独立商亭
    │   │   ├── 公交站台
    │   │   └── ……
    │   └── 其他实用类
    │       ├── 护栏
    │       ├── 垃圾桶
    │       ├── 残疾人专用设施
    │       └── ……
    └── 装饰类
        ├── 地方文化主题类
        │   ├── 舞狮主题
        │   ├── 功夫主题
        │   └── ……
        └── 其他特色主题类
            ├── 西域文化主题
            ├── 现代艺术主题
            └── ……
```

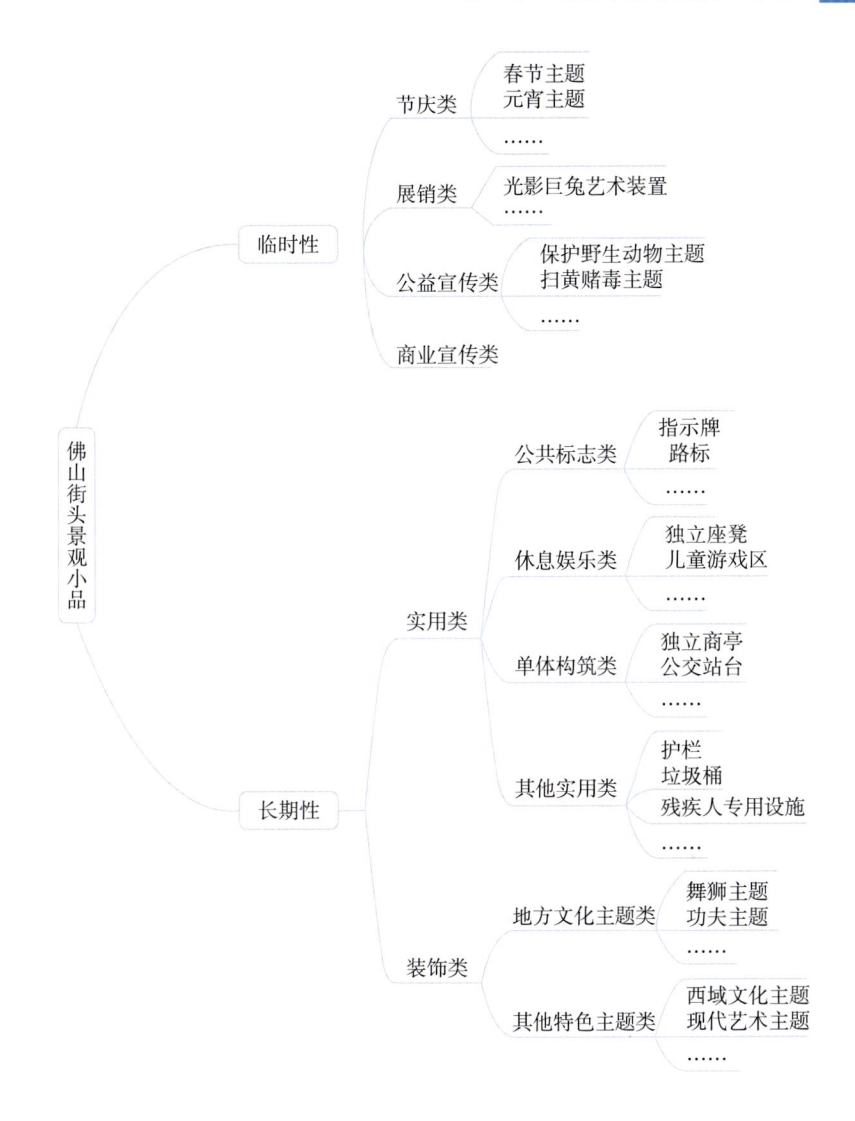

图 2-2 佛山街头景观小品分类情况

资料来源：笔者绘制。

长期性街头景观小品实用性较临时性强，故长期性街头景观小品可以根据其是否有实用功能分为实用类和装饰类。实用类以不同的功能类型为根据，可以分为以下四类。

（1）公共标志类：指直观展现信息的公共设施，其设计遵循简约、显眼和易于辨认的原则，例如宣传告示栏、指示牌、路标、文化展墙和广告牌等；

（2）休息娱乐类：指实用性和互动性强，注重人体工学设计，一般有独立座凳、儿童游戏区等；

（3）单体构筑类：指独立且主体性明显，一般有独立商亭、公交站台、公共厕所等，造型和色彩的设计更为突出；

（4）其他实用类：指护栏、垃圾桶、残疾人专用设施等。

装饰性街头景观小品是最能集中表现地方特色的一类景观小品，为更好地区分、研究佛山的街头景观小品，可以将其划分为以下两类。

（1）地方文化主题类，如佛山有舞狮主题、功夫主题等；

（2）其他特色主题类，如西域文化主题、现代艺术主题等。

第三节 佛山街头小品中的地方印记

街头小品位于一个地区的公共环境中，无论是佛山居民还是外来游客在了解佛山文化时，最无门槛的渠道就是通过观察街头小品。佛山街头小品相当于佛山文化表达与展示的一个窗口，其地方印记的表达就显得尤为重要。佛山文化中最精髓的是剪纸、舞狮、陶瓷、武术、粤剧等文化，能被表达的地方印记很多。其中，临时性街头小品成本低，能灵活更改以适应当时的节庆、活动需要；长期性街头小品保存时间长，功能更多，适合展现没有周期性的文化。选择合适的方式把佛山地方印记融入街头小品中，能给所有人带来不一样的文化体验和视觉观感。

一 街头小品上的剪纸文化印记

据可查的地方文献[①]，佛山剪纸在南宋时期就已经相当精巧成熟，由当地民俗活动发展而来，极富有岭南文化特色，是最能代表岭南民间文化的艺术工艺之一。佛山剪纸的题材有传统和现代两类。传统佛山剪纸是以象征吉祥如意的花鸟鱼兽，以及中国戏曲人物和民间流传的故事等符合社情民意的主题决定其内容和形式，极受广大群众喜爱，长期盛行不衰。[②] 现代剪纸则是选自与当地人的日常生活紧密联系的题材，内容广泛而丰富。

"传统＋现代"是剪纸文化传承发展的关键，佛山街头小品作为一种极为重要的文化表达载体，常常将传统和现代的题材相结合，共同展示佛山

[①] 苏里曼、梁丹妮：《佛山剪纸造型艺术的探讨》，《包装工程》2010年第24期。
[②] 邹瑾琳：《佛山剪纸艺术的传承与发展探究》，《美术教育研究》2014年第11期。

剪纸文化的魅力。广佛地铁祖庙站出口的防护玻璃（见图2-3）就采用了传统和现代题材的剪纸来创意表达佛山印记。可以从人物形象中观察出传统主题包括婚嫁、节庆等，现代主题以刻画现代建筑如广州塔等为主，再使用剪纸最经典的颜色——红色，喜庆又吸睛，不仅向人们展现了佛山民生乐趣，更是直接展现了佛山剪纸文化本身的魅力。这个"剪纸防护玻璃"在起到实际防护作用的同时，提高了祖庙站的识别度，使每一个从祖庙地铁站出来的人都可以被这个剪纸防护玻璃小品再次提醒：哦！到达佛山祖庙了。

图2-3 祖庙站防护玻璃

图片来源：林晓青摄。

二 街头小品上的醒狮文化印记

醒狮是传统舞狮中的一种，明代时期发源于佛山南海县并主要传播于粤、桂、港、澳以及海外华人社区，2006年被入选为首批国家级非物质文化遗产代表性名录。民国《佛山忠义乡志》中载："光绪五十年向工商部报告，狮子头制作精良，省内外商铺全部订购，大部分在十禄浦。"这清楚地说明了当时南海县的狮子生产情况。佛山是武术之乡，也是醒狮之乡。在世界上，只要有华人的地方，就会有醒狮，而这种文化的根源就在佛山。按照现代潮流的说法，醒狮也是一种街头文化，比如佛山秋色巡游中的醒狮表演。即使今日佛山已然成为现代化都市，高楼林立，车水马龙，但走在佛山的大街小巷，还可以看到一个个机灵可爱、活灵活现的醒狮街头小品。它们炯炯有神的眼神好像在向来来往往的人传递着醒狮文化独特的印记。

佛山国瑞升平里是2018年才开业的、主打岭南水系文化的主题街区。作为佛山最得精髓的文化之一，醒狮文化不会缺席。图2-4鼓狮小品便是其中之一。佛山传统醒狮主要分为文狮、武狮和幼狮三大类，这个街头小品中的醒狮为彩狮，也就是文狮。因为是展览时间较长的临时性街头小品，故采用未经特殊处理的、可供表演的醒狮和鼓。为了整体的和谐，文狮的色调和鼓一致，都为红白调。"北狮"的特点是形似，而"南狮"的特点是神似。它整个头部外形夸张，给人以勇敢、朝气蓬勃之感，再配以锣鼓，形象生动。

图2-4 国瑞升平里鼓狮小品

图片来源：林晓青摄。

三 街头小品上的陶瓷文化印记

佛山是我国最大、最重要的陶瓷生产基地之一，佛山陶瓷在国内陶瓷业有着举足轻重的地位，佛山陶瓷文化已然成为中国陶瓷文化中的重要组成部分。佛山陶瓷中又以石湾陶瓷最为突出。石湾，早在原始社会的新石器时代，就有了制陶的历史，到唐宋时期已经非常发达，明清时期达到鼎盛。自明代起，石湾的艺术陶塑、建筑园林陶瓷、手工业用陶器等就不断地输出国外。如今，佛山城市街头随处可见大大小小、五颜六色、形态各异的陶瓷街头小品，或被用于装饰，或被用于垃圾桶，或被用于休息设施，等等。它们像佛山城市街头辛勤的"代言人"，不断地向游人述说着佛山陶瓷文化和故事。

　　石湾陶瓷拥有深厚的陶文化底蕴，是佛山一张亮丽的"名片"。正因为有了石湾陶瓷，佛山成为"南国陶都"；正因为有了石湾陶瓷，佛山陶瓷成为佛山人独特的技艺，佛山陶瓷文化艺术品更是广泛地运用于人民生活中的各种场合。例如，住宅区、城市公园、街道小巷、城市广场和企事业单位等各种场合。其中佛山市禅城区江湾路街头陶瓷小品（见图2-5），采用佛山独特的陶瓷工艺烧制，是蕴含着深厚文化韵味的实用新型环保垃圾桶。相比于传统的垃圾桶，这种新型陶瓷垃圾桶质地精美、材料环保、易于清洗且具有艺术性色彩等特征，能减少环保工作者的人力成本，优化资源，美化市政形象工程，彰显城市的文化和品位，表现出极高的市场价值和人文价值，是佛山陶瓷文化传承的典范，更是留给世人佛山地方印记的有效载体。

图2-5　佛山市禅城区江湾路街头陶瓷小品

图片来源：郑坚强摄。

四　街头小品上的武术文化印记

雕塑，或用于装饰特定空间环境，或用于纪念意义，是一种具有特定寓意、象征或象形的造型艺术。大多雕塑为铜像，尤其是人物雕塑最为常见。铜雕像的历史十分悠久，制作工艺非常成熟，艺术创作的复原效果佳，历来受到艺术工匠的追捧，现在更是流行运用于地域文化表达的载体。佛山作为武术之乡，就有很多留有武术印记的街头精细雕塑小品。

禅城老城莲升片区是佛山近代商业的起源和发展中心，贯彻文化、艺术立魂的国瑞升平里就坐落于此。这是一块八大建筑的复古地，有见证了粤剧起源和发展的琼花会馆，有传颂了先烈忠肝义胆的忠义乡牌坊，有陈华顺故居叶问之师开馆授徒之地，有见证了佛山商业过往繁华的百年汾宁古道，等等。在佛山这个地方印记极为浓厚的地方，新铸的武术人物雕塑铜像群（见图2-8）仿佛找到了"归宿"。其中有幼童、青壮年和老年人，他们练习着不同的武术招式，寓意着佛山武术可强身健体，老少皆宜。雕塑铜像群旁还立着球形的LED灯，在夜晚照亮着雕塑铜像群，让它们在夜晚也能熠熠生辉。

图2-6　国瑞升平里武术人物雕塑铜像群

图片来源：林晓青摄。

五　街头小品上的粤剧文化印记

粤剧又称大戏或者广东大戏，始于明末清初，是一个历史悠久的传统戏曲剧种。粤剧的角色被称为"行当"，按照角色的年纪、性别、性格、外形等特征，原分为末、生、旦、净、丑、外、小、夫、贴和杂十大行当，后来被精简为六柱制，包括文武生、小生、正印花旦、二帮花旦、丑生和武生六类。粤剧中，"生"代表男性角色，"旦"代表女性角色，"末"代表年老角色，"净"代表性格刚强暴躁的男性角色，"丑"代表滑稽角色。伫立在佛山市禅城区中山桥四个角落的四座雕塑小品便是粤剧人物中的生、旦、净和末四行当（见图2-7），距离粤剧发源地——琼花会馆不足百米。它们神态各异、栩栩如生，把各自代表的人物形象表现得淋漓尽致，好像在给路人上演着一场精彩的大戏，直观地展现出粤剧源于生活的特色，是一类兼具观赏价值和人文价值的街头小品。

图2-7　佛山市禅城区中山桥的雕像小品《生》《旦》《净》《末》

图片来源：蔡招强、林晓青摄。

能简单直接地体现粤剧文化特色的元素，除有行当外，典型的还有脸谱。脸谱始于原始图腾，后来逐渐演变成艺术化的戏剧脸谱。据《旧唐书·音乐志》和唐段安节撰《乐府杂录》记载，公元550年，北齐兰陵王高长恭英勇善战，但因貌美少威，因而每次作战都戴上面目狰狞的假面具。① 到了唐代，发展成为一种"代面"的歌舞形式，但戴面具演出使观众看不到演员的表情变化，妨碍观众观看。因而后来就衍生为一种演员舞台演出时将面具上的图案画在其脸上的化妆造型艺术。

如今，脸谱已然成为中国优秀传统文化中颇具特色的一种造型艺术，深受世界各国人民的喜爱，广泛应用于工艺美术中。佛山市禅城区中山桥上的路灯有三个代表不同佛山文化特色的主题灯罩，其一便是粤剧行当的脸谱。粤剧行当中，不同行当的脸谱，情况不一。灯罩上的脸谱代表的是黑脸（见图2-8），如"包公戏"中的包拯，象征着威武有力、粗鲁豪爽。夜幕降临之际，灯光亮起，脸谱显得更为生动，与其他两个代表武术、陶瓷的图案相映成趣，共同谱写佛山武术之乡、陶瓷之乡、粤剧之乡的传奇，让世人真真切切地感受到佛山的魅力。

图2-8　佛山市禅城区中山桥主题灯罩

图片来源：蔡招强摄。

六　街头小品上的节庆民俗印记

节庆民俗文化中，通常以民间的风俗习惯和日常生活为代表，是一个

---

① 葛山：《"京剧热"带火京剧脸谱收藏》，《中国拍卖》2006年第11期。

地方历史积淀而成的传统。对于佛山这座历史悠久的老城来说，节庆民俗文化底蕴尤为丰厚，诸如秋色、行通济等仍然受到人们的喜爱，每当举办之际，活动现场都人潮如海、热闹非凡。为了迎接这些盛事的到来，除了一些长期性街头小品时刻在"欢庆"，还会有诸多临时性街头小品应运而生，营造出喜庆欢乐的节庆氛围，活灵活现地给游人"打"上佛山特有的节庆民俗印记。

（一）临时性小品上的节庆民俗印记

花灯起源于汉代，盛行于唐代，普及于宋代，是中华民族在传统农业时代孕育出来的文化产物。自古以来，花灯的制作工艺就十分讲究，以传统文化为元素，以纸或绢为外皮，以竹或木条为骨架，再在中间放置蜡烛，打造成一个兼具照明功能和艺术特色的艺术品。每当临近新年春节、元宵等节日，就有大量各式各样的花灯映入人们的眼帘，为佳节喜日增光添彩，祈求平安。

当花灯作为小品出现在街头时，不仅美化了环境，还带来了节日的喜悦气氛。2021年春节期间，佛山市南海区罗村孝德湖公园路边就展出了一组可爱的十二生肖花灯小品（见图2-9），小品以喜庆的大红色为主色调，凸显出春节阖家欢乐的氛围，再加上呆萌可爱的十二生肖，成为公园中一道亮丽的风景线。

图2-9　佛山市南海区罗村孝德湖公园路边十二生肖花灯小品

图片来源：陈文轩摄。

(二) 长期性小品上的节庆民俗印记

1. 生菜池小品

生菜池小品（见图 2-10）位于佛山通济桥南端。有一句俗话说："行通济，无闭翳。"每年元宵只要走过通济桥，再将穿着红袍的生菜扔向这颗"大生菜"，就可以将去年不好的东西都扔掉。因为生菜音似"生财"，所以还有将自己带去的生菜扔到最顶端，来年就一定会"财源广进"的美好传说。这个习俗已经在佛山流传了400多年[①]，生菜池小品和通济桥都已成为佛山特色文化名片。

图 2-10 通济桥南端生菜池小品

图片来源：郑坚强摄。

生菜池小品是由陶瓷制作而成的。陶瓷是佛山街头小品制作材料不错的选择，除了成本低，陶瓷的抗腐蚀性强，适合长时间暴露在露天环境。故生菜池小品是较为少见的长期性节庆类街头小品。生菜池小品虽然只是一个占地面积很小的街头小品，但是，由于它被佛山人所寄予的美好期望，让其与元宵文化相辅相成，并成为佛山特色文化的一个代表。这也是节庆类街头小品的成功典例。

2. 婚嫁

婚嫁，历来都是人一生中的大事。在这个特殊的日子里，全国各地都有着独特的婚嫁习俗，佛山这座老城也不例外，一些传统的婚嫁礼仪或改

---

① 叶莉：《浅谈"行通济"这一非遗项目的保护与思考》，《大众文艺》2018年第5期。

良或沿袭至今。其中,佛山本地民间流传着一条经典而又充满寓意的娶亲路线,这条具有独特要素的路线的必经之路便是祖庙,花车过祖庙门前,要放鞭炮,目的是祈求神灵保佑。另外,还常常经过筷子路、福禄路、良缘路、永安路、锦华路、升平路等。其中的每条路都被人们释意成特定的祝福,如筷子路代表早生贵子,福禄路象征有福有禄,良缘路寓意天赐良缘、婚姻美满,永安路表示平平安安,锦华路和升平路则取其路名的吉祥之意。祖庙门口的《婚嫁》铜像(见图2-11),便是向大众展示岭南民俗文化精粹、弘扬佛山传统岭南婚俗文化之美的标志性小品。《婚嫁》通过"造景"的表现手法,采用高超的铸铜艺术,还原了佛山新人婚嫁时幸福的模样,给来祖庙祈福的新人带来祝福,给来祖庙游玩的游人展示文化,是来佛山旅游不可错过的街头一景。

图2-11 祖庙门口的《婚嫁》铜像

图片来源:郑坚强摄。

七 街头小品上的现代艺术印记

其他主题类的装饰性街头小品多为现代艺术品。现代艺术起源于古代地中海沿岸，相比于传统艺术，是富有前卫和先锋色彩的各种思潮与流派的统称。但这并不意味着现代艺术不适合佛山这座古韵十足的城市，相反，将现代艺术与佛山特色文化巧妙结合，依旧能表现出不一样的精彩。但正如前文所说，街头小品的成功与否，很大程度上取决于它能否融合在所处的大环境中，对于现代艺术品也不例外。例如，《光影巨兔》展设置在岭南天地的各个角落，巨兔和房子大小的对比，加上巨兔的多姿多态，使小镇多了一份活泼俏皮。而《城市生长力量》则直接用现代艺术阐述桂城的活力，《乐》用它的异国风情展现新城的国际化。这些都是现代艺术与佛山文化大环境相互融合的成功例子。

（一）《光影巨兔》

为满足人民日益增长的文化交流需求，在城市繁华地段，常常可见有主题鲜明、移动式、序列化的艺术展览。佛山岭南天地，毗邻祖庙，处于城市的中心位置，是一个集文化交流、休闲娱乐、购物于一体的综合性岭南文化街区，同时也是移动式艺术展偏爱的场所。2020 年 11 月 26 日至 2021 年 1 月 7 日，澳大利亚著名艺术家阿曼述·帕雷（Amanda Parer）的"Intrude Family"移动作品展就在此举办。该展览利用自愈形象和非日常视觉的独特表现形式，给路人带来了十一只形象自愈自带光芒的光影巨兔小品即《光影巨兔》（见图 2-12）。本次展出的兔子有望月兔、葛优瘫兔、碎碎念兔等各种形态的兔子，高 11 米，近三层楼高，白天是胖嘟嘟的大白兔，夜晚是发光的精灵，呆萌可爱，憨态可掬，自愈力满分。它们置身于岭南天地的蜿蜒街巷，与这里的古旧房屋和谐并存，让传统文化与现代文化相互交融，为户外的商业环境增添了趣味性和吸引力，也为整体场所赋予了活力。这种萌趣的形象在诠释着同一个主题，那就是"爱在一起 HOPE TOGETHER"，引发公众思考生态平衡和自然共荣的关系，在极具观赏性的同时，也助力佛山岭南天地举办"岭南天地周年庆疯买节"，持续激发城市经济、文化、社交活力，打造优质夜间经济聚集区，助推佛山全面发展城市夜经济。

（二）《城市生长力量》

喷泉原本是一种自然现象，其实用性在于能为人们提供方便的饮水，由于其可装饰性，所以，后来出现了人工喷泉，多彩的形象促使喷泉既有实用性又有装饰性。随着近年来的发展，饮水的获得越来越方便，喷泉也就逐渐失去了它的实用性，更多的是发挥其装饰性作用。南海区桂城《城市生长力量》（见图 2-13）就属于地方文化装饰类小品。

第二章　街头小品中的佛山印记　73

图 2-12　岭南天地《光影巨兔》

图片来源：周嗣璟摄。

图 2-13　南海区桂城《城市生长力量》

图片来源：陈文轩摄。

这个街头小品以喷泉为底座，再以扭转向上的雕塑为主体，雕塑的镂空设计，除使雕塑更加轻便之外，还提升了其抗风的能力，曲线刻痕既可以理解为波浪的形状，又可以理解为鳞片的形状，与喷泉相呼应，并在其最顶端呈现"城市生长力量"六个字来表达整个小品的核心内涵。小品用似气势高涨的海浪又似破水而出的蛟龙形象地将整个小品融入一个激情四射的意境里，使无声的文字立刻有了活力。

《城市生长力量》的意境很好地融入所处环境，因为其位于南海区桂城街道。南海区桂城街道地处南海中心城区东部板块，是东部板块的经济中心，从2009年起便全力配合千灯湖金融高新技术服务区的建设，其城市综合竞争力和发展后劲优势突出①，是一个蓬勃发展的城区，就如小品向人们表达的那样：桂城拥有激情四射的发展活力。

（三）《乐》

佛山新城区别于佛山其他地方，其发展的核心是围绕"新"的概念。作为将来代表佛山对话世界的"城市客厅"，佛山新城的文化给人的地方印记更趋于现代化和国际化。佛山新城街头的景观小品设计整体具有现代时尚、国际化风格，与周围建筑融为一体，给广大市民营造一个"高效率、慢生活"的休闲环境。比如，伫立在新城街头的小品《乐》（见图2-14），

图2-14　佛山新城《乐》

图片来源：李兰摄。

---

① 单留：《街头和庭园的建筑小品——喷泉》，《集邮博览》2005年第6期。

由铜铸制而成，刻画了一位西域人正在演奏歌曲的生动形象，在传达欢乐情绪的同时，直观地展现出佛山新城的国际化倾向。小品底座标明作家为龙翔，他是中国美术学院雕塑系主任、中国美术家协会雕塑艺术委员会副主任，同时也是中国雕塑学会常务理事，可以看出这座雕塑出自名人之手，来之不易。它的珍贵可以让市民以及游客感受到政府对于佛山新城的开发和发展付出的心血与期望，能引起市民对自己城市的认同感，赢得游客的好感。这也说明，装饰性街头小品虽然缺少实际用途，但它的重要性依然不输实用类街头小品。只要装饰性街头小品能和所在的环境相互融合，就像佛山新城《乐》小品一样，其依旧能发挥体现城市特色的作用。

第三章　公园景观中的佛山印记

第一节　公园景观与城市

景观看似是一个简单的名词，却是复杂的自然过程和人类活动在大地上的烙印。地理学家把景观视为一个科学领域的名词，认为它是一种地表现象；艺术家把景观作为绘画对象，类似于风景；建筑师认为，它是建筑物的衬托，抑或是建筑背景；生态学家把景观当作生态系统；旅游学家把景观当作资源。[1] 本书所说的景观，是指以艺术特征、寄托寓意为主的，一种供人们用来休闲娱乐以及了解当地文化的空间环境。

公园景观，相对于景观来说，是一个比较小的范畴，城市公园景观则是更小的一个范畴。城市公园景观是城市中的"文化绿洲"，也是城市文化的展示窗口。它是城市生态系统的重要组成部分，不仅能够在改善城市生态环境过程中发挥积极效用，还可以为人们提供一个良好的休闲娱乐场所，展示城市文化特色和风土人情，见证着城市的变迁和发展。[2] 近些年来，城市在重视经济、政治等方面建设的同时，生态文明建设也成为建设重点。如今，对一座城市建设情况的评价，生态文明建设是其中一个重要因素，故城市公园景观建设也显得极其重要。城市公园景观建设要求从"以人为本"的原则出发，充分考虑人民的心理需求，研究人在环境中的行为活动特征，使公众参与到公园景观规划和建造过程当中。[3] 可以看出，公园景观设计有一定的目的性，在满足城市生态文明建设的同时，要从人类的角度

---

[1]　彭恬怡、陈玮：《城市公园景观规划设计——以常州春秋乐园为例》，《大众文艺》2019 年第 20 期。

[2]　褚奋飞、孙刚、王旭、孙雅丽：《生态园林设计中植物配置分析》，《种子科技》2021 年第 6 期。

[3]　刘剑锋、欧阳晓钰：《现代城市公园景观规划初探》，《山西建筑》2007 年第 30 期。

出发，使公园景观能够服务人和吸引人，且能满足人们的需求。而公园景观地方印记的体现离不开景观小品的合理配置，有的通过栩栩如生的雕塑来展现地方历史名人或场景，有的依托于绚丽多彩的展览墙来表现当地的文化，等等。总而言之，城市正是通过建筑、雕塑、桥梁等设计要素，营造出一个个具有地方印记的城市公园。

佛山作为一座拥有1300多年历史的工业名城，其雄厚的经济实力为其城市建设提供了基础，公园建设也不断得到完善。发展至今，佛山城市公园由单一的公园衍生为多层次、多功能的公园体系，既有生态功能，也富含文化属性，对城市建设和岭南文化的传承与发展具有重要影响。经笔者盘点，佛山市五个行政区域共有593个公园（见附录佛山市现有城市公园统计），其中大部分公园位于顺德区和南海区，高明区的公园最少。对城市发展而言，公园的品质与公园的数量同等重要，小型、高效、良好使用的公园可能会有更大的社会效益，而大尺度城市公园对于实现城市可持续发展意义重大。对游客而言，大型、交通便利、地域文化特色明显的公园更具有吸引力。因此，本书选择佛山市中山公园、文华公园、亚洲艺术公园、石湾公园、礌岗公园和千灯湖公园六个大型且富有地方特色的城市公园展开地方印记主题研究。

第二节　佛山公园景观小品与景观

对景观而言，景观小品"从而不卑、小而不贱、顺其自然、插其空间、取其特色、求其借景"[①]，在点缀景观环境、烘托景观气氛等方面具有重要意义。公园小品能够营造良好的意境，给人以曲径通幽之感，兼具观赏性和实用性。

首先，它在点缀景观方面尤其显著，是公园建筑组成元素的一部分，不仅创造、构成景观环境，营造着景观意境，更彰显着景观的主题，使建筑增色、意境更加深远。景观小品与公园里的自然景观有机结合、互相衬托，使公园景观环境成为有机整体。

其次，公园小品能够满足人们的休闲娱乐等基本需求。如公园中处处都可看到的圆凳和圆椅，这些设施供游人休息、观赏景物之用，是公园中

---

① 刘美亮：《浅谈景观小品在公园中的作用》，《城市地理》2016年第6期。

具有人性化使用功能的建筑小品，考虑了人们在公园中的行为习惯和要求①；如曲径通幽处的凉亭，不仅是对公园风景的点缀，更是为游人提供休息、乘凉、遮风避雨的重要场所；如灯光小品，是点亮夜间公园的必备元素，更是为游人夜游提供便利的设备；如栏杆小品的设计，既是对公园布局的衬托，又能确保游人的安全，等等。

在城市公园小品对景观的作用中，其实用性更受大众关注。因为不论是公园小品还是景观，其核心都是人，即以人为本的观念。随着社会发展，生活在绿色环境中成为都市人对美好生活的向往，人们对公园景观质量的追求也不断提高。而这些期许并不是仅靠超大范围的绿地、大型的建筑就能满足的，人们越发喜爱富有地方文化特色、充满人文关怀，又方便使用和游玩的公园景观小品。

公园景观小品朝着多样化、功能化方向不断发展，以支持并满足不同使用者的需求。按性质功能②对城市公园景观小品进行分类，可分为装饰性、照明性、休憩性、展示性、服务性和媒体性六大类。

不同类别的公园小品具有不同的功能和文化特征。装饰性城市公园景观小品如景墙、花架、雕塑、壁画、地画、艺术栏杆、观赏石、漏窗等为本身就具有一定装饰性和观赏性的公园锦上添花。佛山城市公园的装饰性城市公园景观小品占主流的便是形态各异的雕塑。如文华公园的爱神丘比特雕塑、中山公园的武术英姿雕塑、石湾公园的水上仙雕塑等，都有着特定的寓意。

照明性城市公园景观小品，无论是园灯的基座、灯柱的立面，还是发光的灯头，都可以通过色彩、质感和形态方面的变化来展现艺术性。佛山城市公园景观小品中照明类小品当属千灯湖公园最具特色。千灯湖各色各样的灯通过一系列的合理组合和排布形成一个湖光山色相辉映，以绿树、茶亭、溪流点缀其间的唯美岭南水乡。更有人赋诗：日暮千灯丽，湖秋桂花香；堤长飞柔柳，水暖戏鸳鸯。

现在，休闲性城市公园景观小品已经成为公园必不可少的基础设施，落成在公园里的各个角落。常见的有椅凳、廊亭、楼阁等，但也不尽相同，它们的外观也各具特色。如亚洲艺术公园的亭子，整体为叶子的纹理，上

---

① 李亚伟：《西安环城公园建筑小品人性化设计研究》，硕士学位论文，西安建筑科技大学，2011 年，第 42 页。

② 李可：《公园绿地中的木结构景观小品设计研究》，《城市建筑》2019 年第 23 期。

有四片大的绿叶，侧边柱子则采用规律的小叶纹来装饰。

展示性城市公园景观小品也同休闲性城市景观小品一样，已经成为每个公园必不可少的一部分。各种布告牌、导游图板、指路标牌、文物古建筑的说明牌等，在公园中显而易见，给人以方向指示、说明解释。同样，每个公园都有自己的设计风格，有的普普通通，有的则别具匠心。如中山公园的导览图是经过精心设计过的，给人眼前一亮的感觉。

服务性城市公园景观小品主要针对公共卫生设施和安全方面。方便、清洁、环保的饮用水、泉水、洗手池、垃圾桶、公用电话亭、信号塔、维修栏杆、花坛绿化边装饰等。

媒体性城市公园景观小品如电话亭、喇叭、音响等，主要是通信设施和音频设施，多用仿石块或植物造型安设于路边或植物群落当中，以求与周围的景观特征充分融合，让人闻其声而不见其踪，产生梦幻般的游园享受。①

第三节　佛山城市公园中的地方印记

地方印记是以一定空间区域为界定元素的地方文化，包括历史文化、民风民俗等，借助景观、建筑等载体来传递给人们的印象。地方文化具有地域性和不可复制性，是特定空间区域的生命力和灵魂源泉。佛山作为国家历史文化名城，有陶艺之乡、武术之乡、粤剧之乡之称，是中国龙舟龙狮文化名城，粤剧发源地，广府文化发源地、兴盛地和传承地，其地方印记包含的方面数不胜数。城市公园景观小品作为传承地方文化的重要媒介，其设计与地方文化有机结合，将有利于丰富公园的文化内涵，打造具有人文特色的城市"人文绿洲"。在对佛山中山公园、亚洲艺术公园、文华公园、石湾公园、磁岗公园和千灯湖公园等实地考察和调研之后，能够深刻地体会到这些公园里的景观小品和景观建筑体现着佛山当地武术、剪纸、彩灯、陶瓷、人文建筑等地方印记。

一　佛山中山公园中的地方印记

佛山公园很多，但名气很大、环境还特别优美的公园却为数不多，而位于佛山市禅城区祖庙街道东北部汾江河畔的中山公园正是这样一个公园。

---

① 王珂：《城市湿地公园园林小品设计浅析》，《农业科技与信息》2016年第2期。

中山公园是一个集宣传、展览、科普、娱乐、饮食、休闲于一体的综合性公园，占地面积为28.07公顷，是人们为了纪念孙中山先生而于1930年兴建的，至今已然成为当地市民休闲的好去处。对于老佛山人来说，中山公园一定是他们绕不过的回忆。因为这里有着各类体现佛山武术文化、建筑文化、石雕文化等本土特色文化的景观，诸如宏伟气派的秀丽湖牌坊、形象生动的功夫铜像、保留完整的佛山精武体育会会馆等。最为重要的是，这里有一群又一群人用粤剧、二胡、武术等形式传承着佛山本土文化，用真实体验演绎佛山民间的幸福生活。

（一）武术文化类景观小品

说起佛山，不能不提武术。佛山武术文化源远流长，尤其以蔡李佛拳、咏春拳等南拳拳种扬名海内外。随着黄飞鸿、叶问、李小龙等武术大师的出现，更使佛山武术文化在中国乃至世界出尽了风头。2004年，佛山被评为"武术之城"，这是全国第一个被评为"武术之城"的城市，这不仅是对佛山武术的认可，更是让佛山武术文化成为佛山重要的地方标志文化。中山公园作为佛山市的一张城市名片，每日来园的游人络绎不绝，是传承和展示佛山武术文化的重要媒介。公园内，有一些武术景观小品在生动地彰显着佛山武术文化的经典。

佛山武术宗旨在于不为战争，只为和平，而练习武术正是为了强身健体，内外兼修。正是因为它的起源，使之存在于我们生活中的各个角落，没有固有的练习形态。公园内有一座名为《传承》的主题雕塑（见图3-1），展示的是三位正在习武的铜人，结合雕塑的名字和其人物设计特点，显然可以看出其寓意习武需要从小抓起，让传统武术融入现代生活，是对武术最好的传承与发展。同时，也在召唤着来园的游人，一起强身健体、修身养性。

除《传承》外，伫立在园内佛山精武体育会会馆前的《精武雄风》雕像（见图3-2）也淋漓尽致地展现出佛山武术文化。佛山武术既究形体规范又求精神传意，追求"内外合一"的整体观。所谓内，是指心、神、意等心志活动和气总的运行；所谓外，是指手、眼、身、步等形体活动。所谓内外合一要求内与外、形与神是相互联系统一的整体。《精武雄风》雕像通过铿锵有力的出拳动作，展示的不仅是武术的"形"，更重要的是通过其坚定有力的眼神、刚劲有力的动作，指向前方的左拳，向人们传达一种练武时该有的英雄姿态和状态，也体现出了武术人该有的坚定和专一精神。

第三章 公园景观中的佛山印记 81

图 3-1 《传承》主题雕塑

图片来源：蔡招强摄。

图 3-2 《精武雄风》雕像

图片来源：李兰摄。

除了雕塑和雕像，公园内能体现佛山地方武术文化印记的还有佛山精武体育会会馆（见图 3-3）。该馆始建于民国二十三年（1934），是现今我国保存最为完整、规模最为宏大的精武会馆。根据档案记载，佛山精武体育会会馆是钢铁梁架砖墙仿清代殿堂建筑,红墙红柱绿瓦,建筑面积达656.68平方米,侧翼面积为472.27平方米及415.03平方米,先后由国术学院和元甲学校使用,侧翼在20世纪90年代初被拆除,如今仅剩下会馆的大殿。① 至今,佛山精武体育会会馆已成为承接佛山武术活动的载体之一,是人们了解佛山武术发展历史、传承佛山武术文化的重要基地,也是佛山武术发展史的重要见证人。②

图 3-3　佛山精武体育会会馆

图片来源:李兰摄。

(二)岭南建筑文化类景观小品

岭南文化历史悠久,具有两千多年的历史,形成了一个庞大的文化体系,是我国优秀传统文化中独树一帜的地方文化。其中,岭南建筑作为岭南文化的重要载体,更是岭南文化的精髓。佛山作为一座历史悠久的老城,其建筑文化留下了丰厚的文化遗产。中山公园里的牌坊、凉亭等便是岭南建筑文化遗产的结晶,蕴含了丰富的艺术价值和文化价值。漫步在园内,可以看见它们正以其特有的方式展示着佛山传统文化。

1. 秀丽湖牌坊

牌坊,是我们中华民族特色建筑文化之一,起源于周朝,成熟于唐宋

---

① 张闻:《百年佛山精武会,不一样的武林》,2018年5月30日,https://news.ycwb.com/2018-05/30/content_30021051.htm,2021年4月4日。
② 李华键:《"醉岭南"佛山这个逛了几十年的公园,竟然还藏着一个"精武会址"?!》,2021年1月27日,https://www.sohu.com/a/447122034_355838,2021年4月4日。

时期，到明清时期已炉火纯青，到如今还留存下来的都已成为中华建筑文化瑰宝。牌坊建筑史就是一部人类生活史，每一个牌坊都被人们赋予了特定的含义，时常作为建筑的附属构筑物存在，但更多的时候是用于表彰功勋、标榜荣耀、宣扬德政以及忠孝节义的作用，多置于郊坛、庙宇、祠堂、园林和主要街道的起点、交叉口、桥梁等处，也起到景观效果。所以，人们常说，每一座牌坊的背后都有一个动人的故事或者一段沧桑的历史。

中山公园秀丽湖牌坊（见图3-4）也是一个有着历史故事的景观小品。它的故事要从明代说起，它和祖庙的门牌坊的前身都是李氏牌坊，始建于明代崇祯十年（1637），原是崇庆里的"参军李公祠"内两个几乎一模一样的牌坊之一。一个宗祠两个牌坊并不常见，这都源于李参军是佛山名人李待问之兄，因公祠内同时祭祀李待问，所以建有两个建筑形式和结构完全相同的牌坊。两座"孪生"牌坊，作为祠堂的附属建筑物，具有丰富的文化内涵和独特的象征意义。从"孪生"一词我们可以窥见一斑，它在一定程度上象征着李氏家族先人的高尚美德和丰功伟绩。1960年，祖庙开辟大院，在祖庙路一侧设正门，便迁建李氏牌坊中的一座作为门楼，命名为祖庙牌坊。同年，中山公园建成后，李氏牌坊的另一座迁建秀丽湖畔，命名为秀丽湖牌坊，并于1991年被确定为佛山市第一批市级文物保护单位。

图3-4 佛山中山公园秀丽湖牌坊

图片来源：蔡招强摄。

秀丽湖牌坊大部分构件为明代遗物，建筑结构构成复杂。该牌坊是四柱三间三楼式石牌坊，通面宽 6.2 米，木石混合结构，采用广府建筑常用的"三雕两塑"中的石雕和灰塑作建筑装饰，台基、抱鼓石和柱子为咸水石，梁枋、柁墩和斗拱等为硬木，檐下均为石雕方斗或如意斗拱，殿顶由绿琉璃制成，斗拱式样为如意斗拱，屋脊上还有红珠、鳌鱼及花鸟陶脊等修饰①，纹饰简练古朴，构思巧妙，雕工精致，让中山公园沉淀了一份古老而祥和的气息。它的存在是佛山建筑艺术和雕刻艺术的综合体现，是我们研究古代建筑以及装修特点的依据，也是我们认识、了解、学习、研究佛山传统建筑文化、道德价值观的实物载体，具有较高的历史价值和艺术价值，今已成为中山公园的主要景点。

2. 中西合璧牌坊

在佛山中山公园，除了秀丽湖牌坊这个标志性牌坊，还有一座具有近 90 年的历史即中山公园小牌坊，中间有隶书字体"中山公园"四个大字的四柱三拱门式牌坊即中山公园小牌坊（见图 3-5）。虽然"中山公园"四个大字是出于谁人之手未能考证，但从建筑外观风格来看，该牌坊以淡黄色为主色调，打造了对称的西式拱门和中式门顶，充分体现了中西文化的精华和当时佛山建筑文化的国际化。

图 3-5　中山公园小牌坊

图片来源：郑坚强摄。

---

① 莫凡、范银燕、汤文燕、周勤辉、容铸华：《佛山牌坊：穿越风雨的历史留芳》，2020 年 7 月 20 日，http://gdio.southcn.com/g/2020-07/20/content_191208642.htm，2021 年 4 月 4 日。

(三) 醒狮文化类景观小品

石雕是极具岭南特色的一种装饰艺术，华美精致的石雕往往代表着荣耀、地位和财富。① 佛山作为广东醒狮的发源地，醒狮文化底蕴深厚，醒狮石雕凭借其不可替代的魅力和成熟的发展形态，成为佛山醒狮文化宣传和传承的重要载体。中山公园十一孔桥头边的醒狮石雕（见图3-6）正是佛山醒狮文化的重要体现，不仅喻示着如意吉祥，还是雄健、勇敢和力量的醒狮精神象征。

二 佛山亚艺公园中的地方印记

亚洲艺术公园（以下简称"亚艺公园"），占地40万平方米，地处佛山市禅城区中心地带，西北毗邻文华公园，东面新起诸如帝景湾、天湖郦都等佛山居住群，为广大市民提供游息、休闲和接受艺术熏陶的艺术花园。亚艺公园缘起于为城市调蓄排涝，2007年，为把握第七届亚洲艺术节在佛山举办的契机，作为艺术节文化交流重要活动场所的公园被正式定名为亚洲艺术公园。公园规划设计理念为"一园三脉"，一道以岭南水乡为主题的文脉——主入口景区、一道以水上森林为主题的绿脉——水上森林景区和一道以龙舟竞渡为主题的水脉——龙舟竞渡景区，打造出一个独特的亚洲艺术文化园区。

佛山，作为一座雄厚经济与悠久文化相得益彰的城市，具有源远流长的历史和绚丽多彩的文化，是亚洲艺术文化长卷中浓墨重彩的一笔。亚艺公园通过建筑、雕塑、植物等设计元素建造突出佛山地方文化特色的景观小品，向世界展示岭南文化魅力。其中最为突出的便是亚艺公园以"启""承"和"和"三个系列设计即公园三个主入口，打造亚洲艺术之门和艺术展览、《佛山宣言》和亚洲艺术林碑、和平广场"三区五个"的景观艺术小品，在弘扬岭南传统文化特色的同时，也传递了各个国家的信仰、文化、生活习俗、风土人情与和平友好的胸怀。

图3-6 醒狮石雕
图片来源：蔡富京摄。

---

① 刘奇俊：《岭南传统砖石牌坊文物保护技术研究——以佛山祖庙褒宠牌坊修缮工程为例》，《文物鉴定与鉴赏》2020年第9期。

(一) 启

1. 亚洲艺术之门

越是民族的,就越是世界的。佛山陶艺文化具有深厚的民族传统特色,用之锤炼文艺作品和文化产品,具有影响世界的文化艺术魅力。坐落在亚艺公园主入口的雕塑《亚洲艺术之门》(见图3-7)便是艺术家为了在第七届亚洲艺术节向世界展示岭南文化和亚洲各国地方文化魅力,并彰显佛山陶艺文化工艺而建的。《亚洲艺术之门》由已传承了500年薪火的"南风古灶"龙窑烧制,由2839块陶件组成,浮雕面积约830平方米,高16.8米,气势宏伟,神韵壮观,经过艺术提炼和再创造,成为亚艺公园的主雕,也成为第七届亚洲艺术节永久纪念的标志,更是目前世界上最大的现代陶塑作品。它以繁体汉字"門"字为造型设计依据,以厚重、充满质感、色彩鲜艳的陶为载体,以陶浮雕形式生动地表现了苏美尔文明、古巴比伦文明、古印度文明和华夏五千年文明的精粹,充分体现了千年陶都佛山的工匠们的精湛陶艺,加深了人们对亚洲各国民族文化艺术的了解,也对增进世界各国人民的友谊和促进中外文化交流起到了很好的推动作用。

图3-7 《亚洲艺术之门》

图片来源:蔡富京摄。

资料显示,左扇"门"刻画的是《汉谟拉比法典》《苏美亚人与楔形文字》《牛神与宁夫鲁萨谷女神》《亚述巴尼帕国王手刃狮子》《叙利亚笛手》、铜像《舞王湿婆像》等西亚、南亚文化遗产,造型生动,制作精美,凸显了亚洲各国民族文化的特色,彰显亚洲文化的辉煌,寓意着亚洲文化和平交流、融合发展。① 右扇"门"着重刻画了《兵马俑》《汉代长信宫灯》《马踏飞燕》《四大发明》以及祥瑞四灵等华夏文明遗产,并特别刻画了具有岭南地方文化特色的石湾"瓦脊公仔",异彩纷呈、魅力无限(见图3-8)。这一艺术之门雕塑凝聚着陶艺、历史、建筑等专家的智慧,决策者的远见卓识,组织建设者的辛劳,人民的慷慨支持,既是艺术作品,更是文化象征,象征着亚洲文化的交流和开放,将成为佛山亮丽的文化标志性名片。

图 3-8 《亚洲艺术之门》"左扇"和"右扇"
图片来源:蔡富京摄。

2. 艺术展廊

艺术展廊为游客在城市公园内的主要休息场所,其景观设计从传统岭南地方文化中提炼出文化素材,以艺术展览墙形式,直观简洁地展示佛山地方文化内涵。让人们在娱乐休息时,也了解本地的地方文化,给人们带来归属感和认同感。艺术展廊一端建造的是一面《千年古风》(见图3-9)的服饰景墙,汲取岭南服饰文化特色,采用浮雕手法,刻画了代表古代不同身份和地位的女性衣裳,是岭南服饰文化的直接体现,也是公园的视觉美点。

---

① 余凤英:《传承文化 塑造特色——佛山亚洲艺术公园建设》,《中国园林》2007 年第 8 期。

图 3-9 《千年古风》

图片来源：李兰摄。

另外，艺术展廊还通过精湛的石湾陶艺，展示了一系列反映岭南生活风情的年画陶塑（见图 3-10），如《水乡情》《月圆圆》《卖懒》等。这

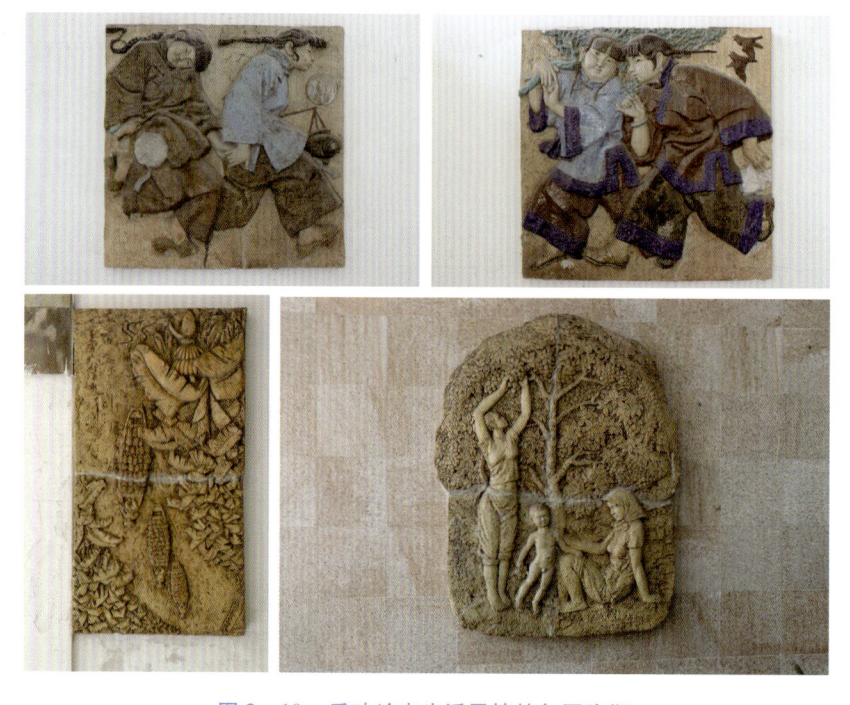

图 3-10 反映岭南生活风情的年画陶塑

图片来源：李兰摄。

种在景观细节上打造佛山市文化景观墙的景观小品，在活泼有趣地展现历史上佛山人民安居乐业的美好景象的同时，也演绎着佛山城市的发展变迁，让市民在休息的同时感受到佛山的历史文化和岭南生活风情。

(二) 承、印证

1. 《亚洲艺术林碑》

亚洲艺术节是亚洲地区较有影响的区域性国家级艺术节，旨在促进亚洲各国的文化交流，增进友谊，满足大众文化需求，让更多的中国观众特别是广东观众欣赏到亚洲其他国家内容丰富、形式多样的文化艺术，向亚洲乃至世界展示中国文化艺术尤其是岭南文化艺术的魅力。① 在公园入口南侧的一个小岛上，有参加"亚洲文化部长论坛"的部长在这里种下的 20 多株象征着"友谊长存"的荷花玉兰树的"亚洲艺术林"。林中的《亚洲艺术林碑》（见图 3 - 11）景观小品正是为了纪念此次活动而建的。该景观小品采用大理石作为原材料，刻上了亚洲艺术林中、英文字样，再加上独特的艺术内核，使亚洲艺术林具有更高品质的独创价值和纪念意义。

图 3 - 11 《亚洲艺术林碑》
图片来源：蔡富京摄。

2. 《佛山宣言》

与《亚洲艺术林碑》一样，《佛山宣言》（见图 3 - 12）也是为了纪念第七届亚洲艺术节而建的。不同的是，它采用中华文化印章玉玺形式，以碑记形式刻印亚洲 22 个国家的文化部长为在经济全球化背景下维护和发展世界及亚洲文化多样性、保持亚洲区域文化合作与其他领域的合作同步发展而共同签署的《佛山宣言》。该纪念碑分为上、下两部分，上部是石雕，象征着亚洲文化的繁荣，下部是立柱，正、背两面分别以中、英两种文字镌刻《佛山宣言》的内容，两侧是亚洲 22 国文化部长的签名与印章。在公

---

① 余凤英:《传承文化，塑造特色——佛山亚洲艺术公园建设》,《中国园林》2007 年第 8 期。

共开放的空间里,以中国印章形式印证第七届亚洲艺术节所达成的文化交流合作成果,印证第七届亚洲艺术节的意义和使命,宣扬中国优秀的传统文化,意蕴深刻久远。

图 3-12 《佛山宣言》

图片来源:蔡富京摄。

(三)和平

"和"永远是中国对外交流的宗旨,也是第七届在佛山举办的亚洲艺术节的初衷。在亚艺公园南侧入口处设置的和平广场(见图3-13)正是表达了这样的理念。和平广场景观主要由圆形下沉广场、景观墙两部分构成,圆形下沉广场地面刻画了亚洲地图,为人们提供运动、休息的场所,满足不同年龄层的健身需求，比如广场舞、踢毽子等；五个景观墙主要记录着亚洲各国家的地理位置和国旗，细看各堵景观墙依次描绘着中亚六国及国旗、五海三洲之地的西亚及其17个国家的国旗、包含中华人民共和国等五个东亚国家及国旗、东南亚11个国家及国旗、南亚7个国家及国旗。这样的景观设计，让人们既可以锻炼身体，也可以了解亚洲文化知识，是为游人提供交流休息的绝佳场所。

图3-13 和平广场

图片来源：蔡富京摄。

三 佛山文华公园中的地方印记

文华公园始建于2005年，地处佛山市禅城区季华路以南，文华路以西，岭南大道以东路段，是一座开放式的城市广场花园。公园呈"L"形，东南面是亚洲艺术公园，北面是岭南明珠体育馆，北面中部还有佛山标志性建筑之一的佛山市电视塔。公园景观整体设计通过"借景""透景"的造园手法，将传统文化和现代园林有机结合，在全园布局自然景观的同时，巧妙搭配体现佛山地方文化的景观小品，令园内既蕴含亚热带曼妙的自然风情，又不失岭南文化的独特风采，成为一个当之无愧的城市绿色客厅，为佛山迎接各方来宾提供方便，也给佛山独特城市面貌的塑造做出了贡献。

文华公园的空间结构可以概括为"五场"，即秋色文化广场、粤曲文化广场、陶瓷文化广场、武术文化广场和花卉文化广场，是体现佛山秋色文化、粤曲文化、陶瓷文化、武术文化、剪纸文化等地方印记的重要代表。①公园风格以浪漫爱情为主题，融合秋色文化、粤曲文化、陶瓷文化、武术文化和剪纸文化等佛山地方特色文化，并以雕塑、凉亭、长廊、地画和节庆活动等为载体，在"五场"中落成一个个独具佛山文化特色的公园景观小品。文华公园景观小品的最大特色在于运用陶塑、地画、声光电等多样化的方式体现佛山特色文化，受到广大群众的欢迎和喜爱。

（一）《雄狮迎宾》

自明代以来，佛山醒狮已有几百年历史，形成了鲜明的舞狮文化特征，是佛山历史文化的品牌之一。文华公园东北角的雄狮广场，颇具浓郁的岭南武术和狮艺文化意蕴，被誉为佛山"城市绿色客厅"。雄狮广场以南狮艺术为主题，占地面积有1万多平方米，虽然仅为整个文华公园的2.5%，但"场不在大，有狮则王"。其中的两组《雄狮迎宾》（见图3-14）采用釉彩

图3-14　《雄狮迎宾》

图片来源：李兰摄。

---

① 潘旋：《佛山市文华公园总体规划》，《广东园林》2008年第5期。

陶塑为原材料，重量各达30吨，陶狮高12米，宽7米，基座高4米，是目前世界上最大的陶塑艺术作品。整件作品于2011年5月动工搭建，11月正式完工，由广州市石磨坊雕塑景观艺术有限公司设计，佛山市新石湾美术陶瓷有限公司承制。该作品凝聚了崔国贤和崔衡晋两位设计师，刘泽棉、梅文鼎、黄松坚和刘炳四位中国工艺美术大师及霍家荣和庞文忠两位中国陶瓷工艺大师的智慧结晶。每组陶瓷都由1000多块陶瓷砖制成，代表着石湾陶瓷完成了又一次跨越，使南狮文化有了现代的展示，非物质文化遗产项目得到了很好的传承。

（二）《飞飞》

石湾陶塑技艺是一种民间传统制陶技艺，是佛山陶艺的代表，也是国家级非物质文化遗产。用陶艺制作景观小品也成为佛山城市公园的首选。在文华公园的大型景观小品《飞飞》（见图3-15）便是由石湾陶塑技艺制

图3-15 《飞飞》

图片来源：李兰摄。

作并烧制。《飞飞》的制作来源于电影节。因为佛山是国内首个两次举办金鸡百花电影节的城市,而禅城区是两次电影节的主会场。在第 27 届中国金鸡百花电影节再次由佛山主办时,活动主办方邀请中国陶瓷设计艺术大师周炳基、佛山市工艺美术大师柴乾龙等人作为主创,制作了这座以吉祥物"飞飞"为原型的大型陶塑。陶塑《飞飞》高 5.5 米,由"飞飞"和石碑两部分组成。形象生动的"飞飞"像在欢迎来阅读碑文的游客,让人不禁回忆起电影节的盛况。碑文详细记录了佛山举办第 27 届中国金鸡百花电影节的实况,再加上名人的签名,使之具有深远的文化价值和纪念意义。

(三)《南派功夫》

在文华公园雄狮广场旁伫立着一系列以南派功夫——舞出南狮稳健威壮刚猛的风格为主题的石柱(见图 3-16)。柱上图文并茂、简单明了地刻画了南派功夫的十八般武艺的简况和特色,如流星锤、棍等,直观地向众人普及南派功夫文化知识。俗话说,武艺高强之人是"十八般武艺样样精通",这十八般武艺其实是中国武术的一个传统术语,是泛指多种武艺。因为年代、地区和流派的不同,对"十八般兵器"的解说各不相同。但不管

图 3-16 《南派功夫》

图片来源:李兰摄。

何种说法，都说明中国武术来源于生活，并运用于生活。通过这些石柱景观小品的展示，我们不难看出佛山功夫的目的在于强身健体、修身养性，值得我们代代相传，发扬光大。

（四）水舞声光秀

坐落于文华公园电视塔附近的水舞声光秀（见图 3-17）是目前佛山城市公园景观小品活化"地方印记"最为先进的方式。该项目于 2015 年计划新建，面积达 24300 平方米，高 100 米，宽 180 米。在原有景观小品的基础上，采用了跳跃、变换的手法，用声音造势，灯光表意，视频表形，水幕做纸，向观众娓娓道来醒狮、粤剧、武术、剪纸、祖庙、梁园、南风古灶等佛山文化元素，打造出一幕幕好看、好听、好品味的多媒体水舞声光秀，同时也展现出佛山先进的高科技和新颖独特的非凡创意。

图 3-17 文华公园水舞声光秀

图片来源：李玲摄。

2021 年新春期间，文华公园水舞声光秀以佛山本土文化资源为特色，将声、光、水、画等多种元素相融合，展现出不断跳动的水幕、不断变换的灯光、各种不同主题的本土文化剪影，为佛山市民提供了一场传统文化与现代科技结合的视觉盛宴。与此同时，园内的景观小品如乐动喷泉（见图3-18）仿佛也被赋予了生命，跟随着美妙的音乐不断地变换光影造型和色彩，与水中的光影交相辉映，形成曼妙的水上圆舞曲，给人以新的视觉享受与震撼。

图3-18 乐动喷泉

图片来源：赵可亮摄。

四 佛山石湾公园中的地方印记

佛山石湾公园，占地面积245亩，位于佛山市石湾镇和平路南风古灶景区内，与南风古灶、陶师祖庙和石湾公仔步行街组成了一个广东地区著名的陶文化旅游目的地。公园采用现代园林与传统园林相结合的手法，结合石湾特色陶艺文化，营造出一个以水景为主，并附加建成陶女、陶师祖庙等景观小品，具有岭南水乡风光的陶瓷雕塑主题公园。

（一）《陶女》

石湾公园所处的石湾镇，素有"南国陶都"之称，以"石湾公仔"为代表的石湾陶艺品是我国陶瓷艺术瑰宝。而"石湾"二字的由来还得从矗立在石湾公园园区湖中心的雕塑《陶女》（见图3-19）的原型——陶女说

第三章 公园景观中的佛山印记

图 3-19 《陶女》

图片来源：郑坚强摄。

起。相传南宋咸淳九年（1273），皇宫一妃子私逃至广东南雄珠玑巷，皇上震怒，下诏缉捕。当地居民怕受株连，纷纷举家南逃。其中有何、梁、罗诸姓众人，乘木排沿江而下。沿途风餐露宿，几经波折，遂许愿：木排在何处搁浅，就在何处上岸安家。行至今东平河畔，被石搁浅，众人登岸定居，与当地人一起务陶。因遇石而湾，故此地从始名为石湾。随众而来的人中有一聪颖的姑娘——陶女，她习陶学艺，心灵手巧，塑制珍陶，精调釉彩，承良师之才艺，集巧匠之神工，与广大陶工一起将石湾陶业发扬光大。他们的到来，使中原文化与当地陶艺交织，促进了陶业的大发展。至清初，石湾已有20多个陶业行会，龙窑过百座，成为举世闻名的"南国陶都"。

城市公园是传承地方文化的重要载体，将园内的景观小品设计与地方文化相结合,有利于丰富公园的文化内涵,同时也可打造出具有人文特色的美丽景观小品。正因为如此,《陶女》这一充分体现石湾文化的景观小品应运而生,且坐落在公园最为显眼的位置。它是由现代陶艺研究中心主任李敏等人共同烧制而成的,高达 8 米,色彩搭配绚丽,塑造了一个完美陶女的形象,成为佛山标志性的景观小品。

(二)陶师祖庙

陶师祖庙是石湾公园内又一个具有历史价值和人文价值的标志性景点。陶师祖庙装饰设计以明清风格为主,融入现代技术,使传统与现代有机融合,共同建成具有佛山地方印记的陶文化艺术胜地。景点内的每一处景观小品都通过它们各自的特色和形式,充分展示出佛山石湾陶艺的精粹。大殿上的壁画、广场上的雕塑、屋脊上的"公仔",甚至连给游客休息的椅子,都在诠释着石湾陶艺的魅力。比如,陶师祖庙屋檐上具有佛山石湾传统艺术特色的"瓦脊公仔",这些"公仔"体型较大,且做工精细,它们的每一个神情和动作都清晰可见。如图 3-20 所示,一个个神情各异的仙人神兽依次排列在高高的檐角处,寓意着消灾灭祸,逢凶化吉,同时也让整个建筑显得更为宏伟壮观、富丽堂皇,充满艺术魅力。

图 3-20 仙人神兽

图片来源:郑坚强摄。

(三)《马桶瀑布》

城市公园景观小品设计和地方文化有着密切的关系,一个优秀的公园景观小品总能展示出城市的历史文化和历史发展进程，还能表达出整个城市的风土人情。石湾公园内有一高达 5 米、长达百米的景观小品《马桶瀑布》（见图 3-21），从表面上看，这一冲击力强的公园小品并没有很好地融入整个陶艺风格的园区内。"洁"代表洁净和排泄之意，而对于由上万只形态各异的废旧马桶、洁具砌成的《马桶瀑布》而言，所表达的是精神的洁净和排泄，象征着我们这个时代"倾泻"的信息，同时也象征着石湾陶艺在时代进程中取其精华，去其糟粕。

图 3-21 《马桶瀑布》

图片来源：郑坚强摄。

五 佛山礌岗公园中的地方印记

礌岗公园始建于 1996 年 4 月，占地面积 628.9 亩，位于佛山市南海区南平二路，毗邻佛山市区，是一个集休闲和游乐于一体的大型综合性城市公园。公园分南、北两部分，北部是碧波荡漾的北翠湖，南部是绿树成荫的礌岗山，各种亭台楼阁点缀其间，使整个景区动静有致，闹静相间。礌岗公园有桂花岗、观音修竹、魁星阁等36处景点，能充分体现地方印记的当属园内的凉亭了。

礌岗公园凉亭，在建筑的结构构造和形状上都有很高的相似点。例如，公园一角的凉亭（见图3-22）和清风桥上的凉亭（见图3-23）。这些凉亭的设计融合了岭南民族习俗文化和审美观，整体结构呈现出中间高四端低、凹曲屋面、四檐有尖角上翘，或坐落于公园一隅、或与桥梁融为一体，不管在哪儿，都是为了使其更贴近这里的生活、气候、地理、地形等自然条件，不仅丰富了园区景观，更是让人融入山水的意境之中。

图3-22 礌岗公园凉亭

图片来源：蔡招强摄。

图 3-23 磉岗公园清风桥

图片来源：蔡招强摄。

中国园林的凉亭，造型多变，式样丰富。按照凉亭平面的形状，可以将凉亭大致分为圆形、方形、六角形、八角形、扇形等类别。若依据凉亭屋顶的层数，又可分为单层、双层、多层等类别。还有根据凉亭顶部的样式，常见的又有攒尖式、卷棚式、歇山式、十字顶等类别。磉岗公园中常见的凉亭为六角凉亭（见图 3-22）和方形凉亭（见图 3-23）。

亭者，停也。在磉岗公园北门入口不远处布置一座造型精致的中式六角凉亭，六角凉亭采用对称的结构、虚实对比的线条，红柱青瓦，十分典雅清逸，充满着中国古典文化的气息，给人们留下了驻足观赏和休息的佳处。六角凉亭整体造型符合南方多雨的气候，有利于增加排水，能增加采光性能，同时，起到了装饰建筑的作用，是一座极具岭南建筑风格的凉亭。

游览中国园林，凉亭总是人们视线的焦点。岭南园林建筑文化讲求凉亭的建造要与周边建筑融为一体，如桥梁、木廊架、长廊等，起到美化景观、方便实用等作用。磉岗公园清风桥上的方形凉亭便是一座和周边环境完美融合的园中"点睛"之物。方形凉亭伫立在桥中央，以灰白色调为主，质朴典雅，与桥、河流、树木一起构成一幅独特的岭南水乡风情。

六 佛山千灯湖公园的地方印记

千灯湖公园位于佛山市南海区桂城北部，与磉岗公园相连，占地面积约 302 亩，为全敞开式公园。公园主要由千灯湖和市民广场两部分组成。不同于相邻的磉岗公园，千灯湖公园整体园林设计风格更为现代化。

公园景观小品设计应该与时俱进，在展现地方文化特色的同时，应突出一定的时代性和趣味性。千灯湖公园的大多景观小品都是传统与现代艺术相结合，打造兼具佛山文化和西方文化特色的景观小品，在满足当代审美需求中展现佛山地方文化印记。

（一）公共艺术类景观小品

临时性公共艺术类景观小品主要是展示性功用。虽然展示时间有限，但也能给人们留下别样的地方印记。在千灯湖活水公园一带的南海首届公共艺术展中，便有一组具有当代语境、南海元素和精神内核的公共艺术类景观小品，如《中国牛·涅槃》（见图3-24）、《二十四节气——立夏》（见图3-25）、《皎镜含天》（见图3-26）等。它们是由28名国内外具有代表性和影响力的中青年艺术家创作的，相比于传统城雕，这些景观小品呈现出更加开放、包容的状态，向公众展示南海的历史文化与城市精神。

图3-24 《中国牛·涅槃》

图片来源：蔡招强摄。

1. 《中国牛·涅槃》

《中国牛·涅槃》是艺术家朱乐耕的作品。该景观小品结合装置的艺术风格，采用高温瓷材质烧制而成，在釉色上，采用亚光开片白釉，是一件具有象征性和寓意的作品。在中华民族传统文化中，"牛"被赋予了丰富的内涵，其中最为常用的含义就是"牛气冲天"，象征着雄起。《中国牛·涅槃》便是采用了"牛"崛起之意，起名"涅槃"，象征着新时代经历打散重构的中国精神的再次崛起。

第三章　公园景观中的佛山印记　103

图 3-25　《二十四节气——立夏》

图片来源：蔡招强摄。

图 3-26　《皎镜含天》

图片来源：蔡招强摄。

2. 《二十四节气——立夏》

《二十四节气——立夏》是艺术家郅敏《二十四节气》系列的首个实物作品，也是他专门为南海制作的作品。郅敏在采访中表示，立夏是农作物进入旺季生长的一个重要节气，象征着活力与热情，这也与南海本土自然人文风貌相契合。南海自然资源丰饶，文化底蕴深厚，出了很多文化名人，是非常繁荣、开放的地方，这是我对南海的认识。① 作品高290厘米、长220厘米、宽120厘米，呈现出一种视觉的张力。用类似动物的鳞片，抑或果实的颗粒为单元，采用序列化拼接嵌入的形式，创造出一个表达节气和佛山南海人积极向上的生活态度的作品。

3. 《皎镜含天》

小品《皎镜含天》是广州美术学院雕塑与公共艺术学院院长陈克专门为南海首届公共艺术展和千灯湖"定制"的景观小品。该雕塑汲取中国古典美学中"情景交融"和"心物感应"两个重要理念，用"水"和"门"的元素，再加上岭南水乡的地方文化特色，矗立在湖中，四周湖水围绕，传递出人与自然"天人合一"的和谐关系。中空正方形形体与水的造型凝练融合，抛光的不锈钢水纹与湖水交相辉映，使作品呈现出水天一色、皎镜含天的人文景观。

4. 《南风古窑》

《南风古窑》（见图3-27）是艺术家曹晖的作品，由钢架、玻璃体和台座三部分组成，表达的是对佛山地区传统陶瓷产业的称颂。作品利用超白玻璃、钢架、激光照明装置为制作材料，结合"以实写虚"的方法，采用玻璃激光内雕的方式，砌成一个窑炉内腔造型；再用"以实写虚"的手法，把一个个经典瓷器悬浮置于窑炉内腔之中，具有强烈的景深效果和逼真的立体感。更为特别的是，白天，所有瓷器清澈透明，作品展现的是"素胚勾勒"意境；

图3-27 《南风古窑》
图片来源：蔡富京摄。

---

① 佛山电台：《超酷！佛山这个公共艺术展开幕，27件艺术品惊艳亮相！》，2020年1月13日，http://k.sina.com.cn/article_1652691017_6282104901900pzq5.html?from=news&subch=onews，2021年4月4日。

到了夜幕降临灯光亮起之时，原本素白色的瓷器全部变成红色，而玻璃立方体四周变成耀眼的红黄色，呈现出一个炉膛内烈焰腾腾、正在烧制瓷器的"薪火千秋"意境，逼真地展现出佛山古窑烧制瓷器的景象。

（二）《摄影》

公园内的一些雕塑也很有特色，它们不仅有欣赏价值，而且有着深远的寓意。《摄影》雕塑（见图3-28）展示的是一位老人在操控着古老的箱体式照相机。在这个经济快速发展的时代，古老的箱体式照相机已经退出了人们的生活，成为历史的见证。在这环境优美的千灯湖突然出现了这样的古老箱体式照相机，会给路人一种好奇和惊讶。同时，它又在炫酷的数码相机中勾勒出一条独特的风景线，勾起人们对过往生活的无限回忆，给人一种追忆的感觉。

图3-28 《摄影》雕塑

图片来源：李兰摄。

（三）《生活布鲁斯》

《生活布鲁斯》雕塑（见图3-29）通过再现场景的表达方式，展示街头音乐家用手中的乐器倾情演奏美妙的乐曲——《生活布鲁斯》。虽然听不到音乐，但从街头音乐家的表情中却可以看出他们的投入，让人不知不觉地融入此情此景，享受音乐来放松自己。《生活布鲁斯》雕塑寓意着千灯湖给人们休闲惬意的生活环境。希望千灯湖的优美环境，能吸引更多的人前来游览；也希望千灯湖公园在为城市添美的同时，能成为一个人们放松自己、调整自己情绪的宝地。

图 3-29 《生活布鲁斯》雕塑

图片来源：李兰摄。

(四) 灯树

千灯湖公园有一处比较有标志性的建筑——春节灯树（见图 3-30）。春节灯树高大宏伟，每到晚上时，灯树会发出炫丽的光，在灯光的映衬下，周围变得格外美丽。历年来千灯湖作为南海的"颜值担当"，这里经常有灯光秀，灯光秀离不开五彩斑斓的光的相互结合。春节灯树，不仅符合佛山本土的建筑特点，而且为千灯湖打造了亮丽的景点。同时，也体现了现代佛山夜景景观打造偏爱用灯光来照亮和渲染环境氛围的地方特点。

图 3-30 千灯湖公园春节灯树

图片来源：李兰摄。

第四章 绘画者视野中的佛山印记

尽管人们对于美和审美的认识,是否存在认识真理的论题,依然争论不休,但是,艺术之美的客观存在,也是不争的事实。庄子在两千年前就提出"人美其美"的观点。"逆旅之人有妾二人,其一人美,其一人恶,恶者贵而美者贱。阳子问其故,逆旅小子对曰:'其美者自美,吾不知其美也;其恶者自恶,吾不知其恶也。'"① 可见,美是主观而相对的,因人而异。从艺术审美视角,我们可以通过纵向和横向的比较分析,看出不同时代人类对自然发现的认识以及艺术审美所达到的历史高度、广度和宽度。因此可以认为,人类审美的过程,就是人认识自然,并且将自然进行主动加工、人化的过程。

绘画者包括相对广泛的初学者、日常涂鸦者、专业绘画和美术工作者等,他们通过手中的笔,主动描绘、记录和书写自然风物、城市地景、乡村风情、自然物产。这在记录美、传达美的同时,也是一个将其目之所见的对象进行"自然的人化"的过程。这个过程中,基于知识、学识、修养、美感体认、道德良知等内容在不同绘画者加诸中的差异,因此,即使面对同一个景观和对象物,不同绘画者在表达、诠释、描述时也会呈现出一定的且深藏于内的差异性,这种差异性既是美术之美、艺术之美的真谛,也充分说明了艺术表达在手段、方法、方式、感知等方面的多样化、复杂性和多元性特征。这种因为绘画者身份、知识、审美能力等方面的不同而展现出作品在主题、视角、表现手法、审美认知的差异有助于我们通过分析不同绘画者作品,发现他们在面对共同对象物时是如何进行对象物的真实性展现、想象的加工和记忆的传达,进而可以基于艺术再现者角度,寻找对传统城市、现代风物、历史文化遗产等保护中的重点要素、重点领域。

佛山作为中国历史文化名城、世界功夫之城、世界美食之都和中国工艺美术之都,其历史文化遗产和非物质文化遗产极为丰富,这些功夫、美

---

① 《庄子·山木》。

食、民间工艺、传统产业传承资源和要素，也是这个城市之所以绵延繁荣的内在动力所在，如何做到对这些历史资源、文化遗产的可持续性保护，也是城市管理者、学术研究和实践促进者一直以来共同思考的问题。对历史资源、文化遗产和地方风物的保护与发展，保护什么，发展什么，从什么角度切入，重点在哪些领域，典型的传承基因和发展要素是什么？这些都是保护管理过程中需要加以明晰和确认的事项。同时围绕着如何发现上述保护要点、要素和基因，既有较为丰富的研究和实践发展，也有相对系统的判断依据和方法，但基于艺术家视角发现佛山历史文化名城保护、历史文化资源传承和发展的重点领域及核心要素问题，过往工作中，缺乏相关研究，这就为本章开展有关研究提供了理论和实践发展的需要。

本章研究的重心在于通过对绘画者视角的发现和梳理，探究不同绘画者在面对佛山历史文化名城的资源、要素和特征体系时，其艺术表达的核心、重心和中心所在，通过对绘画者艺术作品在视像空间和关注度统计对比，发现艺术家视野中对佛山历史文化名城的各种资源、要素表达上的轻重多寡，进而发现艺术家世界中对于历史文化认知的共同指认和差异化，为进一步的、更加持续的历史城市保护和传承工作设计提供相关参考。

第一节 不同绘画者作品中的佛山印记

为立足绘画者视角，分析绘画者群体在创作过程中如何描述、认知和体认佛山历史文化名城的资源、遗产和文化要素系统，本节选择三个类型绘画者（学生群体、职业画家和对社会绘画爱好者）来展开系统的视像分析和作品内容比较分析。其中，学生群体的绘画者，主要选取佛山市属主要小学的高年级（四年级至六年级）学生在日常写生和参加以历史文化专题写生为题材的专题竞赛中的有关作品。初步筛选的学生群体作品超过500幅，经过两轮的比较和深入选择，入选本次研究的学生群体作品近50幅。职业画家的作品收集，主要通过专门组织职业画家的专题写生活动中，职业画家的作品集，以佛山市自然资源局禅城分局名城办、佛山日报社和佛山科学技术学院为主体单位，联合组织职业画家开展了多场专题写生活动，涉及的写生点主要为佛山历史文化名城核心区域的主要历史文化保护点，如中山公园、通济桥、梁园、祖庙等。另外，为反映佛山城市历史发展中的红色文化特色，组织者还组织专业画家对佛山城市的重要红色文化传承点,如铁军公园进行专题写生活动。职业画家围绕各历史文化遗产点和红色文化传承点的写生作品超过 100 幅,入选本次研究分析的作品近 30 幅。社会绘画爱好者的作品主要来自对佛山历史文化名城和街区具有极强的地方认同、偏好的土著居民,他们生于斯,长于斯,对斯土斯民感情极深,对老城街区的历史风物记忆完整,街巷道路历历在目,他们的作品多以写实为主,较为真实地反映出佛山历史文化名城核心区、历史文化街区主要地段、各历史文化保护地段、不同级别的文物保护单位和历史文化遗产的原貌。

一 学生群体作品中的佛山地方"印记"

对学生群体作品的遴选,主要通过佛山市自然资源局禅城分局名城办和佛山日报社统一协调组织,然后针对收集上来的近千幅作品进行第一轮以特定主题(如以佛山历史文化名城和历史街区为主要绘画对象的有关作品)为指向的遴选工作,把其中近 500 幅关联作品整理出来,具体情况如表 4-1 所示,表中主要反映有关作者所在学校及其描摹对象物(包括中山公园、通济桥、梁园、祖庙、岭南天地等)的具体统计数据。从中可以看出,白燕小学、同济小学、第九小学、第二十五小学、第六小学、人民路小学、广一德画院等学校(机构)提交的作品较多,说明这些学校(机构)比较重视美术学科培养,学生整体综合素质比较全面。在对佛山历史文化名城、历史文化街区的了解、认识和地方知识的系统培养与养成方面,上述学校所做工作相对持续、具体和扎实,值得肯定和鼓励。

表 4-1　　有关学校(画院)提交作品及其数量统计情况

参赛学校	作品主题					合计
	中山公园	通济桥	梁园	祖庙	岭南天地	
白燕小学	10	12	10	12	6	50
第二十五小学	5	8	6	5	2	26
第九小学	3	5	10	8	4	30
第六小学	5	5	5	5	5	25
第十三小学	5	5	5	4	4	23
第一小学	3	5	8	6	5	27
鸿业小学	3	3	5	4	3	18
惠景小学	4	4	3	3	2	16
建设小学	2	2	2	2	2	10

续表

参赛学校	作品主题					合计
	中山公园	通济桥	梁园	祖庙	岭南天地	
人民路小学	5	6	5	5	3	24
铁军小学	3	5	4	5	2	19
同济小学	10	10	10	12	10	52
怡东小学	6	2	3	5	4	20
元甲小学	5	5	5	5	3	23
广一德画院	4	6	6	5	3	24
绿景小学	6	4	5	5	2	22
环湖小学	5	5	5	5	2	22
第五小学	5	4	3	3	3	18
第二十三小学	2	4	3	3	2	14
敦厚小学	3	3	3	3	2	14
东升小学	2	2	2	2	2	10
第二十七小学	3	3	3	2	2	13
合计	99	108	111	109	73	500

(一) 学生眼中的中山公园和地方印记表达

中山公园位于佛山市禅城区祖庙街道东北部汾江河畔，是一个集宣传、展览、科普、娱乐、休闲于一体的综合性城市公共公园。公园建设之初的立意为纪念孙中山先生。初期仅0.5公顷。后经不断扩建和改建，现占地32公顷（其中水面10.8公顷，绿地21.2公顷），形成了以广阔水景和丰富绿化为特色的园林景观。园内分为南门广场区、历史文化区、老年活动区、水生植物区、草坪区、湖区、儿童游乐区、动物观赏区和观赏休息区九大景区。主要景点有香樟古韵、红岩飞瀑、绿茵春晖、牌楼映秀、孔桥映翠、精武雄风、蒲影长堤、十里荷风、芳诸花汀、锦鲤戏水、丽湖波光、丹鸣晨曦、碧波飞虹、晴筠蝉唱等十多个。各景点构筑以传统造园手法和现代建造技术相结合，因地就势，质朴自然。

在以中山公园为写生对象的99幅学生作品中，我们对这些作品的写生主题做了归类分析（见图4-1），结果显示，学生对中山公园写生主题的选择呈现出较强的偏好性①：

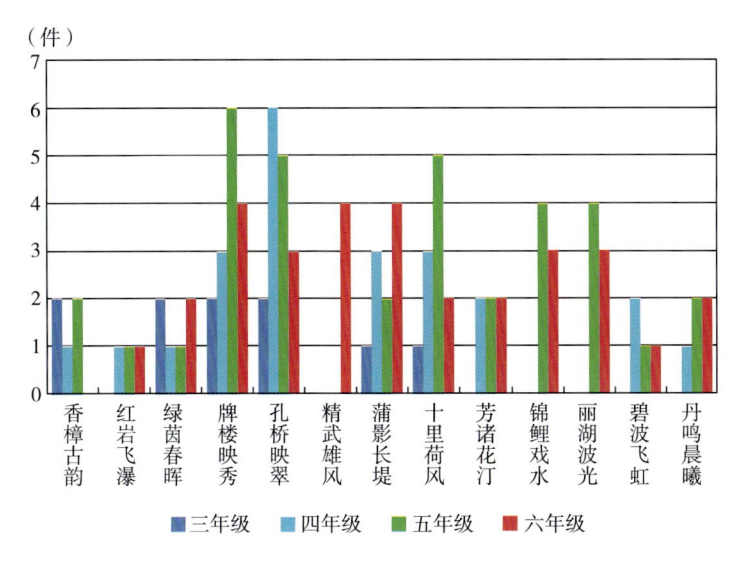

图4-1　各年级学生中山公园为写生对象的主题选择

（1）在分年级写生主题选择偏好方面，三年级学生写生主题对牌楼映秀、孔桥映翠、绿茵春晖等景点的选择偏好更大；四年级学生写生主题选择最多的景点为孔桥映翠，其余是牌楼映秀、蒲影长堤和十里荷风；五年级学生写生主题首选牌楼映秀，其次是孔桥映翠和十里荷风；六年级学生写生主题则选择比较均衡，较多选择的景点主题是牌楼映秀、精武雄风和蒲影长堤。综观各年级学生写生主题的选择偏好，可以看出，学生在选择相关对象作为写生主题时，其考量的要点可能包含以下两个方面：一是学生写生主题选择与其画法、技术的驾驭能力强相关。越是高年级学生，选择的景点更为宽泛，驾驭对象写生的能力也越强，此点从不同年级学生最终提交的作品的总体分类中也可以看出端倪：六年级学生的绘画作品涵盖了除香樟古韵之外的所有其他景点主题；而三年级学生的写生对象主要以相对比较单一、静态的对象物为主（如香樟古韵、绿茵春晖、牌楼映秀、孔桥映翠、蒲影长堤和十里荷风），其他相对比较复杂和动态的景点对象物较少。二是学生写生主题选择与其文化熟悉度和地方了解度强相关。各年级学生在写生主题选择方面，对日常生活空间中文化传达较多的对象物，

---

① 中山公园的有关景点包括香樟古韵、红岩飞瀑、绿茵春晖、牌楼映秀、孔桥映翠、精武雄风、蒲影长堤、十里荷风、芳诸花汀、锦鲤戏水、丽湖波光、丹鸣晨曦、碧波飞虹、晴筠蝉唱等。

就越容易选择为自己的写生对象物，尤其是传统建筑文化中出现较多的亭台楼榭之类常见的景观小品和建筑构筑物。

（2）在写生对象物选择上，学生写生主题选择往往更加偏好地标性、核心型景观和景点。比如中山公园的牌楼，由于位于大门入口和公园区域的核心位置，其对进入中山公园的人群而言，是视觉首先接触和最重要的视觉传达物。再如位于核心区域湖面的多孔桥景观，既是交通连接的重要媒介，更是宽阔湖面造景的重要对象，这样的景观构筑物，往往成为游客园内游历的重要对象，所以，也多被学生选择为绘画写生的对象。

（3）在动静对象物的选择上，学生写生主题选择更多偏向于静态对象物，并随着年龄、学龄增长而逐渐丰富。具体来说，一是中低年级（三、四年级）学生的写生主题较少涉及体量较大、尺度广阔和内容更为丰富的对象物，而到了高年级学生，尤其是六年级学生中，开始有部分学生将精武会馆（尺度大、体量大，内容复杂）作为写生对象。二是越是高年级学生，在对象选择上越容易选择动态十足的景点作为写生对象，如高年学生中，选择将锦鲤戏水、丽湖波光等景点作为写生对象仅为五、六年级学生。这既反映了绘画技法随年龄、学龄增长而成熟，更反映出知识储备、文化认知和地方了解也随着年龄和学龄增长而更加丰富。高年级学生绘画技法成熟和知识储备更为丰富使其更勇于去尝试和驾驭复杂的写生对象，以展示自己的综合能力和知识水平。

概括地说，学生写生作品对佛山城市和地方的呈现，表现出比较明显的地方关联性和文化熟悉度特征，不同作者对相同主题的表达，会根据环境、场景、事项等进行差异性想象，并直接反映在作品中。同样是描摹亦乐园，梁雅雯同学的世界是关于亦乐园的建筑实体给予她的回馈。而黄芷晴的眼中，不仅有园子、亭台，还有喧嚣的人群、互动的空间。这种差异性同样体现在赖晟嘉和谢玉莹的孔桥映翠和郭依霖、龙睿琪的秀丽湖等作品中。赖晟嘉的孔桥映翠中，作者是以俯视的视角看孔桥，在她的视野中，孔桥和周围的榕树、花草、池塘的鱼虾，清荷共同构成翠绿的初夏风光；谢玉莹则以正面平视的目光，展现她心目中的孔桥景色：沉稳的桥体结构、谐趣的立柱和池塘点点荷叶，共同构成她心中的孔桥印象。秀丽湖的再现中也有相似的视野差异和审美不同。可见，学生群体在表达佛山意象、再现佛山地方特征和文化内涵时，较多立足于个体对于世界认知的方式、知识基础和绘画基础来综合展开。

学生以中山公园为写生主题的部分作品如图 4-2 至图 4-13 所示。

第四章 绘画者视野中的佛山印记

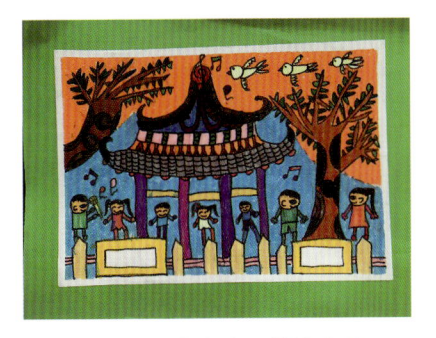

图 4-2 中山公园牌楼映秀
（白燕小学 王佣偲）

图 4-3 中山公园亦乐亭
（白燕小学 李飞阳）

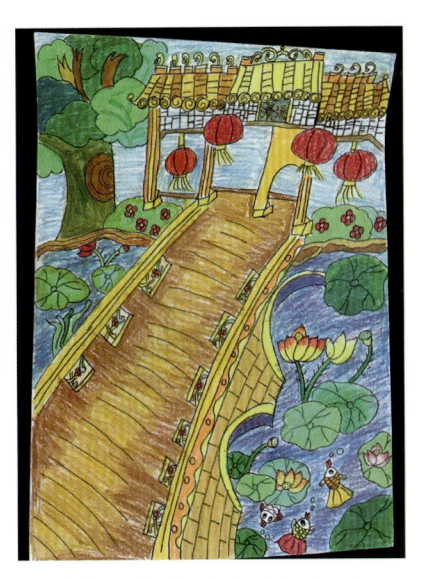

图 4-4 中山公园孔桥映翠
（第九小学 赖晟嘉）

图 4-5 中山公园秀丽湖
（第十三小学 郭侬霖）

图 4-6 中山公园十里荷风
（第六小学 陈佩妍）

图 4-7 中山公园孔桥映翠
（第十三小学 谢玉莹）

图 4-8　中山公园亦乐亭
（元甲小学　梁雅雯）

图 4-9　中山公园私伙局
（建设小学　李浩婷）

图 4-10　中山公园亦乐亭（元甲小学　黄芷晴）

图 4-11　中山公园芳诸花汀
（鸿业小学　罗咏琪）

图 4-12　中山公园蒲影长堤
（鸿业小学　冯钰茜）

图 4-13　中山公园秀丽湖（惠景小学　龙睿琪）

（二）学生眼中的通济桥和地方印记表达

通济桥在佛山传承绵长，是佛山最早兴建的第一座木桥。通济桥始建于明代，早期由乡民集资修建。横跨洛水河，北连金鱼街，分别于嘉靖三十八年、隆庆二年、万历九年重修，天启六年，户部尚书李待问再次募捐重修。桥名"通济桥"取其"必通而后有济也"之意。现通济桥长 32 米，宽 9.9 米。桥两端抱鼓石，以祥云和蝙蝠衬托风车，体现出通济桥民俗的象征物——风车。桥身雕刻相传八仙过海时所执神器，寓意市民过桥时祈求消灾、寻求平安的美好祝愿。桥柱上部，用大象头"拱"出一个果篮，里面有南瓜、仙桃，取意"象抱太平"。古代通济桥，桥头石级共 9 级，桥尾 13 级，反映出"九出十三归"的理念。当代新桥以防滑条取代台阶，在桥北端安置 9 条，在桥南端安置 13 条，同样寓意"九出十三归"的过桥祈福理念。通济桥下水体面积 2000 平方米，并设立知鱼轩、乐鱼亭等，取意"鱼乐人亦乐，泉清心共清"。

通观 108 幅写生主题与通济桥关联的作品（见图 4-14），可以发现以下三个特点。

（1）在对象物的选择上，通济桥本体和闸门楼成为相当一部分学生的写生对象，本身就是一个独特地方文化现象和文化行为。比较而言，通济桥的桥体与佛山、广佛都市圈乃至珠江三角洲地区更多巨型桥体相比较，毫无体量、结构等优势，也欠缺审美比较意义上的独特性；但这样一座普

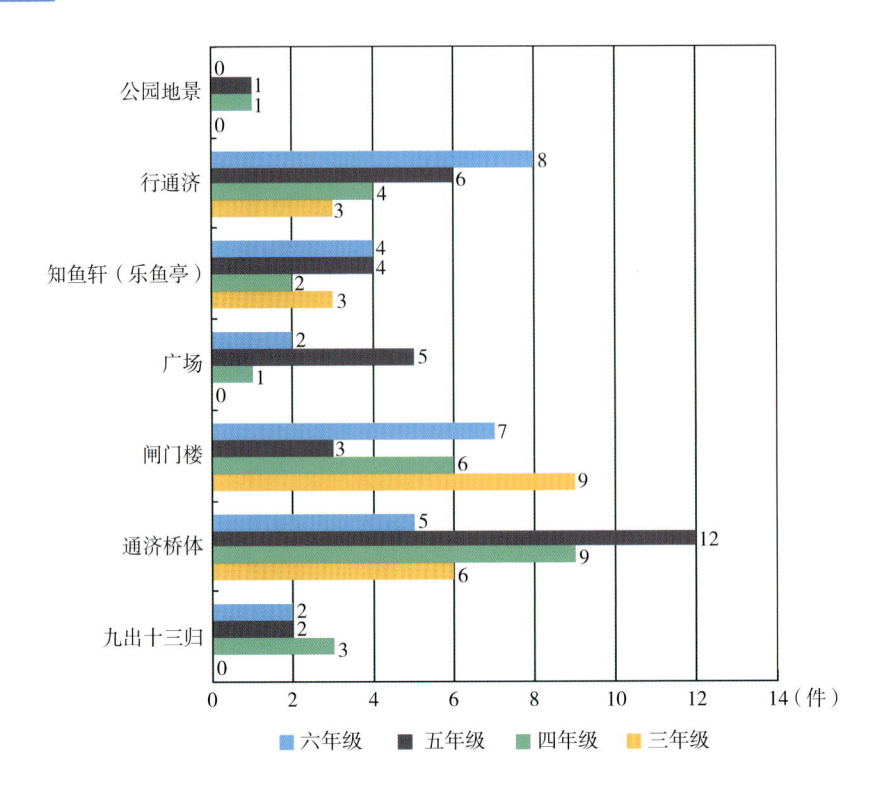

图 4-14　各年级学生以通济桥（行通济）为写生对象的主题选择

通的桥却承载了佛山本地人在民俗传承上的一个重要内容：对普通佛山人来说，行通济是个人日常生活领域中必不可少的一项活动，行通济的消灾祈福文化学含义和民俗学定义，对岭南地区以万物有灵和自然崇拜为精神旨归的普通人来说，具有不可拒绝的参与意义。故每年行通济活动举办当天，佛山四乡五区民众乃至广佛都市圈、港澳地区民众都纷纷蜂拥而至，参与行通济活动，并以此祈福消灾。因此，对普通佛山人来说，通济桥的大小、高矮、壮观与否，都不重要，重要的是，通济桥承载的"行通济"民俗及其活动组织，是传达本地民众对美好生活的一种向往和追求，在这个意义上说，通济桥的功能和作用是独特而闪光的，因此，写生者以通济桥作为对象进行描绘、想象和建构，其实是其自身内心深处对于美好生活、美丽图景的认知和理解在画布上的描摹及绘写。

（2）相对低年级学生而言，高年级学生对通济桥及其承载的文化现象——行通济活动的想象和书写更为直观，这说明随着知识积淀的逐渐加深，佛山本地成长的人，对本地文化现象及其在地意义的理解会更深入全面,也更愿意沉浸其中,进行自我抒发式的理解和传达——这种传达不仅在于描绘构筑物或环境本身,更在于通过想象的建构过程,让写生者与本地文化现象和活动发生深层次的邂逅和偶遇。此一过程中,写生者自身也将实现地方历史和本地文化知识的培基铸脉。

(3) 对通济桥附加的相对深层文化含义和地方知识内容,如"九出十三归",学生写生较少。一方面,"九出十三归"作为一个景观,本身呈现较难,学生可能比较畏惧;另一方面,学生对之描绘较少,更深层的原因可能在于,我们的教育体系中,对地方文化相对深层的、隐含的地方知识多,但与主流价值观关联性不强的内容,目前传达相对较少,强调和突出不够,进而导致学生的知识体系中,对这些内容的记忆较少,从景观实体、文化呈现、现象认知多角度建构也相对缺乏,致使学生在实际写生中相对忽略这种对象物。

学生以通济桥为写生主题的部分作品如图 4-15 至图 4-20 所示。

图 4-15　通济桥
（第一小学　陈朗）

图 4-16　通济桥—行通济
（第一小学　何彤彤）

图 4-17　通济桥（同济小学　区雯）

图 4 – 18　通济桥（同济小学　曾煜桐）

图 4 – 19　通济桥牌楼
（同济小学　冯晨曦）

图 4 – 20　通济桥牌楼
（同济小学　梁焉甜）

（三）学生眼中的梁园和地方印记表达

梁园是佛山梁氏宅园的总称和岭南园林的代表作，与余荫山房、清晖园和可园并称为"岭南四大园林"。梁园由十二石斋、群星草堂、汾江草芦、寒香馆等多个建筑和景观构筑物组成，梁园主体位于松风路先锋古道。由佛山当地诗书名家梁蔼如、梁九华、梁九章和梁九图叔侄四人，于清嘉庆、道光年间（1796—1850 年）陆续建成，历时五十余年。梁园是清代岭南文人园林的典型代表之一，宅第、祠堂与园林浑然一体，亭、台、楼、阁、桥、榭等造景构件自然组合，相得益彰；岭南式庭园空间变化迭出，造园组景不拘一格，追求雅淡自然，园内果树成荫，富有岭南水乡特色。

各年级学生在以梁园为写生对象的主题选择（见图 4 – 21）上，主题选择偏好有以下两个特征。

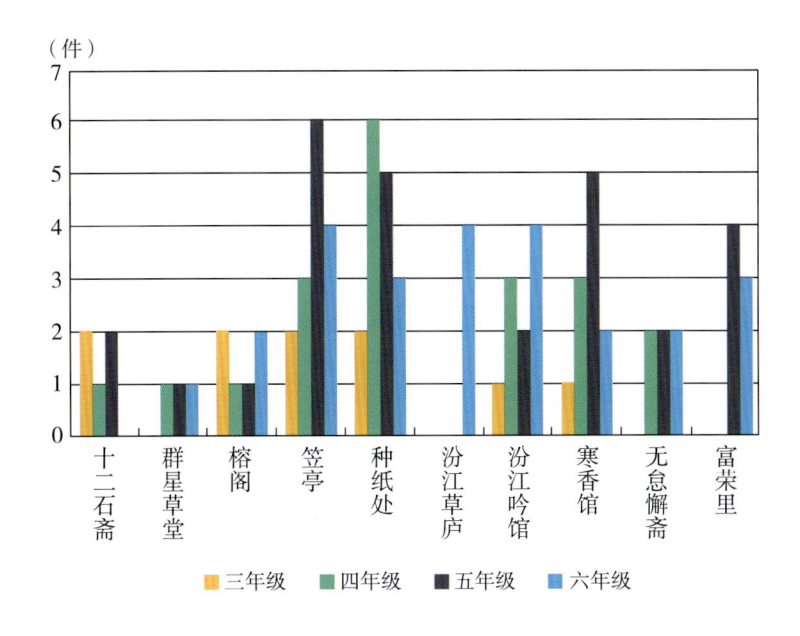

图 4-21　各年级学生以梁园为写生对象的主题选择

（1）三年级学生较为偏好十二石斋、榕阁、笠亭和种纸处等相对单体，且写生组织较为容易的园林景观；四年级学生较多选择种纸处、笠亭、汾江吟馆和寒香馆，呈现出与三年级学生在写生对象选择上较强的相似性；五年级学生则选择笠亭、种纸处、寒香馆和富荣里较多；六年级学生偏好的景观为笠亭、汾江草庐、汾江吟馆、种纸处、富荣里等。各年级比较共性的选择重心是笠亭和种纸处，其次是汾江吟馆和寒香馆。可见，单独的亭、台、楼、榭、阁等为写生者日常生活中最为常见的景观物，写生者往往能够形成比较深刻的记忆认知，加上这些景观构筑物通常也是岭南地方文化的重要载体，所以，学生写生者在潜意识中往往会将这些景观物作为描摹对象和主题。

（2）在写生主题的具体表达上，与通济桥的整体描绘不同的是，学生写生者对梁园的写生，之所以更多关注单体建筑物，可能还是跟园林景观的写生掌控有关。对学生而言，其相对复杂的结构特征、相对宏大的建筑叙事和相对广域的空间尺度，都是有较大难度的，故学生较少从梁园的园林整体层面来书写和诠释。当然，写生者群体中，也不乏个别学生进行了这种整体描绘的尝试（见图4-22，元甲小学，叶盈莹），该生的写生重心，就是对梁园片区附近街巷空间的情况进行整体描摹，该图画中，街景、树木、休闲人群、建筑立面、外观等跃然纸上。这说明该生基本功和学校美术教育导向,对学生的绘画导向和写生主题选择较为重要。

图4-22 梁园先锋古道街景(元甲小学 叶盈莹)

尽管从历史文化角度看,梁园作为岭南传统园林的"四大园林"之一,在佛山地方社区中,其地方文化学意义非常突出,文化遗产价值很高。但是,客观地说,寻常百姓在日常生活中,与梁园的交集并不多。故梁园为世人熟悉和称道的景点、景观相对有限,加上从清末至今,尽管多有修复建设,但梁园的整体衰败、颓废也有目共睹。虽然地方文化遗产保护单位也对梁园进行过多次修复和建设,但梁园依然如藏在深闺的"良人"一般而较少为人所熟悉。同时,相对于佛山市主城区其他热点旅游景区如祖庙、南风古灶等而言,梁园也因为景观的时代性和静态性特征,体量、独特性和景观辨识度等原因,一般也不会成为人们耳熟能详的"代表性景观"。即使对那些因为仰慕岭南园林而来的中国古典园林"发烧友"来说,可能第一选择也是顺德的清晖园,而不是梁园。这种现象反映到写生主题的选择上,就是写生者对梁园的描绘,整体性写生较少,而只能从相对较为熟悉的单体建筑角度来描绘。这种现象的产生,从本质上说,一是写生对象的主体功能会影响到写生主题选择；二是说明当前学校美术教育，需要继续优化调整。

学生以梁园写生主题的部分作品如图4-23至图4-25所示。

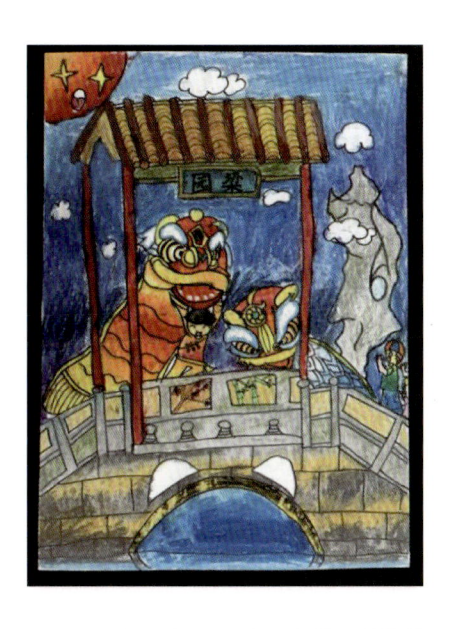

图4-23 梁园小品（建设小学 刘卓婷）

图4-24 梁园一角
（人民路小学 蓝萱盈）

图4-25 梁园 汾江草庐一角
（人民路小学 吴嘉熙）

（四）学生眼中的祖庙——岭南天地和地方印记表达

佛山祖庙始建于北宋元丰年间（1078—1085年），明洪武五年（1372）重修，至清代初年发展成为一座体系完整、结构严谨、具有浓厚地方特色的庙宇建筑。光绪二十五年（1899），祖庙再次大修，形成今日祖庙建筑群。现为国家级重点文物保护单位。祖庙正殿陈设有大量珍贵的艺术品，如70件30种兵器铜墙铁壁仪仗，直径1.31米的巨型铜镜、大型铜鼎、铜钟和香炉等。祖庙园内还陈列有石刻匾额、明清时期的石兽、碑刻唐代"贞观二年"款棋字阳文。大量的金木雕建筑构件，大型铁铸武士立像，铁铸瑞兽、铁炮等。这些陈列品集中反映了明清时期佛山手工制造业工艺技术情况。

岭南天地位于佛山市禅城区祖庙东华里中心地段。毗邻全国知名文物保护单位东华里，佛山岭南天地以祖庙—东华里历史风貌区为发展主轴，用现代手法保护和改造片区，内有22幢文物建筑及众多的优秀历史建筑和历史街巷，东华里片区所在区域自明清以来即为居住典藏珍品区，是中国极少数典藏深厚历史底蕴的传统富人区。祖庙—岭南天地片区集中了岭南地方文化之广府文化的核心文化元素如宗祠、庙宇、街巷、书院、民居等，是最能反映明清岭南典型商贸型＋产贸型城镇空间特征和遗存的区域。

从学生围绕祖庙—岭南天地片区进行写生的作品来看，具有以下四个特征。

（1）学生写生者对祖庙—岭南天地片区的关注重心更多倾注在核心片区的街巷空间、寻常里坊人家等更为大众化，更具地方烟火气的对象上。学生写生作品分主题统计显示，街巷空间作为写生主题的作品在各年级都是最多的，且远远高于其他类别的主题（见图4-26）。这说明传统佛山镇域空间上的街巷里坊、祠堂家庙、村户人家，作为形构佛山历史文化名城的核心和主要载体，是普通人最为常见、熟悉的城市景观和日常生活构成，也是展现佛山地方历史特色和地方文化特征的最佳载体。学生写生者通过对这些熟悉物景的描绘和书写，既记录了属于中国传统社会（乡村型到城镇乡村一体型的过渡）乡村场景的内容，更通过对特定画面在自然疏离式和诗性浪漫式的重构与塑造，来传达和表露写生者的心境，他们或者用轻盈的方式去表达一种具有中国传统文化审美感染力（岭南地方意趣和旨归）的意境，或者跟随自己的直觉，通过绘画去找寻当时自己内心认为的一种"美"，从而开启写生者陶醉于自我艺术世界的旅途。这是一种自然而然和水到渠成的文化根性流露，也是学生写生者之所以更专注于记录老城区空间中的那些祠堂家庙、里巷人家的关键所在。

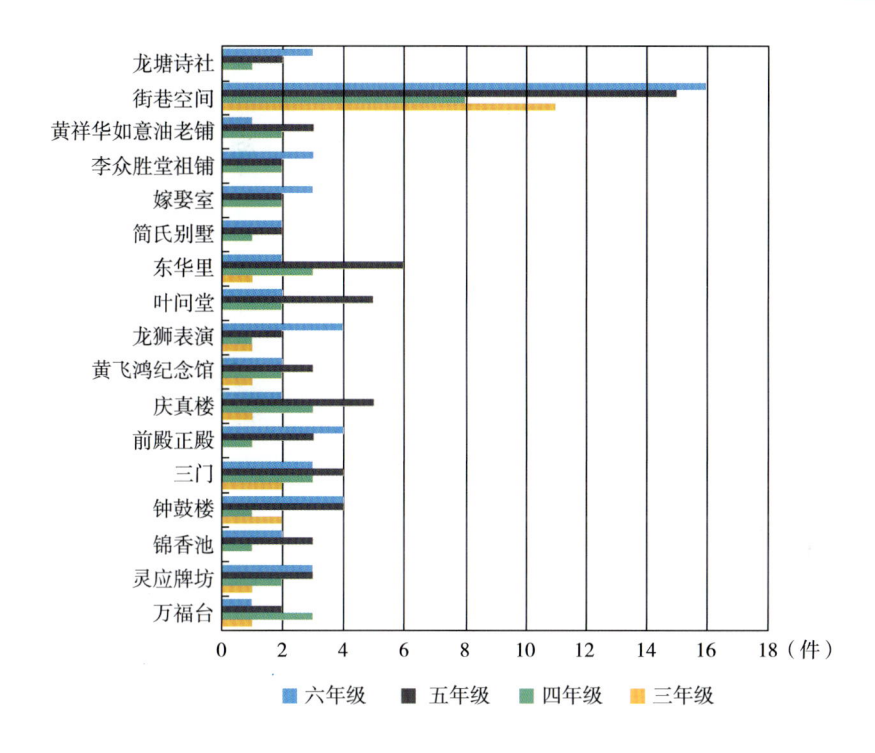

图 4-26　各年级学生以祖庙—岭南天地片区为写生对象的主题选择

（2）在对祖庙内各景观的写生主题选择上，学生各有侧重，反映出一定的自主性。说明这样的场景都是来自日常生活中的一瞥所形成的一种视觉记忆。学生凭着对祖庙景观尤其是某个特定时点对景观载体的印象而产生的突出感觉，进行适当的组合、想象和创作。这样的创作既充分体现了学生写生者在审美意趣上对美感和诗意的传递与表达，更是景观自身内在美的自然流露。

（3）学生作品的归类分析还显示，学校美术教育的引导、指导老师艺术指导的方式、方法以及写生学生对当地社会的了解程度和地方情感等，都会对写生作品产生影响，并且会在美术绘画语言展现、对绘画形式感的注重等方面表现出佛山历史文化名城的地方文化精神。学生写生者通过多样化写生主题的选择（如祖庙碑廊、供销社遗址、生产队仓库、老城民居和街巷等）和不同的形式语言的力量去表现地方文化精神，体现了颇具历史感的地方文明意识。

（4）在绘画风格上，学生作品保持了较强的现实主义特征，然而，这种现实主义风格是在现实主义内部进行各自趣味的调整。他们在风格、绘画语言和题材上各有不同,通过绘画语言和主题的一体化,最终表现出比较强烈的题材和绘画语言及其表现的一致性。

学生以祖庙—岭南天地为写生主题的部分作品如图 4-27 至图 4-34 所示。

图 4-27　汾江街景
（第一小学　张凯茜）

图 4-28　公园一隅
（广一德书画院　何秋莹）

图 4-29　岑氏祠堂
（广一德书画院　陈欢儿）

图 4-30　老城巷口
（广一德书画院　石一叶）

图 4-31　东区生产队仓库
（广一德书画院　孙日泳）

图 4-32　老城民居
（广一德书画院　一苇）

图 4-33　祖庙碑廊　　　　　　　　　　　图 4-34　供销社遗址
（广一德书画院　曾明写）　　　　　　　（广一德书画院　杨斯琪）

二　佛山本地日常观察者作品中的佛山地方印记

本书所说的本地日常观察者，是指出生、成长和就业于佛山历史文化名城核心城区，对佛山历史文化名城的街巷、建筑、风土、人情体察至深，对佛山传统城区有着持续、长期、深沉的观察和生活居住经历，同时又长期从事佛山历史文化名城的书写、记录工作，具备相关专业素养（如写作、绘画、陶塑等专业能力）的人。本章选择的绘画者有关若鹏、骆起泉、崔国贤和崔衡晋父子等人。他们都是生长于佛山禅城老城区，对禅城老城区有着深厚的本地情感和文化情结。

（一）关若鹏

关若鹏，1977年生，佛山禅城人。他生于禅城，从小住在南堤路，上学时要经过升平路、筷子路等，佛山老城区的老街老巷是他往昔记忆里不可或缺的部分。关若鹏把自己的创作主题聚焦在自己生活的这个城市之中，聚焦于那些曾经烙印着个人成长历史的街巷空间及其具体的实物（注：作者的作品穿插于叙述之中）。他偏爱用水彩把那些市井角落记录下来，以此表达他对生于斯、长于斯的城市的热爱和感情。同时，在对标志性建筑进行系统记录之余，他认为，更加重要的是环境气氛综合描写和记录——在对照片创作时，他会增添一些与场景相融的人和物，进而创设和还原场景原有的烟火气息和生活氛围，拖箱独行的福禄路路人、含饴弄孙的集贤坊老人、下班归途的新安街骑车人、华灯初上的升平路、行人匆匆的汾宁路等。行进的车辆、独自的前行以及搬运工、三轮车、摩托车、自行车等共同构成了昔日佛山老城区熙熙攘攘的场景，让曾经热闹的佛山老街跃然纸上，老街坊也能从这些水彩画中回想当年的人和事。老街系列的绘画让人回想老佛山的人情味和曾经的美好，这种市井气息强烈、烟火味浓郁的创作主题对传承和记载城市文化记忆与地方特征，意义深远。

图 4 – 35　新安街（关若鹏画）　　　图 4 – 36　国公庙（关若鹏画）

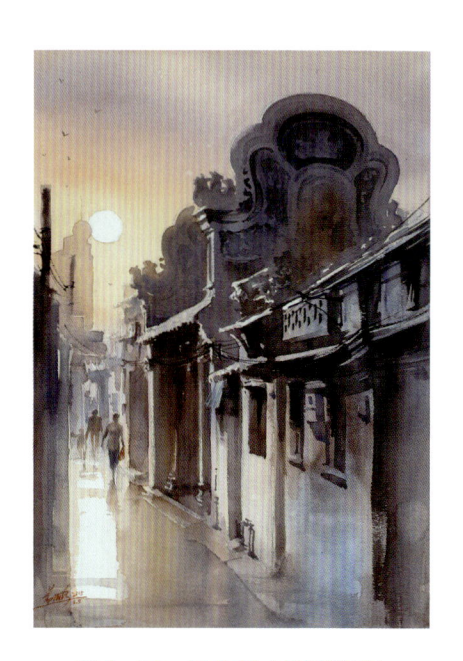

　　对城市来说，辞旧迎新是某种不可避免的发展宿命，旧区拆迁成为城市更新中的一种直接、快捷和方便的方式，它既是对过去的一种冷漠告别，也开启着城市未知的未来之途。对城市生命体而言，历史、现实和未来不可偏废，因此，旧区拆迁改造中，我们需要一双双眼睛、一支支画笔、钢笔来记录、书写城市的过去。这是艺术家的使命，更是艺术求真的过程。

　　首先，关若鹏用画笔书写、记录佛山老城的故事，是本地艺术家追求本地叙事的文化情感表达。艺术家用画笔建构自己关于佛山老城历史的"文化原始叙事"，在情感上把佛山的意象和地方社会的人联系了起来，并通过绘画作品的流传，让佛山老城成为佛山人和佛山城之间的一条重要的情感认同和地方文化纽带。

第四章　绘画者视野中的佛山印记

图 4-37　筷子路（关若鹏画）

图 4-38　集贤坊（关若鹏画）

图 4-39　挥春街之三（关若鹏画）

图 4-40　长兴街（关若鹏画）

图 4-41　为民街（关若鹏画）

图 4-42　古洞街（关若鹏画）

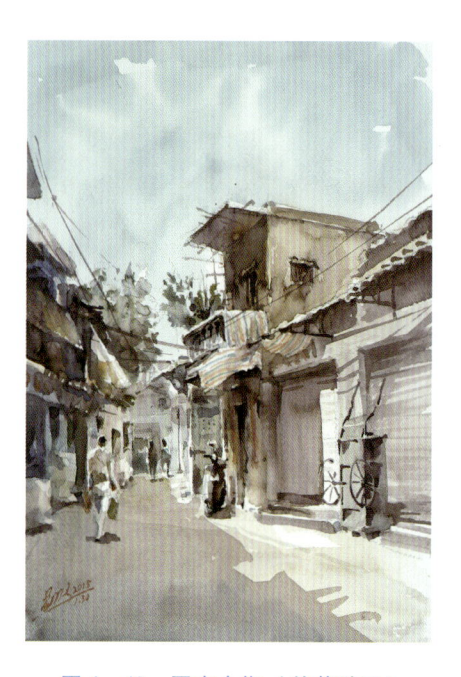

图 4-43　同安大街（关若鹏画）

其次，关若鹏关于佛山老城的水彩画系列，在构图与形象塑造上秉承佛山人一贯的波澜不惊之余，并用多色调的调和与表达，宣扬着一种佛山老城区特有的历史沉着感、市井生气和人文恬淡。这种由淡黄、土黄直至深褐色构成的沉稳而微妙的黄灰总色调，表征了关若鹏作品系列所集中体现出的象征性。旧的不一定是最好的，但旧的也有旧的美好，它们不仅让人联想到老城区过去的那种独有的色彩特征，更赋予观者以浓重的"现场情境"——一种洋溢于真实生活氛围之中的本地场景和地方历史感。正是在这种独特的视觉氛围中，那些贩夫走卒、烟户人家，恍然间蜕变为与佛山老城、老街、老巷、老建筑、老祠堂息息相关的城市地景和本地文本，成为见证佛山城市繁衍生息500年历史的当事人。

最后，当我们与关若鹏作品中的这种宁静、恬淡而朴素的城市精神、质朴而坚韧的城市生命相遇时，观者（我们）自童年时期被中国传统文化持续熏陶所养成，带有强烈中国南方和岭南风特征，朴素、含蓄而内秀的精神文化基因，就会激发为一种既深沉、厚重又激越、入微的生命体验：那种错综多样而又以黄灰主导的色彩、顿挫的形象、体量适中的团块结构、朴拙恬淡的视觉氛围，等等，关若鹏将一种柔和、平静同时又深厚、隐忍的佛山城市生命延续特征表现得入木三分。

图4-44 建红街（关若鹏画）

图 4-45　先锋古道（关若鹏画）　　　　图 4-46　永安路（关若鹏画）

"大概在 2006 年，知道一些老街要拆，在那段时间，我经常到附近的老街走走，拍拍照。""现在佛山老街渐渐少了。"拯救式的记录并没有留下老街中原有的烟火气息。"等我去拍的时候，很多都已成了废墟。"（关若鹏）

图 4-47　福禄路（关若鹏画）

第四章 绘画者视野中的佛山印记

图 4-48 公正路（关若鹏画）

图 4-49 新安街（关若鹏画）

图 4-50 南堤路（关若鹏画）

图 4-51　福贤路（关若鹏画）

图 4-52　健步鞋厂（关若鹏画）

图 4–53 南风古灶（关若鹏画）

图 4–54 佛山大饭店（关若鹏画）

（二）骆起泉

骆起泉，自小家住禅城区汾宁路，是地地道道的佛山本地人。广州美术学院毕业，擅长和研习油画创作。是广东省美术家协会会员、佛山市美术协会油画艺术委员会副主任。基于现实主义表现手法和技术，适当融合了中国传统文化审美中关于中华民族本土化内涵体现、中国传统美学品德传承和中国写意生命精神再现的意境塑造方法，使其作品具有自然朴实、情真意切的典型风格。骆起泉关注佛山历史文化名城老城区的视点，集中在写实性描摹与主观意境塑造的有机结合，强调用中国审美话语去表现自己的油画，同时讲究艺术家主观情感和现实生活中审美感悟在画面的沉淀和表露，而不仅仅是对于现实性客观物象的再现，使他的画在客观写实中别有一种城市本地氛围和佛山文化气息的再现。

骆起泉眼中的佛山老城区，是市井世界、历史场景、百姓故事和生活百态交织的老佛山城市意象，这样的城市意象，和关若鹏的作品主题一样，都在试图重现昨日佛山的经典场景、环境、氛围和风貌，这些昨日影像是真实存在且曾经长时间留驻于作者的记忆和情感体验。这就使他的作品在思想内涵的表达上，给人一种极深的佛山地方文化特色和地方人文风范的再现与流露。曾经的岁月静好，睦邻安详和街巷人家，也在他画笔中永恒沉淀。

关若鹏和骆起泉有关佛山老城区的部分作品如图 4-55 至图 4-59 所示。

图 4-55 汾宁路 1（骆起泉画）

第四章　绘画者视野中的佛山印记

图 4-56　汾宁路 2（骆起泉画）

图 4-57　公正路（骆起泉画）

图 4-58　普君墟（骆起泉画）

图 4-59　三角市（骆起泉画）

（三）崔国贤和崔衡晋

崔国贤和崔衡晋父子，作为土生土长而又有家学渊源的佛山人，对其成长的福贤路一带街巷感情至深："小时候见到的福贤路很美，家家户户都有彩色满洲窗，晚上亮灯时整条街就像一个万花筒。那时的福贤路，它每一栋骑楼、每条窄巷、每一寸光影、每一棵植物都有着慈母式的温暖柔情。"（崔国贤）父子二人在专业、事业有所成就之后，面对佛山传统城区

图 4-60　通济桥—村尾垂虹（崔国贤、崔衡晋画）

图 4-61　汾江正埠码头（崔国贤、崔衡晋画）

整体改造带来地方感的丧失、传统建筑的消失以及地方特色文脉和风貌的流失，痛心疾首之余，毅然拿起手中的画笔，开始长卷式记载传统佛山福贤路一带的地方民情、风俗特征、传统建筑和街巷空间。为了和老城区改造抢时间，从 2002 年开始，崔国贤父子走访了 60 多位一直生活在福贤路的老街坊。并对福贤路片区的街区风貌进行细至每处灰瓦飞檐、每个满洲花窗、每个关节构造、每个门槛趟栊屋角、建筑的立面和侧面等的考察、访谈和调查。在此基础上，创作了大型长卷《印象·福贤》。2011年，《印象·福贤》完成第一部分，同年7月获得"佛山重大历史题材画展"银奖，由佛山政府收藏。2013年完成了第二部分，2014年春节，《印象·福贤》展出于岭南新天地内。随后，崔国贤父子又继续合作推出《佛山锦灰集》。①

对像骆起泉、崔国贤父子这样从传统佛山成长起来的画家和美术工作者来说，他们通过学习绘画，广泛吸收中西方绘画艺术的精髓，再融合岭南（佛山）的本土社会现实和优良地方传统文化，以及传统（岭南）佛山的地方审美传统和哲学观念，并与他们进行长时间的磨合、融入和发展，在礼敬乡土的虔诚之心驱使下，创造赋有岭南乃至佛山艺术精神的绘画艺术形式（油画、水彩或者其他绘画形式）。首先，它使现代西方艺术形式（如油画等）在中国发展，展现不同绘画形式的独特艺术生命和精神状态。其次，这些绘画作品更传达了岭南（佛山）地方风貌和地方特征，表现了佛山城市在历史、文化本土化和民族化的意蕴精神。这样的创作过程中，创作者的岭南（佛山）地方传统文化基因及对佛山历史城市的地方依恋和情感皈依，不仅推动了绘画创作前行，而且这种立足佛山城市地方传统文化基因与创作者在特定时期所体验到的佛山地方文化精神和城市历史特质相互激荡，最终以一种"内化"的方式潜移默化地影响和融入创作者的艺术风格之中。最后，创作者通过对佛山历史城市的记录和重现，既实现了城市发展在过去、现在和未来连续时间上的延续与传承，更通过佛山城市历史场景的回溯和追忆，展现出佛山城市持续传承的地方精神和文化风貌，使创作者乃至读者在精神层面更加重视自己生活工作的这个城市，在心理认知上更加具有佛山城市的内在气质和风骨。

佛山本地日常观察者对佛山城市传统印记和符号的记录、描绘及书写，不仅是探索一种城市建设和意象设计的外在"形式美"，而且他们更试图从城市所处的地方文化历史脉络的精神出发，对城市的区域历史发展、地方传统延续和当代文化精神进行意象化的解读。实际上，对佛山这些自幼生长于此的日常观察者来说，他们在学习、工作的持续过程中，那种对于岭南（佛山）地方历史和城市文化的传承、冲突和嬗变等艺术实践体验，在

---

① 《佛山锦灰集》是描绘佛山旧貌的3D画集，是崔国贤、崔衡晋继《印象·福贤》创作后，推出的又一本围绕佛山旧街巷风貌再现为主题的画册。《佛山锦灰集》对佛山历史上曾经出现的（有些现存但风貌有异的）建筑、街巷和景点，用3D方式进行重现，其内容包括佛山历史上的墟市、埠头、宗祠、民俗活动等，是反映和记载历史佛山的重要载体之一。

其童年时期就开始积淀的一种朴素、含蓄而内秀的精神文化基因就被激发出来。并通过几乎本能的驱使，使创作者的种种艺术积淀在短时间内汇聚成绘画语言，如关若鹏的黄灰主导色彩运用、骆起泉的细腻和场景真实还原、《福贤路》长卷扑面而来的视觉氛围塑造等。他们将一种恬淡、宁静同时沉重、隐忍的生命激情表现得淋漓尽致。这些作品在总体上呈现出由淡雅而厚重、温情而乡土的色彩和颇具传统书写意趣的笔触、简练厚朴而颇具韵律的线条造型等共同构成的形式探索风格，共同建构佛山城市之美、文化之美和地方之美。

三 本地画家作品中的佛山地方印记

本书是对本地专职画家作品的观察，在邀请他们参加专门的、以佛山老城核心区历史文化遗产、遗迹和代表性景点进行写生的基础上，对其写生作品进行收集整理，进而展开分析的方式进行的。通过对专职画家作品的整理分析，可以了解洋溢于作品之中的、反映其艺术发展轨迹、岭南地方（佛山地方气场）文化气质及其创作方式、作品气息和原创的图像符号等。邀请的专职画家以佛山本土专职画家①为主，他们对佛山城市文化、地方特征、本地传统、特定民俗等都耳熟能详，并且感情笃深。邀请的专职画家在年龄上涵盖老中青三代，而且在艺术水平、造诣修为上，较能代表佛山专职画家群体的水平。邀请专职画家中，大部分都有作品在各种展览、评选活动中获得过相关奖项，艺术功底扎实，作品以国画和岭南画派的艺术特色为主。绘画作品主题，一是反映佛山老城区典型风貌，如梁根祥的《中山公园群英阁》、卢卫的《益兴花纱行》和《佛山石湾酒厂》、蔡庆洪的《石湾美术陶瓷厂园林》、王长立的《通济桥》等；二是反映佛山老城区和历史时期重要的革命烈士及其遗址，如区锦生的《陈铁军学校》（原季华女子学校）、关振旋的《陈铁军故居》、吴子洲的《铁军公园》和潘坤广的《江孔殷故居》《江孔殷画像》等；三是描绘佛山老城区的街巷空间、家庙祠堂建筑，如区锦生的《岭南天地》、陈长生的《华冈新村》、邱建彬的《西贤横一三五号》、薛芝恋的《新筷子路》、区迅敏的《舍人前街》等；四是对佛山城市的综合特征进行描绘，如钟汝荣的《禅城无处不飞花》、区迅敏的《花重锦官城》，尤其是区迅敏的《花重锦官城》，作者构思精巧，立意独特，通过花团锦簇式的佛山老城综合地理特征的外化表达，

---

① 有关专职画家包括区锦生、梁根祥、潘坤广、黄志伟、陈长生、卢卫、关若鹏、王长立、吴子洲、蔡庆洪、邱建彬、关振旋、薛芝恋、崔国贤等人。

诗意化地描摹出佛山作为岭南历史文化名城的地方特征和文化传统。上述专职画家关于佛山老城区的部分作品如图 4-62 至图 4-77 所示，并穿插于有关叙述之中。

图 4-62　群英阁之春（梁根祥画）

图 4-63　益兴花纱行（卢卫画）

图 4-64　佛山石湾酒厂（卢卫画）

图 4-65 石湾美术陶瓷厂园林（蔡庆洪画）

图 4-66 通济桥（王长立画）

第四章　绘画者视野中的佛山印记　141

图 4-67　陈铁军学校（原季华女子学校）（区锦生画）

图 4-68　陈铁军故居（关振旋画）　　图 4-69　铁军公园（吴子洲画）

图 4-70　岭南天地（区锦生画）

在画面表达和构图特征方面，中国传统绘画在长期发展演变中，早已建立了符合传统审美标准的构图法则，例如，主次、对比、疏密、均衡、开合等，其中均衡是其中最重要的构图法则之一。所谓构图的均衡，指的是构图内部的相对关系，包括单个对象在整个画框中的位置，以及多个对象相互之间的位置关系。当构图内部的相对关系让欣赏者产生一种平衡感时，欣赏者对该构图结果就会产生较高的审美评价。均衡比对称更具审美性，表现为多样中求统一、统一中见变化，在画面上达到力的平衡，从而产生庄重又不失平和的审美效果（穆琳，2014）。中国传统山水画中，画家利用复杂的地形、曲折盘旋的小路、纵横交错的树枝、袅袅缘绕的云雾等，创造出变化和对比，使画面既错落生趣，又和谐统一。特别是在一些画框纵横比不是很大的花鸟画中，画家比较偏好这种均衡的构图方式。对角构图是一种重要的均衡构图方式。

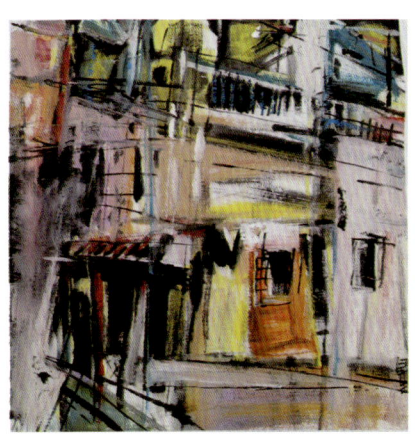

图 4-71　华冈新村 1-2（陈长生画）

第四章 绘画者视野中的佛山印记　143

图 4-72　新筷子路（薛芝恋画）

图 4-73　舍人前街（区迅敏画）

图 4-74　西贤横一三五号（邱建彬画）

图 4-75　江孔殷故居
　　　　　（潘坤广画）

图 4-76　禅城无处不飞花（钟汝荣画）

图 4-77　花重锦官城（区迅敏画）

第一，佛山本地画家群体，尤其是老一辈画家如区锦生、关振旋等，极其讲究画作构图比例的对称性，这既反映了老一辈艺术家扎实的艺术功底，同时更能从艺术家风格中看出佛山本土艺术家在展现内容题材时，充分结合主题进行想象、延伸和表现的能力。艺术家在对佛山城市风貌、景点的再现过程中，从表现风格到内在意义都具有佛山城市独特的文化张力、地方特征和历史记忆。这是个体的体验与当代文化潮流结合的个性化表达，是对艺术家自身文化经验的一种整合。

第二，从作品造型特征来看，艺术家在对佛山本地风物、景观的再现和塑造过程中，大多追求相对简练、明快和韵律的综合呈现。以真实情感打动观众，产生共鸣，使人有一种清新、脱俗和自由的感觉，还具有浓郁的佛山地方风味和在地文化特征。

第三，在作品主题选择上，艺术家尤其是具有体制内身份的艺术家，大多具有更为敏锐的时代触角，本次雅集中，艺术家在绘画题材的选择上，较多以佛山本土革命烈士及其遗址作为绘画主题进行创作就充分说明了这一点。从时代意义上看，2021年是中国共产党建党100周年，围绕中国共产党的建党历史、功绩成就、优秀党员事迹等进行全面、系统和广泛的宣传教育是建党百年纪念中的一个核心内容。以此为契机，佛山本地出生，并在中国革命奋斗过程中具有较高影响和声誉的著名共产党人如陈铁军（刑场上的婚礼的女主角，中国共产党早期著名党员之一）必然是佛山地方上建党思想宣传的重点，围绕陈铁军烈士的故居、城市公园、学校等，在红色题材（红色旅游、红色革命主义教育等专题）方面，成为佛山宣讲党的历史、路线和光辉事业教育的核心题材。在这种时代特征下，作为生长于红旗下，受革命现实主义艺术思想熏陶和感染一生的佛山艺术家，其思想深处的革命激情和浪漫情怀，会引导他们去再现这类以政治性和宏大叙事为特征的革命现实主义题材。区锦生的《陈铁军学校》（陈铁军烈士少年求学的季华女子学校）、关振旋的《陈铁军故居》和吴子洲的《铁军公园》等，都是通过直接、写实主义手法，再现陈铁军烈士在佛山的历史遗产和地方记忆留存。并以此响应当前社会主义和革命主义思想教育在艺术表现和发展领域的诉求及回望。

第四，即使是针对佛山老城区传统街巷的记录和再现，佛山本地艺术家也较多采用写实主义表现手法，即便以抽象主义手法为主要方式进行创作的陈长生教授，他的《华冈新村》作品中，我们也依然能看到较多客观描绘华冈新村特征的地方。这说明，中华人民共和国成立以来，在不同时期绘画思潮的影响和社会主义国家意识形态的引导下，写实主义绘画已然发展成为一种社会价值，绘画中的写实直接针对革命现实主义，写实绘画风格也逐渐发展成为社会主义美学的重要内容。本次雅集上，佛山本地艺术家创作的佛山老城区题材作品，其核心主题符合当前主流思想领域关于社会主义城市发展、老城改造和城市生活满足人民群众不断发展的需要等主旋律诉求。

第五，即使如区迅敏和钟汝荣以综合印象展现来解读和描摹佛山老城的作品中，《禅城无处不飞花》描绘的是一幅盛世太平之下佛山城市的端庄、典雅之气，洋溢着对佛山春色的陶醉和对盛世承平的歌咏。而《花重锦官城》则用浓墨重彩和汪洋恣肆的手法汇聚成极具精神爆发力的绘画语言，并将浓烈、激越与深厚的城市生命活力表现得入木三分。

第二节　绘画者如何想象和建构佛山

城市作为空间的存在，由物质构筑且具有复杂的社会文化意义；城市空间是多义的，它是政治现象、经济现象、文化现象、心理现象等多种向度的综合，是城市起源与发展的落脚点。城市空间演化是多种因素共同作用的结果。城市影像作为记载和反映城市空间发展的客观载体，既表征现状特征，又反映其发展的动态与变迁。不同影像制（创）作者在创作以城市为题材的作品时，都会投影自己关于这个城市的想象、认同和认知，因而有利于我们通过对影像进行分析来建构以创作者为对象的城市空间发展演化分析的逻辑框架。通过分析相关城市影像（本章讨论的主要是绘画）作品如何在城市空间的影像话语实践中再现城市实体空间的风貌，我们就能延伸分析其作者关于城市发展的想象、空间表征的认知。作为城市建构的重要力量，城市影像在能动地建构文化空间和社会空间等表征空间的同时，也需要聚焦于其背后基于创作上的主体思考逻辑和意义。

一 孩童想象：碎片化想象和建构

对学生群体来说，他们对世界的想象和建构，经历一个从零到一、到二、到三，再逐渐完善的客观过程，这个过程中，学生群体对客观世界认知和想象的建构大致表征为以下特征：

（1）学生群体在想象中的有意性迅速增长。学生群体通过学校教育（其他教育方式），在教师的要求和指导下，使他们按照教学设计的目的产生符合教学要求和内容的想象。此一过程中，学生想象的有意性、目的性迅速增长和壮大。比如，通过要求学生进行有规律的、系统的和生动的讲述与表情朗读，形成和建构关于朗读内容的想象与认知；再如，在作文中要求学生围绕某个设定的主题进行连贯的构思和表达，借此推动学生在语言组织和场景描绘的想象和建构；在绘画训练中，通过教师教导，学生想象的增进和提高可以用来设计更富有美感的构图、更为复杂的用色等。

（2）学生想象中的创造性成分日益增多。一般来说，学前儿童和低年级学生的想象中，模仿性和再现性是其主要特征，其想象的内容也常常侧重于对观察事物的简单重现，这种特征与儿童抽象逻辑思维水平较低的事实密切相关。随着学生语言和抽象逻辑思维的发展与教育的介入，在教学影响下，学生想象中的创造性成分便会呈现日益增多的特征，学生对于外界的想象也表现得更富有逻辑性。当然，总体来说，小学生想象的复杂性、概括性、逻辑性水平依然较低，对超出他们知识、认识、经验的事物，或者他们的经验世界中不曾出现的东西，他们的想象总是简单而贫乏的。

（3）学生的想象更富于现实性。相对于学龄前儿童，尤其是中高年级学生而言，学龄前阶段儿童在想象上常常不符合现实事物，或不能准确地反映和描绘现实事物及其特征，例如，学龄前儿童，甚至低年级学生在表现认知对象时，一般就会以相对简单的方式来直接呈现，如通过几根简单结构关系的线条来表现一个人、一种动物、一幢房子或一棵树的状态。而在经过一段时间的训练和学习之后，学生就会进步到能够简单地进行布局和突出细节，但是，由于受到他们的知识经验水平的限制，他们所画的事物常常还是不完整的，而且大小比例、前景后景的关系处理也不是相对正确，不符合现实事物。到了高年级阶段，学生在绘画时就不但能注意所画事物的细节，适当表现自我对事物的完整性，而且还能初步运用透视关系来更好地、更真实地表现事物。

少年儿童由于视点、角度、思维、意识都相对单一，使他们对佛山老城区事物的描写和创作呈现出一定的认识、想象和建构的碎片化特征（此处所谓的碎片化，不同于严格意义上对碎片化的定义，是指一种因为知识、技能和了解接触的初级化，而导致知识体系相对不丰富、不完善，进而在对佛山老城区进行想象和建构过程中出现信息描述的片段化和碎片化现象）。典型表现有以下两种。

（1）物质空间阅读的表象化。本书调研中涉及的有关学生作品，大多以相对表象化的手法来展现和记录学生本人对佛山老城区物质空间实体的认知和理解。其主题呈现虽不是单纯以展现佛山老城区的物质空间和客观载体，但大部分学生作品以相对朴素的情感表达来创作的佛山老城区物质空间样貌，在帮助展现佛山老城区典型景观、核心要素和地方风物，以及描绘佛山老城区历史文化景观的物质空间内涵上依然功不可没。

（2）精神空间理解的空白化。对有故事的城市来说，尤其是佛山历史文化名城这样的城市，其城市精神空间的内涵以人类精神世界的内容为主，因而城市精神可以超越物质城市的界限而形成有条件的外延。对描绘佛山老城区的学生绘画者来说，他们创作的绘画作品，也会附着一定的、基于其自身的、对佛山老城区地方文化历史和城市精神的传达与弘扬，包括朴素城市情怀、道德伦理规范以及个人对城市的思考等内容。然而，精神世界的认知、理解和建构，不仅依托于物质空间的表达，更在于对城市地方历史和文化的深入了解，以佛山老城区学生为对象的绘画者群体，由于年龄、学识和认知能力的局限，他们的作品对佛山历史城市的精神内核的表达和诠释相对有限，从而在一定意义上体现为文化精神的空白化。

二　成人世界：理想图景和功能主义的交织

首先，从艺术想象和建构来看，佛山本地艺术家，包括本地日常观察者和职业绘画（艺术）家等的绘画作品主要还是通过相关作品在内容、主题、构图等方面的系统呈现，能动地建构绘画者自身对于佛山城市的认知、想象和认同，包括物质空间、地方精神和文化场域等的想象和建构。艺术家通过持续不断的城市影像（如绘画作品）生产，在记录过去、表现当下的过程中,凝练出新的城市文化和城市形象,激活城市文化效力和影响力,并形成拓展、超越城市日常生活的精英化书写,催生出更加自由、无限和流动的城市空间及其环境风貌。

其次,从创作导向和审美旨归来看,佛山成人艺术家在创作艺术作品时,其出发点和旨归更为复杂与多元。一是艺术家在创作情感的投入上呈现比较离散化的特征,对那些土生土长、与佛山老城有强烈地方关联和文化联系的艺术家(或者地方日常生活记录者)而言,持续不断地深耕和记录佛山老城区,是因为其自身与佛山城市之间有着深厚且割舍不掉的情感关联,所以,他们的作品中,美好、宁静、诗意与祥和总是无处不在(不管其描绘的对象是文物保护对象、历史遗迹、祠堂家庙还是破败街区),物质存在形态的存废荒芜和革故鼎新,都不会影响艺术家将理想家国的儿时记忆和美好向往粘连其中。故这些佛山老城题材的作品,温馨、温情始终萦绕。二是对那些体制内的佛山本地艺术家来说,他们创作佛山老城题材的作品,首先考虑的是创作和作品是否政治正确,作品在选题和内容上是否符合主流价值观。故这一类艺术家的作品中,革命现实主义的艺术根基和一贯积极乐观示人,使有关作品出现了主题概念化和对写实空间的过度追求。这种相互矛盾的艺术创作手法使佛山本土艺术家的作品中洋溢着一种理想图景再现和功能主义导向紧密结合的风格。

再次,从绘画语境塑造来看,当代绘画的一个特殊性,在于它身处的是一个文化全球化和跨文化的语境。在这一背景下,任何艺术创作都不可能摆脱这样的影响。文化全球化语境中,城市和地方如何恰当地保持文化特色和民族特性显得更为重要。因此,艺术家在创作时,首先面对的就是如何转换地方文化资源,做到为我所用、为创作所用。佛山自明清以来就是岭南重镇,"四大名镇""四大聚"名声蜚声海内,佛山更是风景秀丽、人文荟萃,特别是历史文化积淀深厚,成为岭南文化的重要代表。与这种地方文化代表性特征相适应,佛山本地艺术家在创作艺术作品时,必然会有着强烈的保存和弘扬佛山地方文化特征的意识与决心,加强对地方文化遗产和历史风貌的全面记录、书写和复制。

最后,就当下来看,图像成为人们生活的重要组成部分,它不仅是对现实生活的反映,而是带来了人类视觉方式的深刻变革。这些图像日益扩展并渗入到人们生活的各个方面,人们被越来越密集的图像包围,如照片、广告、电影、电视、电脑、手机、互联网等。当代绘画已经从传统的再现性、叙事性、表现性、象征性功能转变为对社会文化的反思与批判。他们试图摆脱图像对人类的操控，并尝试运用绘画自身的语言进行言说，创作出图像时代"另类"的图像。这些绘画真实地记录了一个身处图像世界的生命体对"景观"的反思与批判。艺术家将"态度"转变为新的绘画形式，更深刻地接近了图片背后的真实。他们重新反思历史、传统文化及当下的现实语境，将图像和不同风格重新组合在新的结构中，从根本上切断了被挪用图像的原初语境，并使其具有新的意义。在观念化和问题意识的基础上，艺术家的眼和心与物融合，画面中的笔触和线条发生由内而外的改变，这种绘画的语言形式真正超越了现代艺术的形式主义局限，具备时代的文化内质。

第五章　志书叙事中的佛山书写

第一节　志书舆图中的佛山

地图是古代绘城的主要方式，特别是历代所纂修地方志中的志书舆图，是解读古代各地自然环境、人文环境的重要历史资料。志书舆图作为方志的重要组成部分，是表示方志所记的地域地表诸多事象的图的总称。记载佛山相关信息的舆图主要存在于以下两种方志类型中：一是《永乐大典》《广东通志》《广州府志》《南海县志》等方志或典籍中与南海县域相关舆图（见表5-1和表5-2）；二是《佛山忠义乡志》中的佛山镇舆图。

表5-1　　《永乐大典》《广东通志》《广州府志》等的相关舆图

方志或典籍	舆图名称	备注
《永乐大典》	广州府境之图	（明）《永乐大典》卷一一九〇五
	广州府南海县之图	
《广东通志》	广州府地理图	（明）嘉靖《广东通志初稿》卷首
	广州府舆地图	（明）嘉靖《广东通志》图经上
	广州府舆图	（明）万历《广东通志》卷十四
	广州府疆域图	（清）康熙《广东通志》卷一
	广州府属州县图	
	广州府疆域图	（清）雍正《广东通志》卷三
	广州府图	（清）道光《广东通志》卷八三
	南海县图	
《广东舆图》	南海县图	（清）康熙《广东舆图》卷一
《广东舆地全图》	南海县图	（清）光绪《广东舆地全图》卷一

续表

方志或典籍	舆图名称	备注
《广州府志》	广州府疆域图	（清）乾隆《广州府志》卷二
	南海县全图	
	广州府总图	（清）光绪《广州府志》卷八
	南海县图	

注：由于《永乐大典》内容引自宋元志书《广州府图经志》《湟川志》《大元一统志》等，故本书中的广州府与南海县域舆图也应视为方志中绘制的舆图。

资料来源：曾新：《明清广州城及方志城图研究》，广东人民出版社2013年版，第37—38页。

表5-2　　　　　　　　明清《南海县志》的相关舆图

朝代	舆图名称	备注
明代	南海县邑总图	（明）万历《南海县志》卷一
	南海县邑总图	（明）崇祯《南海县志》图
清代	南海县邑图	（清）康熙《南海县志》卷一
	南海县邑总图	（清）乾隆《南海县志》卷一
	五斗口司图	
	南海县境全图	（清）道光《南海县志》卷三
	五斗口司图	（清）同治《南海县志》卷一
	佛山堡图	（清）宣统《南海县志》卷一

对于方志舆图而言，涉及方志舆图的绘制和方志舆图的内容，舆图绘制经历了从传统的写意画法到近代科学测绘方法的变化过程，而方志舆图的内容则是通过多种多样的图形符号直观地记录和再现了历史时期某一地域的空间地理信息，对于复原历史地理空间的发展过程具有重要的意义。本节主要通过对县域舆图中与佛山相关的地理空间信息的解读，结合舆图绘制的特点，探讨古佛山镇的城市发展过程。

一　县域舆图的绘制特点及承袭关系

历史上，佛山属于广州府南海县，保存有县域舆图的相关方志或典籍主要有如下几种：①明清时期纂修的六部《广东通志》。明代有三部，即嘉靖《广东通志初稿》和《广东通志》、万历《广东通志》；清代编纂的康熙、雍正、道光三部《广东通志》。②清代纂修的乾隆、光绪两部《广州府志》。③明清时期纂修的七部《南海县志》。分别是明代编纂的万历、崇祯两部《南海县志》;清代编纂的康熙、乾隆、道光、同治四部《南海县志》及宣统《续修南海县志》。另外,还有康熙《广东舆图》、光绪《广东舆地全图》和明初的《永乐大典》卷一一九〇五中收录的广州府与南海县域舆图,由于《永乐大典》内容引自宋元志书《广州府图经志》《湟川志》《大元一统志》等,故也视为方志中绘制的舆图。

明清时期的《广东通志》《广州府志》《南海县志》等方志或典籍中,有一些广州府境与南海县境的舆图看起来有些相似,这些舆图之间具有一定的传抄、承袭关系。

早在晋代裴秀就提出了"制图六体"理论,分别为分率(比例尺)、准望(方位)、道里(距离)、高下(高程、地势)、方邪(倾角、坡度)和迂直(河、路的曲直变化),采用方格定位、计里,开创了我国制图理论新纪元。但晚清以前,广东方志古籍中的很多舆图除极少数外都没有采用"制图六体"和"计里画方"法则,而是采用传统的景绘法和示意图的形式绘制。广州府和南海县的舆地范围位于古代"三江总汇"的地点,处于珠江三角洲的顶点。吴时交州刺史步骘称:"登高远望,睹巨海之浩茫,观原薮之殷阜。"①(明)万历《南海县志》称:"地控蛮越,岭南都会。濒际海隅,委输交部。包山带海,连山隔其阴,钜海敌其阳。五岭峙其北,大海环其东。众水汇于前,群峰拥于后。地总百越,山连五岭。彝夏奥区,仙灵窟宅。山川绵邈,土野沃饶。"②可见,舆地境域处于山海之间的山地、丘陵、台地、平原相杂地区。志书舆图反映了人们对于区域地理环境的认识。清道光之前,广州府境和南海县境舆图主要运用景绘法和示意图的形式;清乾隆以前(含乾隆朝),特别是明代舆图中的各地理事物名称多用文字加长方框标注,地图符号即图符采用不多,图符表达明显带有中国传统山水绘画的烙印,如山岭、城墙、城门、房屋等。北部和西部的白云山、西樵山等山地、丘陵,番山、禺山、坡山、王借冈、西淋冈等台地、岗丘,多用山水写景画法,特别是(清)康熙《广州府舆图》和南海县图(康熙《广东舆图》卷一)③,群山层次分明,且有树木点缀,整个图面恰

---

① 《水经注·浪水》。
② (明)万历《南海县志》卷一《舆地志》。
③ (清)康熙《广州府舆图》绘于清康熙二十四年以后、雍正朝以前,为官方绘制,绢本设色(广州市规划局、广州市规划建设档案馆编:《图说城市文脉——广州古今地图集》,广东地图出版社 2010 年版),康熙《广东舆图》成书于同一时间,书中的《南海县图》与前者具有明显的承袭关系。

似一幅水墨丹青。台地、山地和丘陵冲蚀下来的泥沙,与西江、北江和东江携带的泥沙汇集,日积月累,形成珠江三角洲冲积平原。广州府和南海县域地处三角洲平原中心,河流纵横,水网密布,在舆图中,水体图符多为双曲线加波浪形线条的组合形式。其特点是:水体弯曲且相互连接,所描绘的水体密度较大,水体之间的主流、干流关系不明显,水体的连通性远远大于地理实际,催发出一种略显夸张的河网稠密的水乡泽国感观。[1] 另外,大多数舆图都采用上北下南的方位[2],在图中标出地理方位指向,在图内框和外框四周标明四至八到,并注有里程,而且各舆图也有相应的图说,这样来弥补舆图在距离、方位和比例尺等方面表达的不足。"用画师写山水法,能翻空以取神,不能征实以求是。以至东南互移,位置颠倒。"[3] 舆图中大多是相对方位,甚至有些舆图存在方位错误。例如,康熙《南海县志》、乾隆《南海县志》和《广州府志》里的《南海县邑图》,佛山堡与叠滘堡的相对方位明显有误(见图5-1和图5-2)。

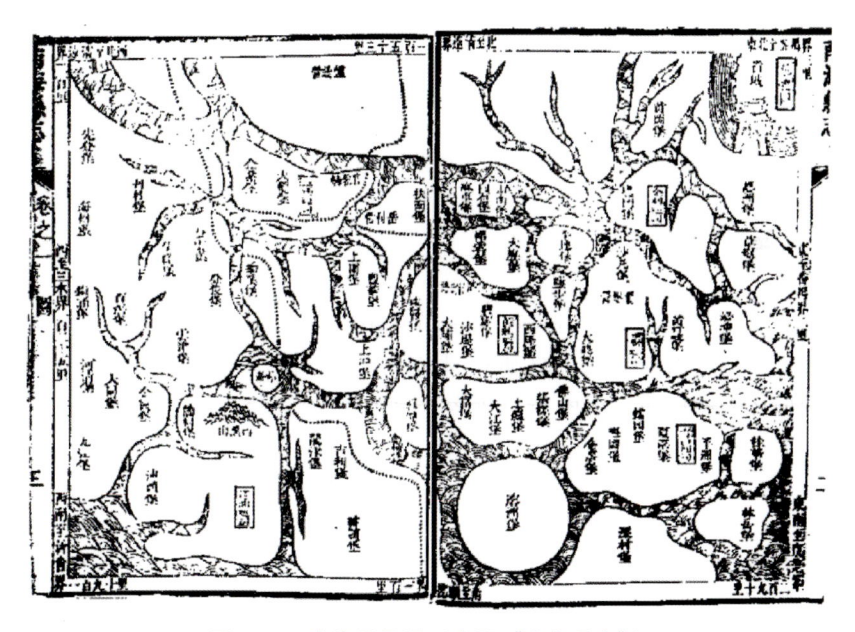

图5-1 南海县邑图(康熙《南海县志》)

---

[1] 丁一:《"源流派分"与"河网密切"——中国古地图中江南水系的两种绘法》,《中国历史地理论丛》2011年第3期。
[2] (清)道光《南海县志》中的《南海县境全图》的方位指向的上西下东。
[3] 李征霨:《桑园围图说》,碑刻现存于南海博物馆。

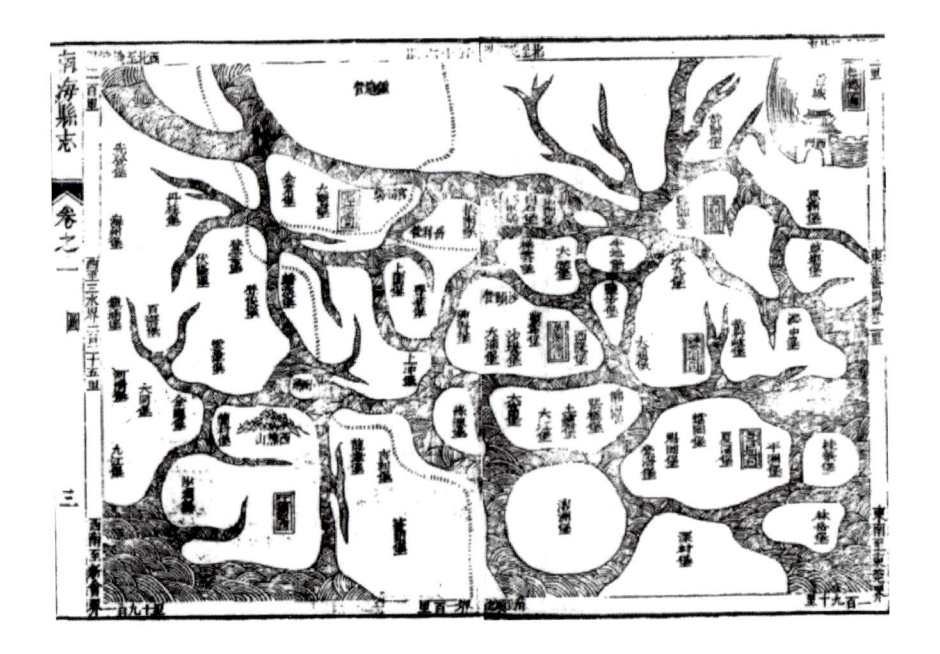

图 5-1　南海县邑图（乾隆《南海县志》）（续图）

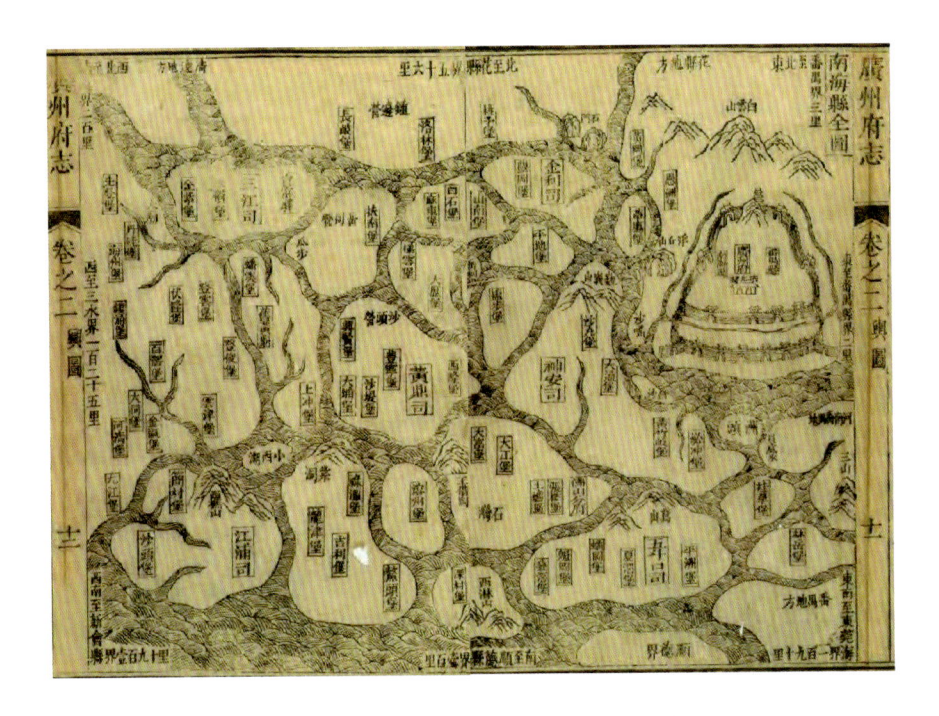

图 5-2　南海县全图（乾隆《广州府志》）

明万历年间，西方制图方法传入中国，从意大利人利玛窦绘制《坤舆万国全图》开始，中国的官方地图开始有经纬度。康熙五十六年（1717）完成的《皇舆全览图》，采用西方制图术中的地图投影法和经纬度方法。道光以后（含道光朝）的清代后期，广州府和南海县域舆图的绘制开始采用现代测绘方法。以道光年间阮元主修的《广东通志》卷八十三《舆地略》中的《广州府图》和《南海县图》为标志，南海县域舆图的绘制方法和内容都发生了显著改变，均据实地测量而绘制，特别是晚清科学家邹伯奇①及其弟子对同治《南海县志》中舆图的测绘。同治六年（1867），邹伯奇开始承担县志舆图测绘任务，"绘地之法较算天尤难。算天可安坐而推，绘地必举足亲历"。邹伯奇或带领弟子"同行邑境……冒犯寒暑，跋涉山川"②开展测绘工作，或由弟子亲自前往测绘，通过书信予以指导和说明，于同治十年（1871）完成测绘，共绘制出南海县域舆图数量达150余幅。邹伯奇巧妙地糅合传统"计里画方"法和西方实测经纬法的优点，"于栏外画小格，每格为一里，以取计里之便"③，使同治《南海县志》地图在提高方位精确度的同时，便于凭据栏外小方格来计算实地距离远近，兼顾了方志地图的准确性与实用便捷性。④ 由于同治《南海县志》舆图的严谨而精密，稍后的光绪《广州府志》按照同治《南海县志》的绘图模式，统一各县舆图，标注比例尺、经纬网，使府志舆图更加科学规范。宣统续修的《南海县志》基本上沿用了同治《南海县志》的全部舆图。

二 县域舆图中的地理区划层级

方志舆图是区划单元的直观反映，一定程度上代表了当时人们对地理单元的认知。结合方志中有关地理区划的内容⑤，通过对明清时期纂修的《广东通志》《广州府志》《南海县志》等南海县域舆图中行政建置的梳理，以反映南海县域的地理区划层级及其变化情况（见表5-3）。

明清时期，南海县地理区划层级的基本框架是乡—都和堡—村。据明万历《南海县志》记载，南海县域有乡7个、都6个，都属辖于乡，各都

---

① 邹伯奇（1819—1869）：字一鹗，又字特夫，广东南海人，晚清科学家、发明家。他在天文学、测绘学、力学、光学、数学和仪器设计制造等方面均有卓著贡献，被誉为中国照相机之父、百科全书式的学者。
② （清）同治《南海县志》卷二《跋》。
③ （清）同治《南海县志》卷一《图说》。
④ 李薇：《浅论晚清科学家邹伯奇的方志舆图测绘成就》，《黑龙江史志》2016年第2期。
⑤ 有关地理区划的内容多在方志中"舆地志"的疆域、乡都、都堡、坊都等卷中。

表 5-3 南海县舆图中的行政建置一览

朝代	舆图与出处	府省城	县	司（巡检司）一都	堡	其他
明代	南海县图（《永乐大典》）	省城	南海县 番禺县	巴由巡检司、泌冲巡检司、黄鼎利巡检司、鼎安巡检司、金利巡检司、西淋巡检司、三江巡检司、胥江巡检司、西南巡检司、马宁巡检司、东涌巡检司		[邮铺]：龙塘、安息、云台、石马、官峰、第山、溢池、横潭、临江、通广、新要、牛栏、严峒、擢桂、水东、杨梅、清水、仙安、华山、连塘、仙冈、望仙、沉香
明代	南海县邑总图（万历《南海县志》、崇祯《南海县志》）			金利巡司（金利都）	恩洲、草场、丰冈、麻奢、黄冈、桃子、白石	
				三江司（三江都）	山南、华宁、苏山、金紫、骆村、大槐	
				黄鼎司（黄鼎都）	绿潭、大富、兴贤、西隆、大江、张槎、土圫、登俊、丰宁、沙堤、大圃、丰华、上冲、上圃	
清代	南海县图（康熙、乾隆、道光、同治、宣统《南海县志》）	省城	南海县	神安巡司（泌冲都）	扶南、梯云、大沥、盐步、沙丸、平地、黄竹岐、泌冲、大通	
	南海县图（光绪《广州府志》）	广州府	南海县 番禺县	江浦巡司（鼎安都）	伏隆、蟠溪、丹桂、百滘、简村、海舟、涌（海洲）、大同、先村（先登）、九江、河清、镇头、吉利、云津、沙头、登云、金瓯、鳌头、吉利、龙津	
	南海县图（乾隆《广州府志》）	广州府	南海县 番禺县	五斗口司（西淋都）	叠滘、季华（桂华）、夏教、林岳、平洲、魁冈、溶洲、林岳、深村、佛山	道光《南海县志》：[佛山堡] 五斗司佛山署衙、佛山同知分府署
	南海县图（道光《广东通志》）	广州府	南海县	金利司、黄鼎司、神安司、三江司、江浦司、五斗口司	洛林、黄冈、麻奢、梯云、大通、草场、平地、泌冲、蠕冈、盐步、大滘、黄竹岐、蠕冈、平洲、林岳、深村、张槎、大富、紫洞、佛山镇	同治《南海县志》：[佛山堡] 五斗司、都司 道光《广东通志》：佛山镇同知

有堡 64 个，各堡有村 809 个。其中，佛山堡属西淋都，有村 15 个。① 至清代，仍然延续明代的乡—都、堡—村的基本框架。而在南海县域舆图中则以司—堡为区划层级基本框架，对于乡、都和村都没有标注。

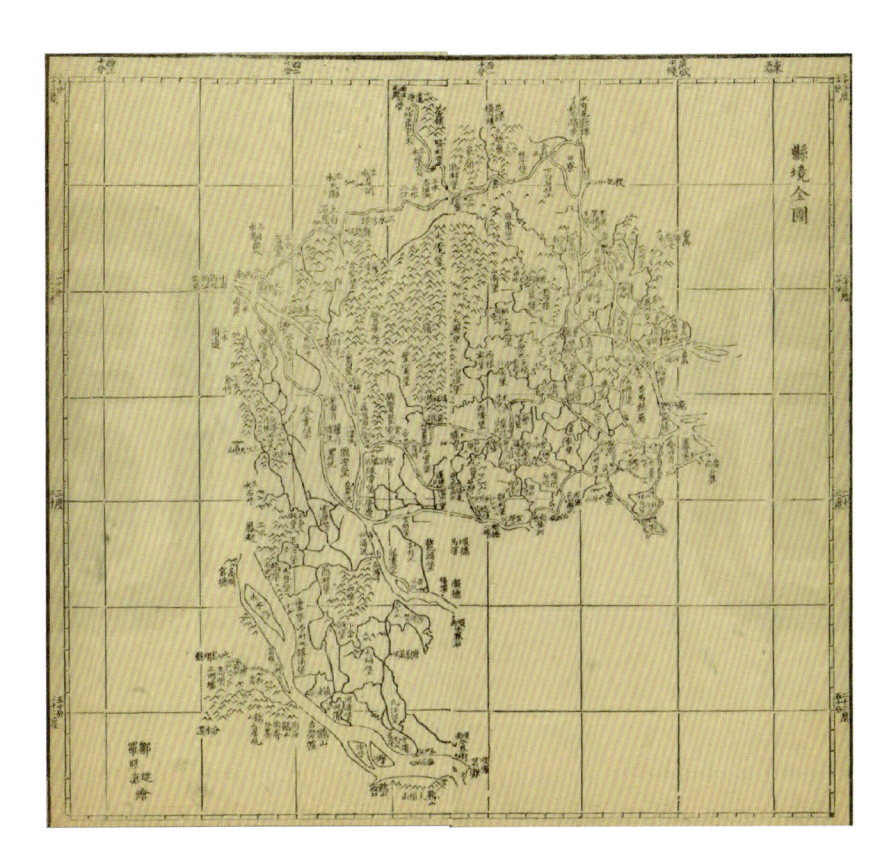

图 5-3　南海县境全图（同治《南海县志》）

所谓"司"就是巡检司，巡检司作为明清基层社会的捕巡管理机构，负责维护县级以下社会空间的治安和秩序。广州府巡检司的设置最早可追溯到元代，明代洪武初年在广州府大规模增设巡检司。方志舆图由官方主持绘编，最初的作用体现在兵防、交通和行政管理方面，明初《永乐大典》中南海县图的标注主要有巡检司、邮铺、官署、县学、庙宇等，巡检司、邮铺，标注格外醒目，其中巡检司有 11 个。经明景泰三年（1452）顺德设县和嘉靖五年（1526）三水设县以后，万历《南海县志》县域舆图里的巡

---

① （明）万历《南海县志》卷一《舆地志·都里》。

检司为6个。在明代广东方志中的《坊都》《里甲》等类目中，都未提及巡检司，也无其与堡村、图甲间的统辖关系。随着巡检司对村庄事务的深度介入，从而为其统辖村庄创造了一定的空间。至少从明代中后期开始，巡检司与广东的堡、图等组织之间开始建立起某种形式上的统辖关系。在万历《南海县志》中最早出现了巡检司统辖乡都的明确记载："乡则六巡司系焉。金利巡司所辖为金利都，东抵省城界，西抵三江界，南抵神安界，北抵番禺界。……五斗口巡司所辖为西淋都，东抵番禺海界，西抵黄鼎界，南抵顺德界，北抵神安界。"[①] 到了清初，巡检司管辖乡都及其辖区的文献逐渐增多，这种捕巡辖区作为一种新的地域单元开始被方志编纂者所接受，至清末各种版本的《南海县志》中，都记载着捕巡辖区与地方基层单元的统辖关系，"司"作为一个地域概念开始出现[②]，形成了"司（巡检辖区）—堡—村"的基本层级结构。在方志的南海县域舆图的标注中就形成了以"司—堡"为区划层级基本框架，光绪《广东舆地全图》中的《南海县图》更是详细标注了一些主要村落，反映出南海县域的"府—县—司—堡—村"的基本城镇结构。而且清乾隆以后的《南海县志》都专门绘编有各巡检司和各堡的舆图，进一步描绘了南海县域的地理空间。

三 县域舆图中的"广佛同城"

在明清时期的广州府舆图、南海县舆图中，广州和佛山都是同时出现的，"广佛同城"很早就从舆图中呈现出来。

隋开皇十年（590）分番禺县设置"南海县"，佛山历史上隶属于南海县，原称"季华乡"。唐贞观二年（628），村民在塔坡冈获三尊小铜佛像，遂将冈名称"佛山"，"季华乡"改为"佛山乡"。五代十国时期，南汉将南海县改名"咸宁县"，"佛山乡"改为"永丰场"。宋开宝四年（971），恢复南海县名，永丰场改为"佛山堡"，设置西淋都，扩大季华乡，共辖十堡，归南海县辖，"佛山堡"的称呼一直沿用到清末。明景泰三年（1452），因佛山抗击黄萧养叛军有功，被敕封为"忠义乡"，故在道光《佛山忠义乡志》中的佛山舆图又称为"忠义乡域图"。

"佛山"见诸志书中，在元大德《南海志》中被称为"佛山渡"（见图5-4）。与佛山有关的信息出现在巡检司标注的志书舆图中。如前所述，

---

① （明）万历《南海县志》卷一《舆地志·疆域》。
② 胡恒：《"司"的设立与明清广东基层行政》，《清史研究》2015年第2期。

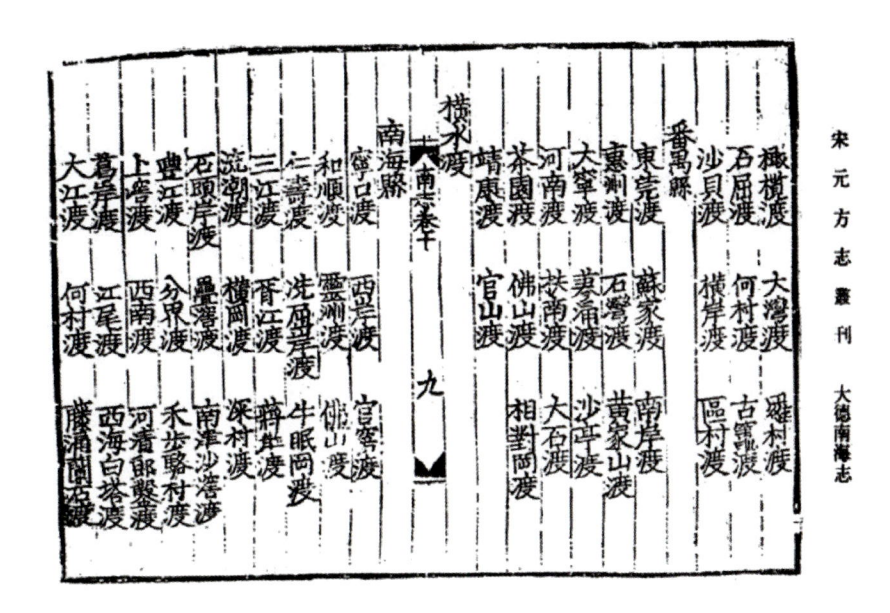

图 5-4 （元）大德《南海志》中的"佛山渡"

明代以后，巡检司开始作为一个地理区划概念被方志纂修者接受，明初佛山堡属于西淋巡检司。"盖天下产铁之区，莫良于粤，而冶铁之工，莫良于佛山。"① 明代，随着佛山冶铁业的崛起，佛山堡逐渐成为南海县域的富庶之地，也成为明正统十四年（1449）黄萧养叛军的掠取之地，"闻富户多聚于佛山，欲掠之"。② 由于黄萧养之乱，明景泰三年（1452）析南海县设置顺德县，并在南海与顺德接壤的地域添置五斗口巡检司，五斗口巡检司辖佛山堡。为抗击黄萧养叛军，佛山堡的 15 个村被木栅分为 24 铺，建立了铺区制度。此"铺"不同于《永乐大典》南海县图中的"铺"，后者是沿古驿道线设置的"邮铺"，而佛山堡的"铺"既有防御的军事目的，又有工商业集聚的特点，打破了以自然村落为基础的地理空间，标志着佛山城市雏形的形成，为佛山镇经济的发展创造了条件，经过清代康雍乾时期的快速发展，佛山已经名列天下"四大镇"③ 和"四大聚"④ 之一。康熙时期，吴震方在《岭南杂记》中记载："佛山镇，离广州四十里，天下商贾

---

① 张心泰：《粤游小识》卷四，第 9 页。
② 《粤小记》卷三。
③ （民国）冼宝干：民国《佛山忠义乡志》卷首二。
④ （清）刘廷献：《广阳杂记》卷四，中华书局 1957 年版，第 193 页。

皆家焉。烟火万家，百货骈集，会城百不及一也。"① 同时代的迹删鹫在《咸陟堂集》言："佛山为南海巨镇，货贝之所出入，仕宦商旅之所往来，声华文物之盛，拟诸京邑。"② 咸丰年间，陈徽言在《南越游记》中记载："俗称天下四大镇，粤之佛山与焉。镇属南海，商贾辐辏，百货汇集，夹岸楼阁参差，绵亘数十里。南中富饶繁会之区，无逾此者。"③ 佛山已经发展成为一座超级市镇，至道光十年（1830），已是"人稠地广，烟户十万余家"④，人口达到约60万⑤，"实岭南一大都会"⑥，为明清时期全国主要的特大城市和大城市之一（见表5-4）。

表5-4　　　　　　　　　　明清时期全国城镇等级规模统计

等级规模	城镇数（个）	城市（镇）名称
特大城市 （100万人以上）	3	南京、北京、苏州
大城市 （50万—100万人）	9	扬州、杭州、广州、汉口、福州、佛山、天津、上海、厦门
中等城市 （20万—50万人）	约100	松江、镇江、淮安、常州、仪征、湖州、嘉兴、建宁、武昌、荆州、南昌、吉安、临江、清江、开封、济南、济宁、德州、临清、桂林、太原、平阴（临汾）、蒲州（永济）、成都、重庆、泸州、九江、浒墅（苏州西）、芜湖、宁波、廉州（合浦）、沙市、河间、保定、宣化、西安、徽州、东昌（聊城）、池州、徐州、泉州等

资料来源：顾朝林：《中国城镇体系——历史·现状·展望》，商务印书馆1992年版，第115页。

自万历《南海县志》开始，南海县域舆图中都有五斗口巡司和佛山堡，而且随着佛山经济地位的改变，南海县域舆图的佛山地理信息也有所变化。一方面，区别于南海县其他各堡，佛山堡所辖由"村"变"铺"。道光以后，《南海县志》中的佛山堡图都有各铺边界划分。另一方面，佛山堡范围

---

① 吴震方：《岭南杂记》。
② 《咸陟堂集》卷五《龙矗祠重浚锦香池水道记》。
③ 陈徽言：《南越游记》卷一。
④ （清）吴荣光：道光《佛山忠义乡志》卷十二《金石志下》。
⑤ 佛山市地方志编纂委员会：《佛山市志》，广东人民出版社1994年版，第199页。
⑥ （清）陈炎宗：乾隆《佛山忠义乡志》卷一《乡域志·佛山镇论》。

内官衙的舆图注记开始出现。乾隆《南海县志》中出现了五斗口司图,该图中佛山堡的注记比较丰富,有大墟、盘古新墟、普君墟、早市、公正市等商业墟市,有汾水正埠、接官亭等津渡,还有都司署等官衙,成为五斗口司所辖各堡的中心。道光以后,《南海县志》中的县域舆图与五斗口司图中都有五斗口司署、佛山分府、都司署、同知署和彩阳营等官衙标注,这是佛山文武四衙的设置在县域舆图注记上的反映。明代官府没有在佛山设立机构,随着佛山商贸巨镇的形成,"该镇延绵十余里,烟户十余万。五方杂处,易于藏奸。缘距县治五十余里,南海省会附郭,治理繁剧,一应稽查,鞭长莫及",① 需要加强市镇管理。从康熙四十九年(1710)开始,有最早驻防官佛山都司,佛山千总署驻扎在彩阳堂铺的彩阳营,于雍正元年(1723)建署,雍正十一年(1733)设佛山直隶厅,直辖于广州府,同年设立佛山同知署,次年更名为广州府佛山分府;嘉庆年间,五斗口巡检司又从平洲堡移回佛山。佛山同知署、佛山都司署、佛山千总署和五斗口巡检司署就是清代前期佛山陆续设立的文武四衙,佛山文武四衙的设立,有助于市镇工商业的发展,为以后佛山镇成为南海县行政治所的标志。②

"广佛同城"是建立在彼此的经济发展和功能互补基础上的。明末清初,佛山与省府广州同为财货之地,佛山商业繁荣甚至胜于广州。据有关公私文献记载,往往把广佛、省佛并称,形成珠江三角洲城镇体系中的"广佛"双中心的二元格局。③ 岭南地区出现了一个持续三百年的经济发展的高峰期,以广州、佛山为中心的城市体系得到系统发展,其城市化程度居全国领先地位,广州、佛山两大中心城市功能互补,罗一星将这一时期称为"广佛周期"。④ 南海县和番禺县分治省府广州,广州府城西部由南海县管辖,在道光《广东通志》的南海县图中,出现了显著的佛山镇标注,省府广州与佛山镇同时出现在南海县舆图中,成为最早的"广佛同城"的舆图注记(见图5-5)。

---

① 《朱批谕旨》第52册,第13—14页。
② 1912年,南海县署迁佛山镇,佛山开始成为南海县行政中心。
③ 邱衍庆:《明清佛山城市发展与空间形态研究》,中国建筑工业出版社2014年版,第134页。
④ 罗一星:《论广佛周期与岭南的城市化》,《中国社会经济史研究》2009年第3期。

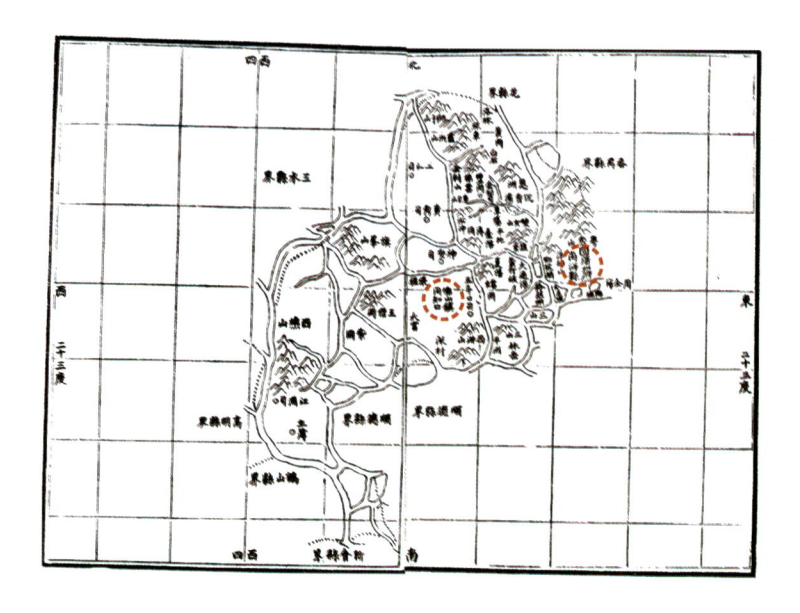

图 5-5　南海县图（道光《广东通志》）

第二节　佛山舆图的景观意象

  方志舆图是中国特色文献——方志的重要组成部分。佛山方志舆图主要收录在《南海县志》和《佛山忠义乡志》之中。清道光、同治、宣统三个版本的《南海县志》中都有佛山堡图。清康熙年间，《佛山忠义乡志》初次由李待问编纂，但现已无存。现今存有以下三个版本：陈炎宗等编纂、乾隆十七年《佛山忠义乡志》，吴荣光等编纂、道光十年《佛山忠义乡志》，冼宝干等编纂、民国十五年《佛山忠义乡志》，三个版本的《佛山忠义乡志》中的舆图如表 5-5 所示。其中，民国《佛山忠义乡志》的舆图最多，涵盖舆地、山川、水利、教育、慈善、祠祀、风土等内容。景观是一个历史悠久的地理学概念，理查德·哈特向认为，景观是"地区某种独特而真实的面貌"，是"地球表面上某一片段及其相应的天空部分给我们唤起的总印象"。[①] 可见，景观既是客观存在，又是一种主观意象。志书舆图是

---

①　［美］理查德·哈特向：《地理学的性质——当前地理学思想述评》，商务印书馆 1996 年版，第 192 页。

使用各种图式符号和注记将某地具有地域特色的历史景观表示出来，反映方志编纂者或者舆图绘制者认知的一个地域的综合景观意象。本节主要通过解读《南海县志》和《佛山忠义乡志》中佛山舆图里的图式符号、注记所承载的历史景观信息，分析佛山舆图里的景观意象。

表 5-5　　　　　　　　　《佛山忠义乡志》的舆图

序号	舆图名称	备注
1	佛山总图	（清）乾隆《佛山忠义乡志》卷一
	灵应祠图	
2	忠义乡域图	（清）道光《佛山忠义乡志·图》
	五斗口司署全图	
	佛山形势龙脉图	
	灵应祠图（八景内庆真楼观）	
	佛山八景全图	
3	佛山封域图	民国《佛山忠义乡志》卷首之二
	五斗口司图	
	山川形势图	
	各铺街道图	
	三江源委图	
	内外基围图	
	旗带水道图	
	灵应祠平面图	
	尊孔会图	
	佛镇义仓图	
	佛山忠义学堂平面图	
	塔坡禅寺图	
	莺岗古迹图	

一　县志与乡志舆图中的景观差异

美国城市学家凯文·林奇的城市意象地图（cognitive maps of city）是人脑中再现的城市环境意象，是通过访谈、受访者绘制城市地图和简要描述而获取城市的公众意象,由路径、标志、节点、区域、边界等基本符号组成。① 方志舆图作为古代城市地图,反映了当时人们对其所生活城市的共同认知,与林奇的城市意象地图有很多相似之处。从这个意义上讲,写意的、类似山水画的方志舆图就是中国古代城市景观意象的写照。本节以道光、同治《南海县志》中的"佛山堡图"与乾隆、道光《佛山忠义乡志》中的"佛山总图"和"忠义乡域图"为研究对象,通过定量读取、归纳舆图中的景观意象元素,比较县志与乡志佛山舆图中的景观意象差异。

(一) 佛山舆图中的景观意象类型

方志舆图是一种描述性地图,直接用高度象形的图式符号来表示城墙、建筑、道路、桥梁、山川等各类地物,一个图式符号就是一个意象元素,组合起来就构成了城市整体景观意象。② 佛山舆图的图式符号有象形符号和几何符号两种。象形符号多用来表示官署、庙宇、冈丘、书院、亭榭、牌坊、营汛和炮台等景观;几何符号用单虚线表示道路,单曲线表示各铺的界限,双曲线表示河涌(如乾隆《佛山忠义乡志》中增加了波纹线),还有桥梁、墟市和水闸也用几何符号表示,也有直接用文字符号表示的,如田野、铺、墟、八景等文字注记。但一般图式符号都附有文字说明,"图式符号 + 文字标注"是常见的表现形式(见图5 – 6)。

结合道光、同治《南海县志》中的"佛山堡图"与乾隆、道光《佛山忠义乡志》中的"佛山总图"和"忠义乡域图",将这些佛山舆图中的图式符号整理归纳为六种景观意象类型(见表5 – 6)。分别是:①政教设施,主要包括衙署、营哨(营汛、口子汛)、炮台、税馆(海关)、乡、铺、村、书院、社学、义仓等由地方政府和地方乡绅组织建设的行政、军事、教育、民政等设施;②交通设施,主要包括道路、河道、舟艇、桥梁等;③信仰建筑,主要包括庙宇、寺观、祠祀等建筑;④商业场所,主要包括墟、市、会馆等商业设施及场所;⑤景观标志物,主要包括亭榭、牌坊、塔阁、八景等标志性景观;⑥自然环境,主要包括冈丘、河涌、田野、津渡、水利等自然和田园景观。

(二) 佛山舆图中的景观意象差异

地图作为传递信息的一种较为直观的方式,可以比文字更加迅速地将

---

① [美] 凯文·林奇:《城市意象》,方益萍、何晓军译,华夏出版社2001年版。
② 阴劼、徐杏华、李晨晨:《方志城池图中的中国古代城市意象研究——以清代浙江省地方志为例》,《城市规划》2016年第2期。

第五章 志书叙事中的佛山书写

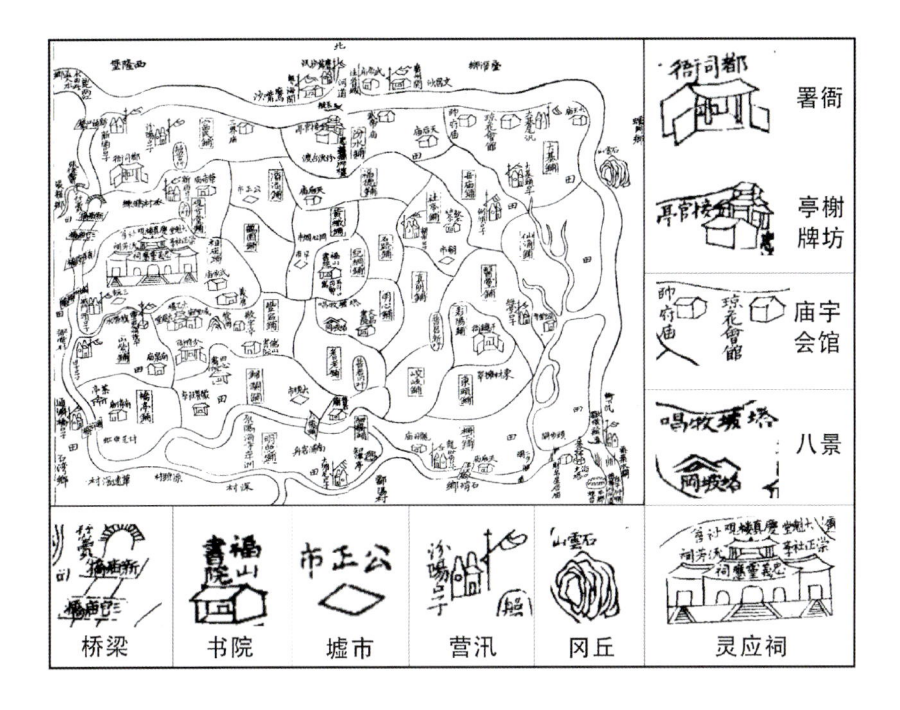

图 5-6 佛山舆图（道光《忠义乡域图》）里的图式符号表示示例

表 5-6 佛山舆图里的景观意象类型

类型	景观意象	舆图示例
政教设施	衙署、营哨（营汛、口子汛）、炮台、税馆（海关）、乡、铺、村、书院、社学、义仓等	
交通设施	道路、河道、舟艇、桥梁等	
信仰建筑	庙宇、寺观、祠祀等	

续表

类型	景观意象	舆图示例
商业场所	墟、市、会馆等	
景观标志物	亭榭、牌坊、塔阁、八景等	
自然环境	冈丘、河涌、田野、津渡、水利等	

地方上的信息传递给阅读者。地图既给读者提供了大量的信息，也在不知不觉中将绘制者的主观意图和地理认知传递给了读者，地图有主观性，地图中隐含着权力、意志与秩序。① 明清时期，地方志书修纂往往受命于官府，大体为地方官员主修，再聘请专人进行方志纂写、绘图和编校。经费来源以官方拨款为主，同时也有民间捐纳。道光《南海县志》和同治《南海县志》均是由官方主持修纂的志书。清代的佛山虽有文武四衙，但佛山民间高度自治，正如清初南海人陈子升所说："夫治佛山不必置官，即以省会之官治之。……其何故也？佛山之人习于城邑。"② 《佛山忠义乡志》是民间修志，其撰写是乡贤自发组织，秉承前人意志，由地方具有影响力的士绅牵头主修，集地方之力自主完成。比如：乾隆《佛山忠义乡志》的主修陈炎宗是乡试解元，又登进士，官任翰林院庶吉士。佛山同知沈生遴赞其为"领袖群英，世居南海之佛镇"。③ 根据前面的景观意象类型划分，对佛山舆图中的景观意象元素进行统计（见表5-7），以比较官方志书与民间志书舆图中的景观意象差异。

---

① 唐晓峰：《人文地理随笔》，生活·读书·新知三联书店2006年版，第271—279页。
② 道光《南海县志》卷八《舆地略四》。
③ （清）陈炎宗：乾隆《佛山忠义乡志》卷十二《金石下》。

表 5-7　　佛山舆图里的景观意象元素及数量统计

舆图类型	佛山堡图（道光《南海县志》）	佛山堡图（同治《南海县志》）	佛山全图（乾隆《佛山忠义乡志》）	忠义乡域图（道光《佛山忠义乡志》）
政教设施	五斗口司署、都司衙、分府衙、千总衙、粤海关、广州关；汾阳口子、新涌口子、鹰嘴沙汛、大基尾汛、栅下汛、大基头口子、新庙口子、朝市口子、弼头口子、经堂口子、城门头口子、山子口子、通济桥口子、大塘尾口子、龙母庙口子、本乡炮台；佛山书院、田心书院、文昌书院、蒙养社学、敦本社学、崇正社学、社仓、义仓、铺（27）、乡（5）、村（5）	五斗口司、都司、分府；粤海关、汾阳汛、新涌口汛、鹰嘴沙汛、大基尾汛、栅下汛、大基头口子、新庙汛、朝市汛、弼头口子、经堂口子、城门头口子、山紫汛、经堂口子、龙母庙口子、佛山炮台、碉楼（5）；佛山学堂、田心书院、文昌书院、蒙养社学、敦本社学、永安社学、崇正社学、大魁堂、社仓、义仓、铺（27）、堡（5）、村（1）	都司衙、千总衙、分府衙；栅下汛、大基汛、汾阳口子、新庙口子、大塘尾口子、通济口子、山子口子、城门头口子；税馆、文昌书院、崇正社学、铺（27）、堡（1）、乡（5）、村（4）	都司衙、千总衙、千总衙、五斗口司；粤海关、广州关；鹰嘴沙汛、新庙口子、汾阳口子、新涌口子、城门头口子、山子口子、通济桥口子、大塘尾口子、龙母庙口子、栅下汛、经堂口子、朝市口子、弼头口子、大基头口子、大基尾汛、本乡炮台；福山书院、佛山书院、文昌书院、田心书院、蒙养社学、敦本社学、崇正社学、大魁堂、社仓、义仓、铺（27）、堡（1）、乡（5）、村（5）
	67	67	50	70
交通设施	桥梁①（9）、河道②（3）	道路③、桥梁④（通津桥、新庙桥、通济桥、二步桥、平政桥等）（12）、正埠渡、石云山渡、河道	河道、桥梁（通济桥、城门头桥、新庙桥、细桥头、大桥头、黄鼎界）、正埠	河道（3）、桥梁（新涌口桥、新庙桥、三官庙桥、镇南桥、城门头桥、通济桥、平政桥、大桥头、细桥头）、义艇、文阁横水艇
	12	16	8	14

---

① 道光《南海县志》佛山堡图的桥梁未注记名称。
② 有标注的河道记为1个景观要素，比如：往省城河道、西北两江由此入本乡。
③ 同治《南海县志》佛山堡图的道路以虚线表示，没有名称注记，记为1个景观元素。
④ 同治《南海县志》佛山堡图绘有桥梁12个，其中，有名称注记5个。

续表

舆图类型	佛山堡图（道光《南海县志》）	佛山堡图（同治《南海县志》）	佛山全图（乾隆《佛山忠义乡志》）	忠义乡域图（道光《佛山忠义乡志》）
信仰建筑	忠义灵应祠、天后庙	国公庙、武帝庙、二帝庙、大王庙、帅府庙、盘古庙、观音堂、舍人庙、花王庙、天后庙（3）、字祖庙、南泉庙、南济庙、龙王庙、灵应祠	经堂、天后庙（3）、龙母庙、武帝庙（3）、观音庙（3）、三界庙、仁寿寺、流芳祠、灵应祠	武帝庙（3）、三界庙、大王庙、帅府庙、天后庙（3）、华帝庙、大慈堂、太乙楼、城隍庙、经堂寺、南泉庙、南济庙、普君庙、龙母庙、财帛星君庙、忠义灵应祠、流芳祠
	2	17	15	21
商业场所	盘古墟、大墟、普君旧墟、普君新墟、公正市、早市、朝市、三元市、大晚市	大墟、普君旧墟、普君新墟、太上墟、公正市、早市、朝市、三元市、晚市	盘古墟、大墟、猪仔市、大晚市、早市、公正市、三元市、琼花会馆	盘古墟、大墟、普君旧墟、普君新墟、公正市、早市、朝市、三元市、大晚市、琼花会馆
	9	9	8	10
景观标志物	海口文塔、接官亭、八景①	文阁	茶亭、文阁、接官亭、知津亭、灵应祠旗杆、八景	茶亭、海口文塔、接官亭、忠义乡牌楼、知津亭、灵应祠旗杆、八景
	4	1	13	14
自然环境	石云山、莺冈、塔坡冈、旗带水、田头关闸、二步闸、海口水闸、孖窦、张槎窦、鹰嘴沙、文昌沙	蜘蛛山、莺冈、细窦（2）、文昌沙、鹰嘴沙、鸭沙疍户	石云山、莺冈、塔坡冈、旗带水、田、文昌沙、鹰嘴沙、疍家沙	石云山、莺冈、塔坡冈、旗带水、田、头关闸、二步闸、海口水闸、孖窦、张槎窦、文昌沙、鹰嘴沙
	12	7	8	12

以现代技术眼光来看，古代方志舆图好像大多无用，道里、方位、方

---

① 道光《南海县志》佛山堡图只标注了八景中的孤村铸炼和村尾垂虹。

向都不准确，但地图背后的文化思想却值得关注。侯仁之先生早就指出，古代的许多地理"志书"都有行政管理意义。传统方志舆图可以说是一区的形势，显示一区的政教，体现的是传统社会空间秩序。直到清末民初，旧的政治、社会秩序仍未解体，方志舆图也大多采用传统的中国地图绘制方法，通过舆图的景观意象仍然能传递出传统社会秩序的意志。

无论是官方主修的《南海县志》中的佛山堡图，还是地方主修的《佛山忠义乡志》中的乡域图，政教要素都居于首位。如表5-7所示，在各类景观意象要素中，政教设施的数量最多，包括佛山镇铺区以及周边邻近的堡、乡和村的名称。官方设施有行政和乡防设施，主要包括文武四衙（五斗口司署、都司衙、分府衙和千总衙）、税馆（粤海关、广州关）、乡防（营汛、口子汛、炮台）等。教育设施有书院、学堂和社学，社学是地缘性的教育组织，由官府创办，到清代，佛山的社学大多失去了教育功能，代之而起的是由民间士绅集资而建的书院、学堂，尤以佛山书院、田心书院最为著名。另外，还有两类较特殊的建筑，一类是社仓和义仓。社仓是官府为备饥荒而建的仓库，佛山社仓原为五斗口司的十堡共有，后九堡退出，归佛山堡独管，但由于资金减少，积谷不多，遇到较大灾害时，常常入不敷出。佛山乡绅利用民间资本创建义仓以缓解单靠社仓赈济不及的局面。另一类是大魁堂。舆图里把大魁堂与崇正社学的注记并列，崇正社学是佛山最重要的社学，具有士子课文和绅士祭祀文昌的功能，大魁堂是设在崇正社学的组织机构，主要功能是全镇士绅议决乡事，成为清代佛山地方权力的中枢。

佛山舆图的景观要素构建起古佛山镇冈丘散布、河流环绕的自然环境景观意象。在自然环境景观要素中，以象形图符表示散布的冈丘，如石云山、塔坡冈、莺冈和蜘蛛山等，更多的是河涌景观要素，有内河涌明暗沟渠，密如织网，分流四方，舆图中标注了最有代表性的"旗带水"，该渠道由灵应祠前七星塘起，至南泉庙沿水口石窦流出大涌，全长424丈7尺，水深5尺，渠宽由6尺而至1丈2尺（见图5-7）。还有沿河基围淤积而形成的文昌沙、鹰嘴沙、疍家沙，以及沿环绕全镇的河涌而设，起到调蓄、灌溉作用的窦闸。佛山水路交通便利，反映在交通设施的景观要素上，有四方相通的河道，有对外交通和内部往来的桥梁，如通济桥、大桥头、城门头桥、平政桥、镇南桥和三官庙桥等。值得注意的是，道光《佛山忠义乡志》记载的桥梁有很多，但在"忠义乡域图"中只标出了9座桥梁，其中有6座集中在西边的佛山涌河道上，有3座在南部的南浦涌，这说明道光年间佛山镇与西部的石湾等乡堡经济联系更为密切。佛山沿河多有津渡码头，在舆图中标出的正埠又称"佛山大码头"，位于佛山水道与佛山涌交汇之北岸，是进出佛山、连同广州的门户，为明清两代佛山官方码头。另外，很多河岸码头还有横水渡，在"忠义乡域图"中往平洲的河道上，就形象地绘出了横水艇。

图 5-7　旗带水道图（民国《佛山忠义乡志》卷首二）

出于行政和军事管理的需要，许多方志舆图中出现的大多是政教设施，往往忽略了民众生活的空间。随着很多地方士人参与到地方志书的修撰中，他们除关注"庙堂"之外，更乐于记录和撰写当地的山川风貌、名胜古迹、商铺市集、诗词文章和名人风俗，来宣扬地方悠久的历史、繁荣的文化、环境的优美，以达到提高知名度的目的，成为"乡土情结"的表现，因此，地志中多出现古迹图、风景图。① 民间修纂的《佛山忠义乡志》所表现的"乡土情结"也比较突出，通过对比《南海县志》的"佛山堡图"与《佛山忠义乡志》的"佛山总图"和"忠义乡域图"中的景观意象要素，发现它们都标出了与民众生活相关的信仰建筑、商业场所和景观标志物，而后

---

① 王旭：《论宋代图经向方志的转变——以图的变化为中心》，《史学史研究》2016 年第 2 期。

者的信仰建筑和景观标志物的数量远高于前者,表达更为详细,可以说是对当时佛山镇生活风貌的地方书写。

(1) 精神空间的书写。除政教建筑外,在方志地图上被显著地画出来的,还有一些宗教性建筑,绘出的主要是合法宗教的寺庙和被认可的祭祀场所,不包括"淫祠淫祀"。清代地图中开始出现的民间庙宇,这些宗教性建筑常常在地方志中被显著地标志在地图上,显而易见,这些祭祀供奉神灵场所的精神空间、信仰空间,在当时的官员和士绅,以及编写方志的士人眼中,和公廨衙府这样的权力空间一样重要。明清时期,南海人多建神庙,佛山属南海。"吾佛土为大镇,合二十四铺。地广人稀,神庙之多,甲于他乡。"① 也有"粤人尚鬼,而佛山为甚"② 的说法。可见明清时期佛山民间信仰之盛。灵应祠是佛山信仰空间的核心,在《南海县志》和《佛山忠义乡志》舆图中都有显著的标注,民间信仰景观元素在道光《南海县志》舆图中很少,到同治《南海县志》中显著增加,乾隆、道光《佛山忠义乡志》舆图中的信仰建筑景观元素更为丰富,书写了民间神佛世界的精神空间。

(2) 商业空间的书写。有学者认为,古代志书舆图"目中无人"③,只书庙堂,不写市井。不同于其他乡堡,佛山是典型的工商业巨镇,陈威言在《南越游记》中称其为:"商贾辐辏,百货汇集,夹岸楼阁参差,绵亘数十里。南中富饶繁会之区,无逾此者。"④ 佛山镇的墟市向来发达,形成了佛山重要的商业文化景观。佛山最早形成的市场是宋代在栅下铺的米艇头市场。明代,随着市镇向北扩散,墟市扩展到佛山镇的中部地区,乃至汾江河沿岸,形成了"三墟六市",其中,三墟是指普君墟、大墟和盘古墟,六市是指早市、朝市、晚市、三元市、公正市和官厅市。清代佛山镇的墟市已经遍及全镇,达到了"六墟十七市"。⑤《南海县志》和《佛山忠义乡志》舆图中都标注了佛山重要墟市,《佛山忠义乡志》舆图中绘出的琼花会馆,为佛山粤剧戏班行的会馆,建于清乾隆年代,是岭南粤剧行最早的会馆。这些商业场所的景观元素都让佛山舆图多了些人间烟火气。

---

① 《南海佛山霍氏族谱》卷十一《重修东头张真君庙记》。
② (清) 陈炎宗:乾隆《佛山忠义乡志》卷六《乡俗志》。
③ 葛兆光:《古舆图别解——读明代方志地图的感想三则》,《中国测绘》2004年第6期。
④ (清) 陈威言:《南越游记》卷一。
⑤ 六墟是指普君墟、大墟、盘古墟、普君新墟、太上墟和麻钉墟;十七市是指早市、朝市、晚市、三元市、公正市、官厅市、大基尾市、大基头市、安市、镇北市、三角市、圭市、禄丰社市、新涌口市、细桥头市、金兰桥市和鹰嘴沙市。

(3) 景观标志的书写。佛山四面环水,"水脉"在佛山景观要素中占有重要地位,围绕水环境往往构成地方景观标志。"风水之法,得水为上。"风水格局强调在水口要有水口砂,水口砂既要险要,又须至美,以壮观瞻,故常有"水口间有大桥、林木、佛祠"或"建台立塔",成为聚落标志性景观(见图5-8)。《南海县志》和《佛山忠义乡志》中的佛山舆图都突出了南北两个水口的景观标志。一是在佛山镇北面正埠两岸的分水口,舆图绘有接官亭、忠义乡牌坊,此间河道"益深且广。……对岸有关帝庙,其下绝深不可测"。① 明清时期,中外客商到佛山镇,多在此岸登陆,官吏也在此处接送,有商贾云集、舟船"朝贡"之盛况。正埠码头上有接官亭(又称汾江亭)、忠义乡牌坊,与隔江相望的武帝庙(水上关帝庙)成为汾江水口的标志性景观建筑,此处的"汾流古渡"(清代佛山八景之一)也成为佛山镇重要的地理景观。二是在佛山南部的栅下海口,为佛山镇的去水口,在海口处,佛山舆图都绘有文塔,《佛山忠义乡志》称,登塔而望,"塔外古松苍翠,与日影波光相映……夜则渔灯并海月分辉"。② "海口浴月"据说是明代佛山八景之一③,海口文塔成为佛山镇重要的人文景观。此外,佛山涌沿岸的茶亭、南济庙和通济桥位于佛山镇西南的出入口,日照桥影于河中,如天垂长虹,所构成的"村尾垂虹"成为清代佛山著名的八景之一。"廿七铺奉此为祖,亿万年唯我独尊。"④ 在佛山镇的中心,佛山舆图围绕灵应祠(祖庙),以灵应祠旗杆、忠义灵应祠、流芳祠、崇正社学(大魁堂)和庆真楼组成标志性的景观意象群,成为佛山镇最核心的景观标志,也是清代佛山著名的八景之一"庆真楼观"。

最后,值得注意的是,很多县域图和城池图最醒目,常常在舆图中心的是府县官署衙门的所在,为政治权力的象征,由此构成封建王朝在地方的空间社会秩序的景观意象。明清时期,佛山向来不是行政治所,虽有"文武四衙"在舆图中标注,但大多偏居四隅,在官方主修的道光、同治《南海县志》的佛山堡图中,忠义灵应祠(祖庙)也没有被突出地表示出来。清初南海人陈子升认为:"夫治佛山不必置官,即以省会之官治之。……其何故也?佛山之人习于城邑。"⑤ 所谓"习于城邑",是指佛山

---

① (清)吴荣光:道光《佛山忠义乡志》卷一《乡域志·山川》。
② (民国)冼宝干:民国《佛山忠义乡志》卷十《风土二·名胜》。
③ 区瑞芝:《佛山新语》,佛山,1992年版,第69页。
④ 灵应祠(祖庙)前殿右门木雕对联,为清末佛山人冼宝干所撰。
⑤ (清)吴荣光:道光《佛山忠义乡志》卷十一《乡事志》。

人具有镇事自决的能力和习惯。实际上，明清时期佛山的权力一直由士绅阶层把持，佛山文武官员也需倚重他们。忠义灵应祠（祖庙）和崇正社学（大魁堂）作为佛山民间信仰中心和议决镇事的场所，成为佛山地方权力的中枢与象征，在由民间修纂的《佛山忠义乡志》的佛山舆图中，忠义灵应祠景观群自然构成佛山舆图的空间核心，成为佛山空间社会秩序在舆图世界里的地方书写。

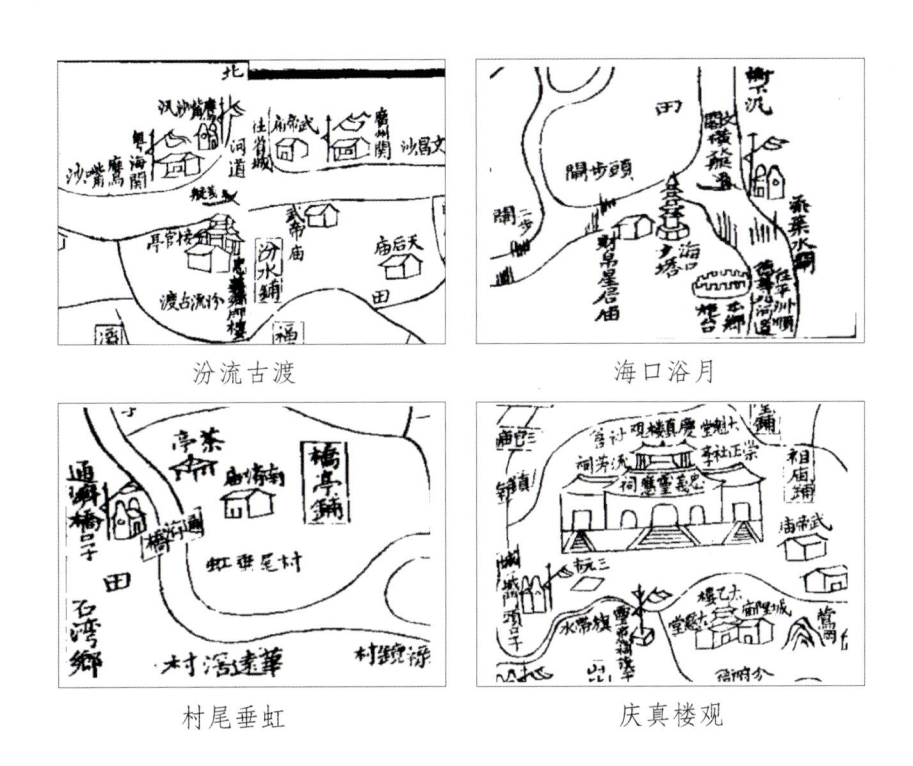

汾流古渡　　　　　　　　海口浴月

村尾垂虹　　　　　　　　庆真楼观

图 5-8　佛山舆图中的景观标志

二　《各铺街道图》中的景观书写

自清康熙年间西方绘图技术开始传入中国，至清末民初，大量全国性的现代测绘机构相继成立，绘制了为数不少的现代地图。① 民国《佛山忠义乡志》所载的《各铺街道图》是采用详细测绘的街道地图，其科学性和精确度得到提高。图中的文字注记写道："图为测绘局缩本，兼收四沙、外河、内涌及铁路一切建置，无不备载，街道尤详。原本一大幅，以摺钉不

---

① 阙维民：《中国古代志书地图绘制准则初探》，《自然科学史研究》1996 年第 4 期。

便，做一统志例，分部立图。"① 可见，该图是由当时测绘局统一编制的现代地图，详细记载了佛山镇的街道、河涌、房屋等地理信息，由于编制《佛山忠义乡志》的需要，将原图按佛山镇的北部、中部和南部拆分成五张分图，每张分图又分为两页。《佛山忠义乡志》中没有注明该地图的测绘时间，由于该《佛山忠义乡志》编纂于民国十二年（1923），因此，该图应当是在之前已经绘制完成。广东省的现代测绘发展始于清同治年间，为修编《大清一统舆图》，广东设立舆图局。民国元年成立广东陆军测量局，在1912—1914年前后测绘了大量地图。民国十五年（1926）广东成立土地厅，旋即大量修改翻印了1912年以来广东陆军测量局测绘的地图。除此之外，20世纪30年代之前，广东没有大规模的测量记载，由此可以推断该图的底稿是在民国初立之后测绘的，只是在印刷的时候对若干标注有所修改。在民国十九年（1930）的《南海县政季报》中，收录有《南海县佛山城市街道全图》，该图与《佛山忠义乡志》中的《各铺街道图》（见图5-9）制图方法和资料内容有极高的同质性，应该都是在相同的测绘地图基础上编绘而成的，但是，图幅更加清晰，而且增补了西边的聚龙沙、拆船栏等处。民国时期，佛山城市改造开始于1929年跨江的中山桥的修建，之前佛山的部分建筑尽管也有改建、新建，但对佛山城市的整体空间形态影响微弱。可以说佛山《各铺街道图》反映了清末民初佛山镇的空间形态。《各铺街道图》的地图要素基本齐全，用几何图例表达地理信息，地名注记内容也很丰富，绘制和书写了清末民初佛山镇的城市景观意象。

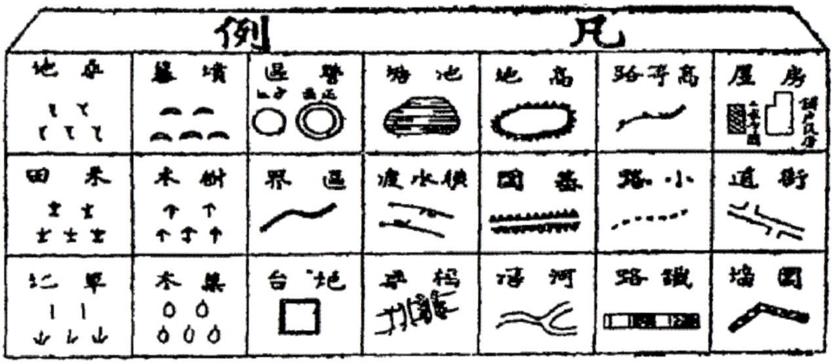

图5-9 《各铺街道图》的图例

---

① （民国）冼宝干：民国《佛山忠义乡志》卷首二《各铺街道图》。

（一）万瓦齐鳞，千街错绣

明代以前，佛山堡的田园广阔，当时八图①"土著"置地极易。如纲华陈氏的陈宣义，从元至正年间到洪武初年，二十年间，"置有田园共八顷零"。② 随着明代佛山冶铁业的发展，吸引了大量各省客商和冶铁工人，在镇内需要提供大量的房肆和铺屋，但此时佛山堡还保持着农村的基本面貌。③ 至清代，佛山已经发展成为工商业发达的巨镇，尤其康雍乾三朝，是佛山镇工商业繁盛的"黄金时代"。佛山镇大量的空地、水田、桑地转变为城市设施用地（民居、作坊、铺屋、街道和码头等），周边的田塘很多也被住宅建筑占用。例如，乾隆四十九年（1784），商人冯焕"在栅下河边买田数亩，建设硝厂，现行工筑"。④ 道光二十六年（1846），潮盛杉店购买江夏黄氏原有桑地建造码头，以利上落杉条。⑤

这种佛山土地利用景观在舆图中得到了反映。《各铺街道图》图例有公房祠庙、铺户民房、桑地、禾田、果木、树木、草地、高地、池塘、河流、晒布地和坟地等土地类型，利用 ArcGIS 将《各铺街道图》转绘为佛山镇土地利用图（见图 5-10），并对土地类型进行统计（见表 5-8），从统计资料可见，清末民初佛山镇房屋用地占多数，其中铺户民房又占多数，汾江、新涌、洛水及大塘涌等河涌环绕的佛山镇中心区域几乎为房屋用地占用，正如《佛山忠义乡志》所描述的："沿岸而上，屋宇森覆，弥望莫极。其中若纵若横，为衢为衕，几以千数。"⑥ 其他类型用地分布在其周围。农业用地有 4261.3 亩，加上池塘共有 5339.8 亩，农业用地包括桑地、禾田、果木、树木和草地，占总量的 31%，尤以桑地、禾田景观为主，分别占农业用地的 75.52%、21.16%。由图 5-11 可见，佛山街道密布纵横。清乾隆、道光《佛山忠义乡志》分别记载了 234 条、587 条街巷地名，民国《佛山忠义乡志》记载的街巷地名有 1631 条（见表 5-9）。本书对不同时期佛山街巷的通名进行统计，具有"街、路、道、巷、里、坊"街巷通名的使用率反映出城市化程度。一般而言，其使用率越高，城市地名的趋一性越强，城市街巷地名越规范，城市化发展程度也就越高。如表 5-9 所示，清乾隆时

---

① 明洪武年间，佛山堡开始编立图甲，开八图，编八十甲。
② 《佛山纲华陈氏族谱》。
③ 罗一星：《明清佛山经济发展与社会变迁》，广东人民出版社 1994 年版，第 71 页。
④ 《禁设硝厂碑》，载广东省社会科学院历史研究所等编《明清佛山碑刻文献经济资料》，广东人民出版社 1997 年版，第 83 页。
⑤ 《江夏黄氏族谱》。
⑥ （清）吴荣光：道光《佛山忠义乡志》卷十二《金石上·修灵应祠记》。

期，佛山街巷通名的使用率仅63.67%；至道光年间就达到了80.92%，清道光年间，佛山的工商业发展达到了鼎盛，城市化程度已经相当高了。无论是反映城市内部交通的"街、路、道"，还是对城市居民聚落称谓的"巷、里、坊"，都有明显的增加，说明佛山镇的居民聚落逐渐密集，街巷路网结构趋于完善。正如清道光《佛山忠义乡志》所言："佛山商旅所聚，庐肆多于农田。"①《各铺街巷图》书写了佛山镇"万瓦齐鳞，千街错绣"②的景观意象。

表5-8　　　　　清末民初佛山镇土地利用构成统计　　　　单位：亩

名称	斑块数量	斑块最小值	斑块最大值	总和
公房祠庙	351	0.0186	5.1379	1901.5510
铺户民房	1577	0.0255	43.9308	5423.6515
桑地	56	0.3606	610.2998	3218.2401
禾田	24	3.0878	257.5891	901.7361
果木	31	0.1074	5.7644	47.3224
树木	16	0.4537	6.7329	37.2560
草地	12	0.5619	10.1348	56.7516
高地	7	0.3038	3.5554	8.9843
池塘	398	0.1368	19.4122	1078.5096
河流	—	—	—	953.0446
晒布地	6	3.0304	31.7705	66.8753
坟地	1	—	—	50.5969

说明：通过ArcGIS统计的结果是以平方米为单位的，换算成亩，便于和《佛山忠义乡志》中记录的田亩数单位统一。

资料来源：（民国）冼宝干：民国《佛山忠义乡志》卷首二《各铺街道图》。

（二）半是侨居半故家

祠堂既是祭祀祖先、宗族议事的场所，又是宗族聚居空间的核心，往往成为血缘空间的"神圣中心"。《各铺街道图》中的图例将祠堂归为公房

---

① （清）吴荣光：道光《佛山忠义乡志》卷一《乡域志》。
② （清）吴荣光：道光《佛山忠义乡志》卷十一《艺文志下·佛山赋》。

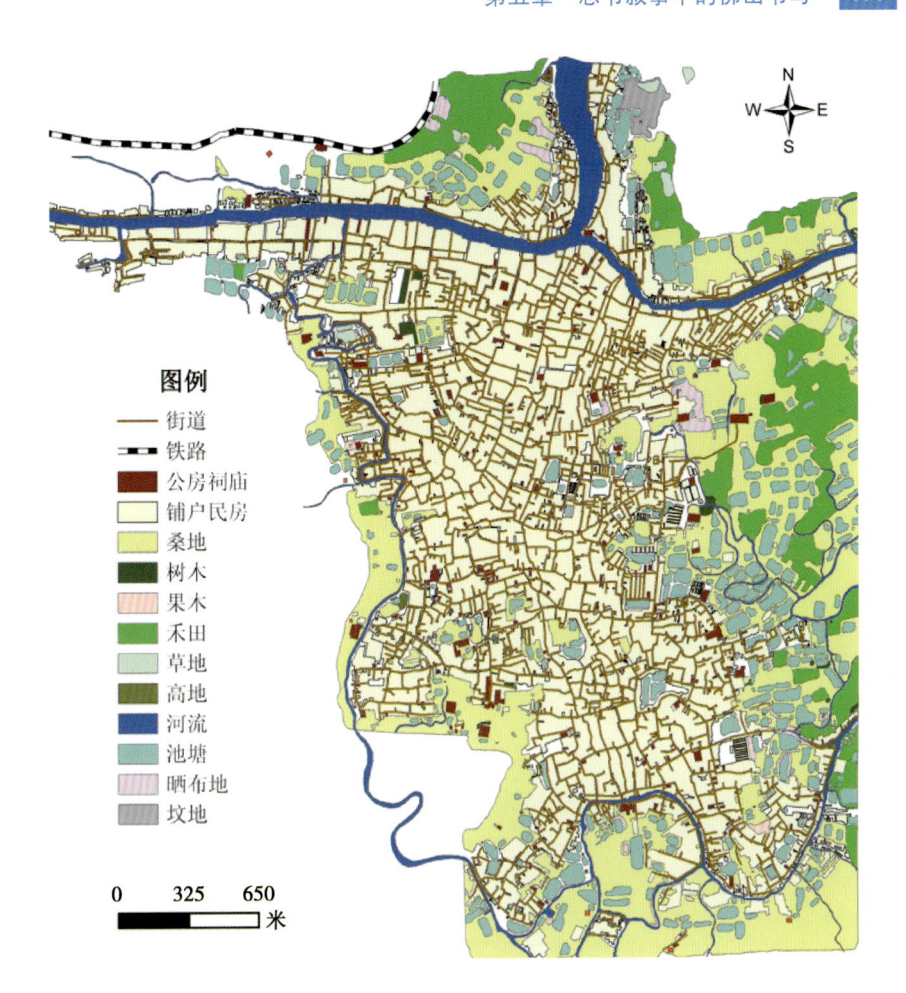

图5-10　清末民初佛山镇的土地利用景观

表5-9　　　　　　　　　佛山街巷地名的通名统计

年代	地名总数	通名为"街、道、路、巷、里、坊"的地名数量及其比例	通名为"街、道、路"的地名数量及其比例	通名为"巷、里、坊"的地名数量及其比例	尾字使用1次、2次、3次的地名数量及其比例
清乾隆	234	149（63.67%）	56（23.93%）	93（39.74%）	40（17.09%）
清道光	587	475（80.92%）	222（37.82%）	253（43.10%）	60（10.22%）
民国初	1631	1429（87.61%）	483（29.61%）	946（58.00%）	62（3.80%）

祠庙类型，而且在图形符号旁都有祠堂名称注记（见图 5 – 11）。据民国《佛山忠义乡志》记载，民国初年，佛山镇共有祠堂 376 座，有的在《各铺街道图》中已经标注，有的能够在图中找到大致位置，基本上能够确定其绝对位置或相对位置的祠堂有 334 座，利用 ArcGIS 绘制佛山镇的祠堂空间分布图如图 5 – 12 所示。

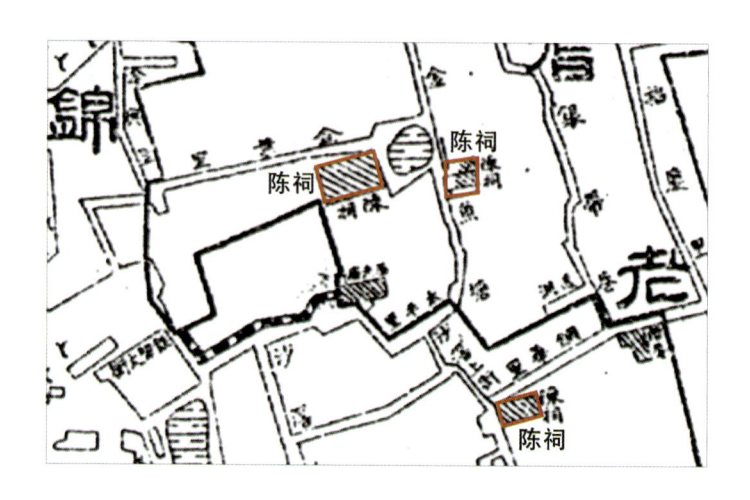

图 5 – 11　《各铺街道图》中的祠堂（金鱼塘陈祠）

佛山镇八图土著祖祠大致围绕着八图合族祠——忠义流芳祠和乡仕祠分布（见图 5 – 12），八图土著祖祠祠堂，特别是李、梁、陈、冼、霍、黄六大姓氏的祠堂占总量的 61.43%。[1] 南部从锦澜铺、耆老铺、突岐铺到东头、栅下铺，以及中部的鹤园铺及其周围的祖庙、黄伞、石路头、纪纲、观音堂和福德等铺的祠堂密度最高，为佛山镇祠堂景观的核心，很多佛山土著宗族的主要祠堂都在这个地区内。清代进入佛山镇的侨寓人口成为商贸活动的主力军，清代前期，佛山的外来人口已占一半。正如梁九图的《佛山》诗云："舟车云集此天涯，半是侨居半故家。"[2] 逐渐产生了新兴的侨寓士绅集团，并在佛山落户生根，侵入传统的土著宗族的地域范围，形成了新的侨寓宗族景观，并对原有宗族聚落空间进行重组，原有土著宗族的势力逐渐被削弱。例如：明代鹤园冼氏极其兴盛。清代佛山侨寓吴氏以盐商起家，家族豪富，购置原鹤园冼氏聚居的鹤园故地改建为"大树堂"。

---

[1]　李凡：《明清佛山城市文化景观演变研究》，中山大学出版社 2014 年版，第 100 页。
[2]　（民国）冼宝干：民国《佛山忠义乡志》卷十五《艺文三·佛山》。

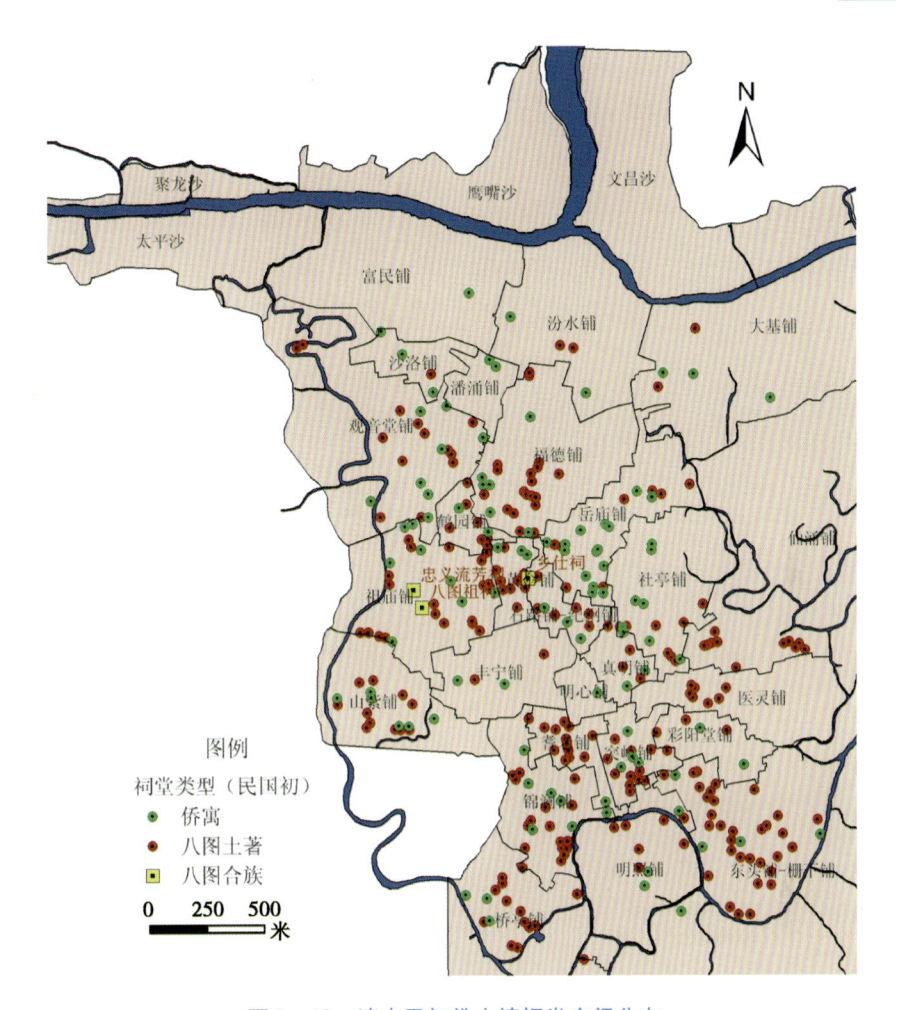

图 5-12 清末民初佛山镇祠堂空间分布

这样,在佛山镇中南部,就呈现出土著祠堂与侨寓祠堂相互混杂的空间格局。另外,通过解读《各铺街道图》中的围墙分布,发现很多与侨寓庄园有关,八图土著传统的聚落空间很少看到四周是围墙的居住地(见图 5-13)。外来商民迁居佛山,大多在佛山镇周边的土地修建庄园住宅,而在侨寓庄园处,一般都有比较醒目的围墙符号,形成了一块块以围墙为标志的既有祠堂又有民居的侨寓庄园,例如:阮家庄、潘家庄、任家庄、刘家庄和梁园①等。

---

① 梁园是清代佛山大盐商梁玉成及其后人的私家园林总称,由十二石斋、汾江草庐、寒香馆和群星草堂四组不同地点、特色各异的园林群体组成。图 5-13 中刺史家庙周围主要是群星草堂和汾江草庐。现在梁园是"粤中四大名园"之一。

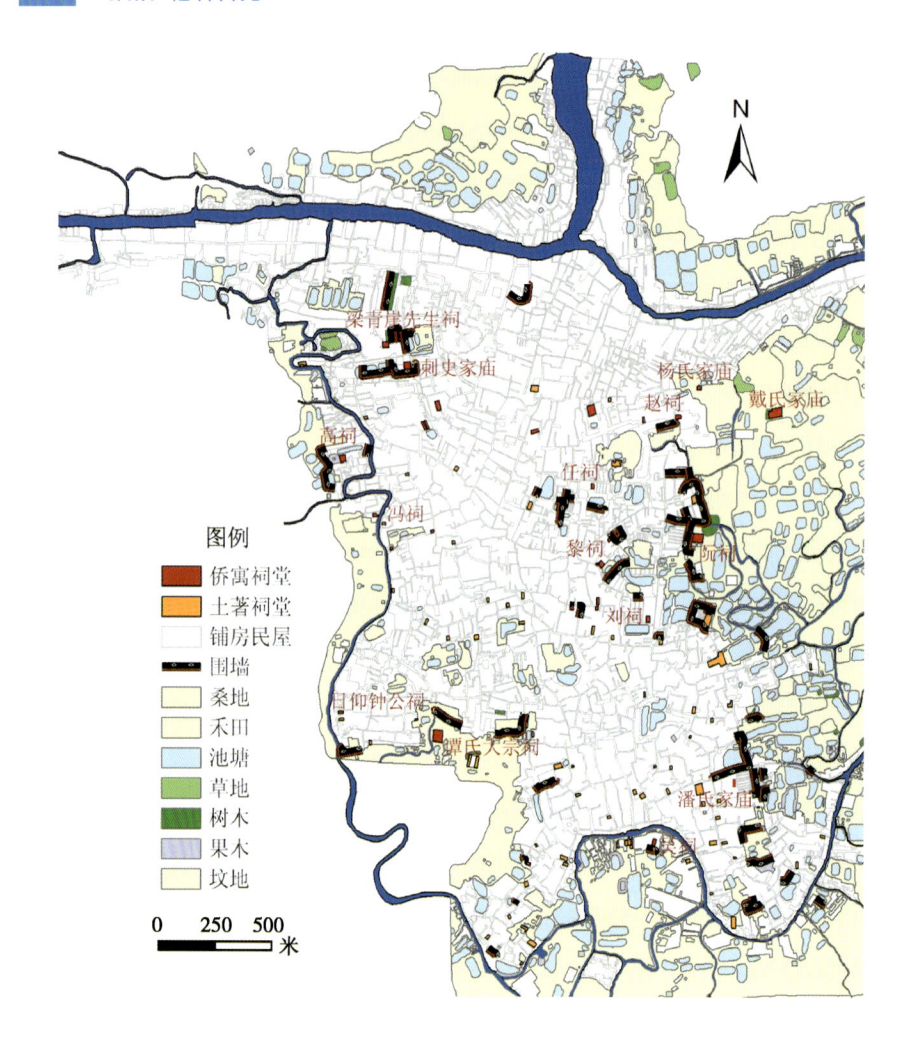

图 5-13　民国初年佛山镇的祠堂景观与庄园围墙的分布

其中，以东部各铺的边缘地带最为集中。在西部有佛山涌南的东园（高氏庄园）（见图 5-14）。在东部主要有：大基铺的杨家庄和戴家庄；岳庙铺的叶家庄、梁家庄、李家庄、陈家庄和阮家庄；社亭铺的刘阮庄和大福寿（梁家庄）；彩阳堂铺的潘家庄等（见图 5-15）。利用 ArcGIS 可以将这些庄园的分布情况反映出来。从图中可见，不少庄园的周围多是桑地、禾田，由民居和祠堂组成，祠堂前有水塘，四周围以砖墙。

（三）佛山的神佛世界

明清时期，南海人多建神庙，佛山属南海。"吾佛土为大镇，合二十四

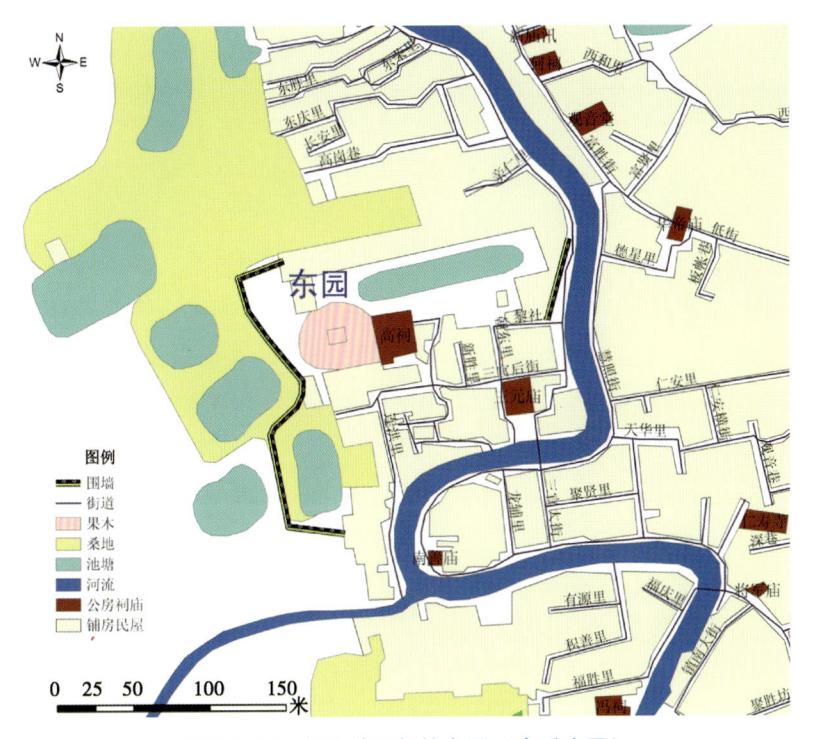

图 5-14 佛山镇西部的东园（高氏庄园）

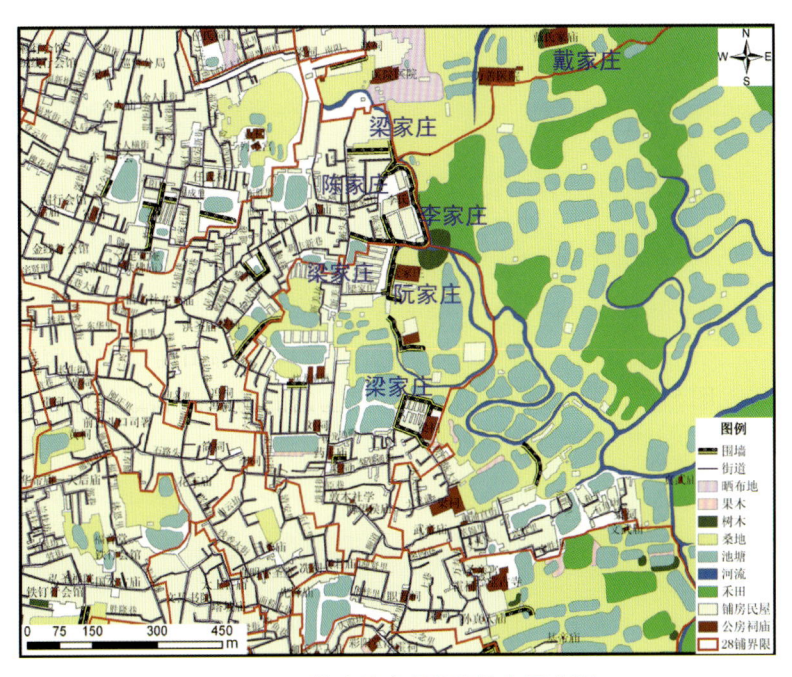

图 5-15 佛山镇东部边缘的主要庄园

铺。地广人稀，神庙之多，甲于他乡。"① 也有"粤人尚鬼，而佛山为甚"②的说法。可见明清时期佛山民间信仰之盛。佛山镇的神佛世界在《各铺街道图》中也有书写。民国《佛山忠义乡志》和《各铺街道图》都记录了群庙、寺观等宗教景观。《各铺街道图》中的图例将神庙、寺观都归为公房祠庙类型，而且在图形符号旁都有名称注记。

佛山镇的寺庵不多，大约有27座，在《各铺街道图》中能够确定其位置的有25座。如图5-16所示，佛教文化景观的分布集中在佛山镇自洛水到大塘涌沿岸的中南部区域。尤以中部祖庙铺、山紫铺和观音堂铺的洛水、旗带水道沿岸最为集中，祖庙铺、山紫铺和丰宁铺构成了佛教文化景观的核

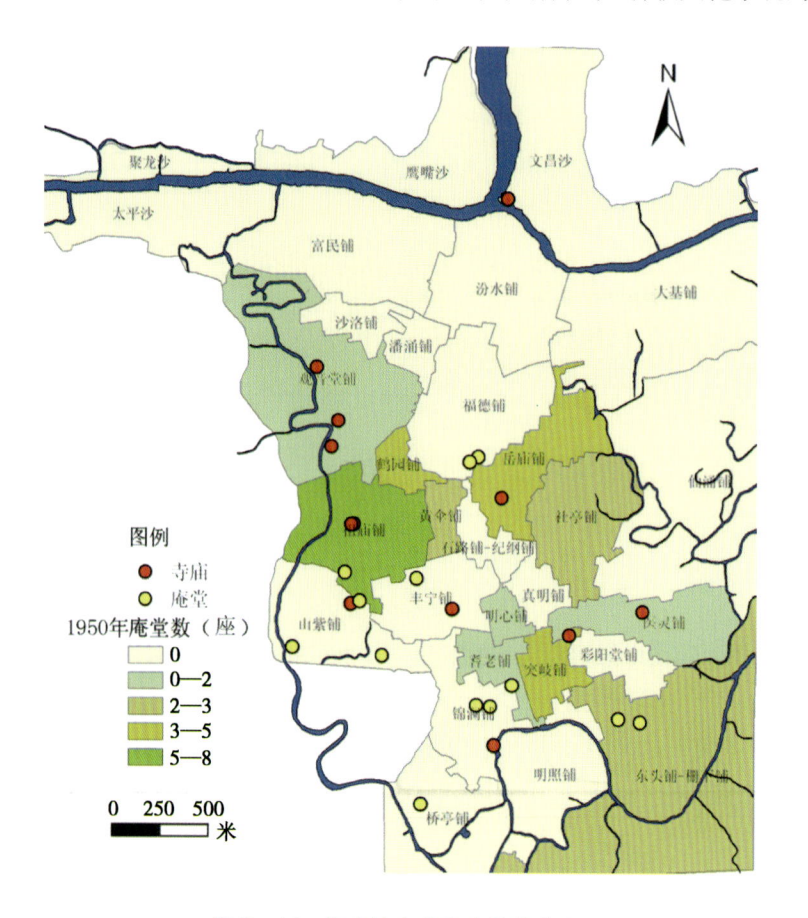

图5-16 佛山镇寺庙和庵堂的分布

---

① 《南海佛山霍氏族谱》卷十一《重修东头张真君庙记》。
② （清）陈炎宗：乾隆《佛山忠义乡志》卷六《乡俗志》。

心区域。南部主要分布在锦澜铺、耆老铺及其周围。到 1950 年，所存留的 37 间庵堂①也集中在佛山镇的中南部各铺。塔坡寺、仁寿寺、德寿寺、湖峰寺和三元寺共称为佛山镇五大丛林。其中，塔坡寺始建于东晋隆安二年（398），原在塔坡冈，是佛山最早的寺庙，也是佛山得名所在，称为"佛山初地"。明洪武二十四年（1391）塔坡寺被毁，明天启七年（1627）又迁至医灵铺万寿坊重建。清咸丰四年（1854），陈开、李文茂起义，又被焚毁。直到清光绪七年（1881）才复建成，并受到慈禧太后懿旨，赏赐"龙藏全经"等珍品，赐寺名"万寿塔坡禅寺"（又称经堂古寺），原址后来又建了一座塔坡庙，供奉东岳大帝。据官产处测量，重建的塔坡禅寺土地面积十亩二十井余，寺内建筑面积五亩五十三井余。② 禅寺深四进，内部景观结构整体严谨，强调布局对称和中轴线地位，院落重重，层层深入，以造成殿堂空间的神圣感（见图 5-17）。

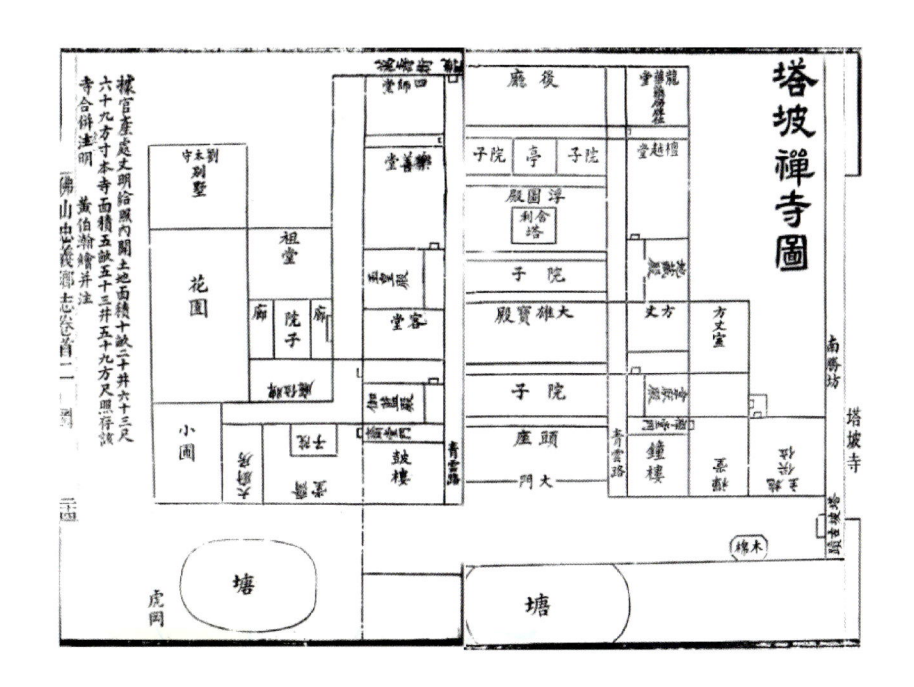

图 5-17　塔坡禅寺平面图

资料来源：转引自（民国）冼宝干民国《佛山忠义乡志》卷首二。

---

① 佛山市宗教事务局编：《佛山市宗教志》，1990 年版，第 46—47 页。
② （民国）冼宝干：民国《佛山忠义乡志》卷首二。

神庙既是民间信仰活动的主要场所，也是佛山镇最重要的宗教景观。根据民国《佛山忠义乡志》的记载，佛山镇共有神庙 197 座，能够基本确定其绝对位置或相对位置的神庙，明代有 183 座。为了反映神庙景观的分布情况，利用 ArcGIS 绘制佛山镇神庙景观的 Kernel 密度。由图 5-18 可见，佛山神庙主要集中在中南部以明心铺、祖庙铺及其周围地带为核心的区域。东晋时，三藏法师达毗耶舍在明心铺塔坡冈上搭茅寮讲经，始建塔坡寺。佛山祖庙建于北宋元丰年间，因明景泰年间佛山乡民抵抗黄萧养叛军有功，被敕封为灵应祠。灵应祠和塔坡寺是佛山乡民两个重要的祭祀中心。清代以来，北部的神庙数量逐渐增加，并围绕汾水铺形成了新的神庙崇祀空间。本书将佛山民间信仰神祇谱系归纳为圣贤型神祇、自然型神祇、鬼神型神祇、乡土型神祇、释道型神祇、行业型神祇和神话型神祇七种类型。如表 5-10 所示，佛山的神佛世界呈现分散性和多元性，行业型神祇占有一定的数量，在广东民间信仰神祇谱系的行业型神祇中，如鄂国公、

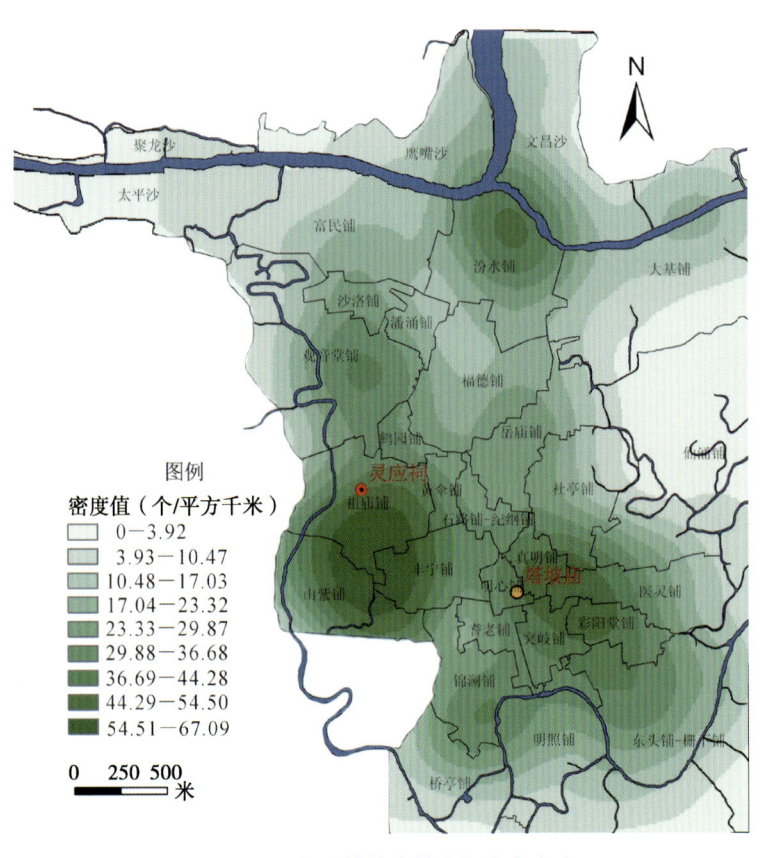

图 5-18　佛山镇神庙的空间分布密度

表 5-10　　　　　　　　佛山的民间信仰主要神祇谱系

类型	主要神祇
圣贤型神祇	孔子、关帝（武帝）、天后、绥靖伯（陈公爷爷）、三界圣神（冯克利）、谭仙（谭峭）、伏波将军（马援、路博德）、扁鹊、杨爷（伏波将军副将杨仆）、孙真人（孙思邈）、许真君（许旌扬）、龙母等
自然型神祇	东岳、斗神（斗姥）、雷神、樟柳二仙、花神、太岁、三官（天、地、水官）、火神（华光或五显大帝）、痘神、南海神（洪圣大王或广利王）、土地、三元（天、地、水元）等
鬼神型神祇	梁舍人、金花神、柳氏夫人、十二奶娘等
乡土型神祇	张王爷、白马将军、乌利将军、普庵禅师、花蕊夫人、惠济保民大王、飞云将军等
释道型神祇	观音、地藏、太上老君、吕洞宾、华光、王母、真武大帝（北帝）、齐天大圣、观音父母、康元帅、赵元帅（赵公明）、石元帅、温元帅、道里真君（康大元帅）、景祐真君（张副元帅）、三清尊神（玉清、太清和上清）、佛祖、六祖等
行业型神祇	鄂国公（尉迟敬德）、华佗、博望侯（张骞）、石公太尉、陶冶先师、北城侯（鲁班）、鬼谷子等
神话型神祇	盘古、炎帝（神农）、仓颉、黄帝（轩辕）、太昊（伏羲）、龙王、文昌、城隍、财神、禾谷夫人（后稷母姜嫄）等

华佗、博望侯、石公太尉、陶冶先师、北城侯和鬼谷子等，佛山镇基本都涵盖在内。这在一定程度上折射出佛山这座岭南工商业巨镇的属性。[①]

据民国《佛山忠义乡志》记载，佛山镇主祀北帝的神庙有 9 座，尤以佛山祖庙（灵应祠）最为著名，在广东占有重要地位。"吾粤多真武宫，以南海佛山镇之祠为最大。称曰祖庙。"[②] 可见，佛山祖庙不仅是佛山镇的民间信仰中心，在广东北帝信仰圈也处于核心地位。祖庙内部奉祀有北帝及其部将神祇的景观格局符合所谓的"前后、左右、三合"的规则（见图 5-19）。前后即为前殿、正殿和后殿的关系；左右是左、右龛和中央主神龛的关系，或是左、右侧殿的关系；三合则是主祀神龛，两侧壁面另设神龛以供奉神将、手轿等。祖庙内部北帝及其部将神祇的景观格局，通过"前后、左右、三合"的形式，犹如天庭宫殿一样，颇有君主在上，众神在下，层层围护的气势，通过这些景观符号及其配置传递出崇圣庄严的环境氛围。

[①] 李凡：《明清佛山城市文化景观演变研究》，中山大学出版社 2014 年版，第 72—76 页。
[②] （清）屈大均：《广东新语》卷六《神语·真武》。

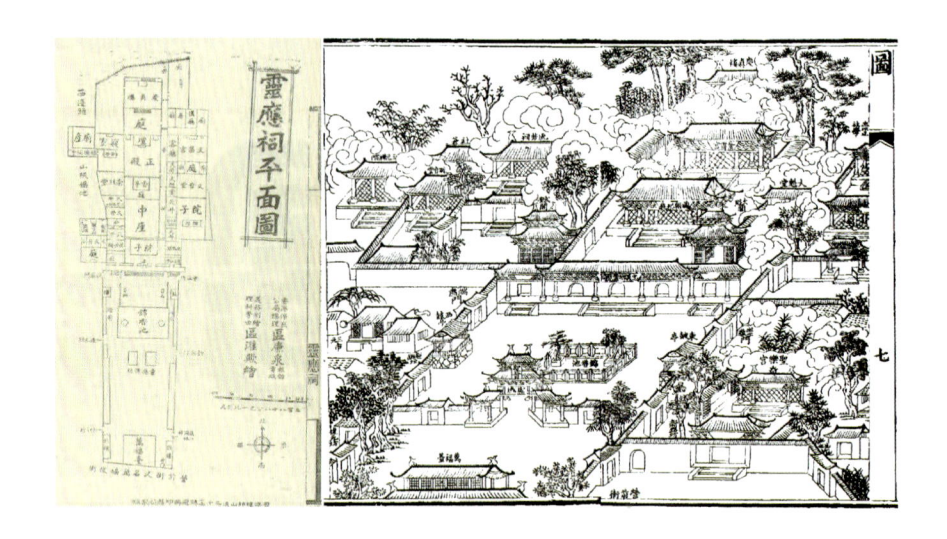

图 5-19　佛山舆图里的祖庙（灵应祠）

资料来源：转引自道光、民国《佛山忠义乡志》卷首。

（四）会馆店铺比比皆然

"佛岗（山）之汾水旧槟榔街，为繁盛之区。商贾丛集，阛阓殷厚，冲天招牌，较京师尤大，万家灯火，百货充盈，省垣不及也。"① 这是清人徐珂在《清稗类钞》中描绘的佛山工商业盛景。佛山的志书和舆图是如何书写佛山工商业景观的呢？民国《佛山忠义乡志》卷六《实业志·工业》对佛山镇工商业景观信息记载得十分详细，可以分为手工业和商业两大类型。手工业有 9 类 175 个行业，商业有 6 类 77 个行业②，以及 12 个地缘性商业会馆。进一步将这些手工业和商业分类进行综合，可以归纳为铸造和金属加工类、衣服和纺织类、其他工商业类和地缘性会馆类。其中，有 67 个手工业景观、64 个商业景观和 12 个地缘性会馆都记录了其所在的街巷地名，在《各铺街巷图》中可以基本上确定其相对位置，而且一些商业会馆在《各铺街巷图》中有明确的地名注记。《佛山街略》由伦敦英国图书馆东方写本与印本部藏，封面上署书名，左一行写"道光十年刻，禅山怡文堂"，右二行写"内附各埠渡额日期来往客商买卖什物者依街道宜行便

---

① （清）徐珂：《清稗类钞》卷十七《农商》。
② 手工业分为 9 类，即衣服类、居住类、饮食类、五金类、竹木工类、纸业工类、文具类、杂物工作类和杂工类；商业分为 6 类，即银行按押平码五金类、竹木柴炭类、饮食类、衣服类、纸业杂货类和杂行商业类。参见（民国）冼宝干民国《佛山忠义乡志》卷六《实业志·工业》。

是"。清嘉乾道时期,佛山镇经济繁盛,《佛山街略》就是在这种背景下编印的佛山镇商贸街巷交通购物指南。《佛山街略》一书通过七条商贸线路,记载了佛山全盛时期末年的地理交通、街道里巷、名胜古迹,尤详于工商字号、贸易物品。它是道光十年(1830)佛山镇一幅相当详细的地理交通图,更是对于工商业景观的全景式描写。根据《佛山街略》中关于工商业景观的地理信息,能够在《各铺街巷图》中确定七条商贸路线,以及工商字号、售卖贸易物品的相对位置。

根据《佛山忠义乡志》和《佛山街略》的工商业景观地理信息,利用ArcGIS绘制佛山镇商贸路线图和工商业景观空间分布图。如图5-20所示,清道光年间,佛山镇以接官亭和祖庙为核心,有七条主要商贸路线:以接

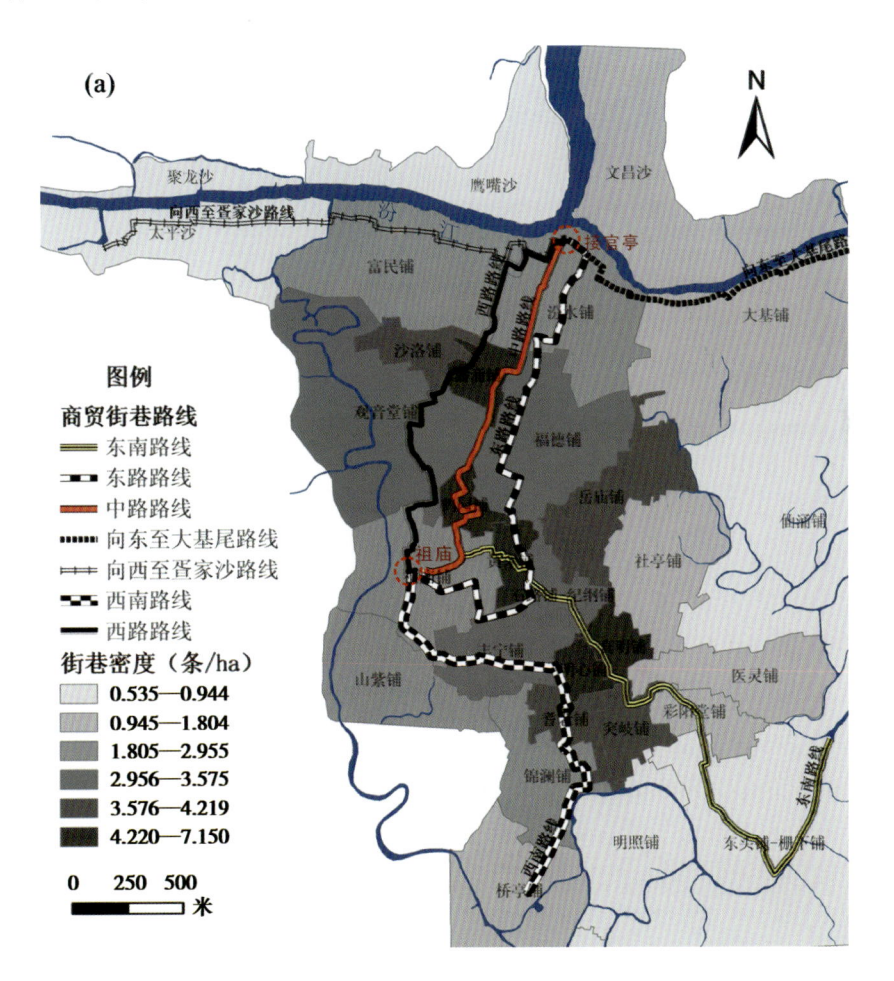

图 5-20 佛山镇工商业景观分布

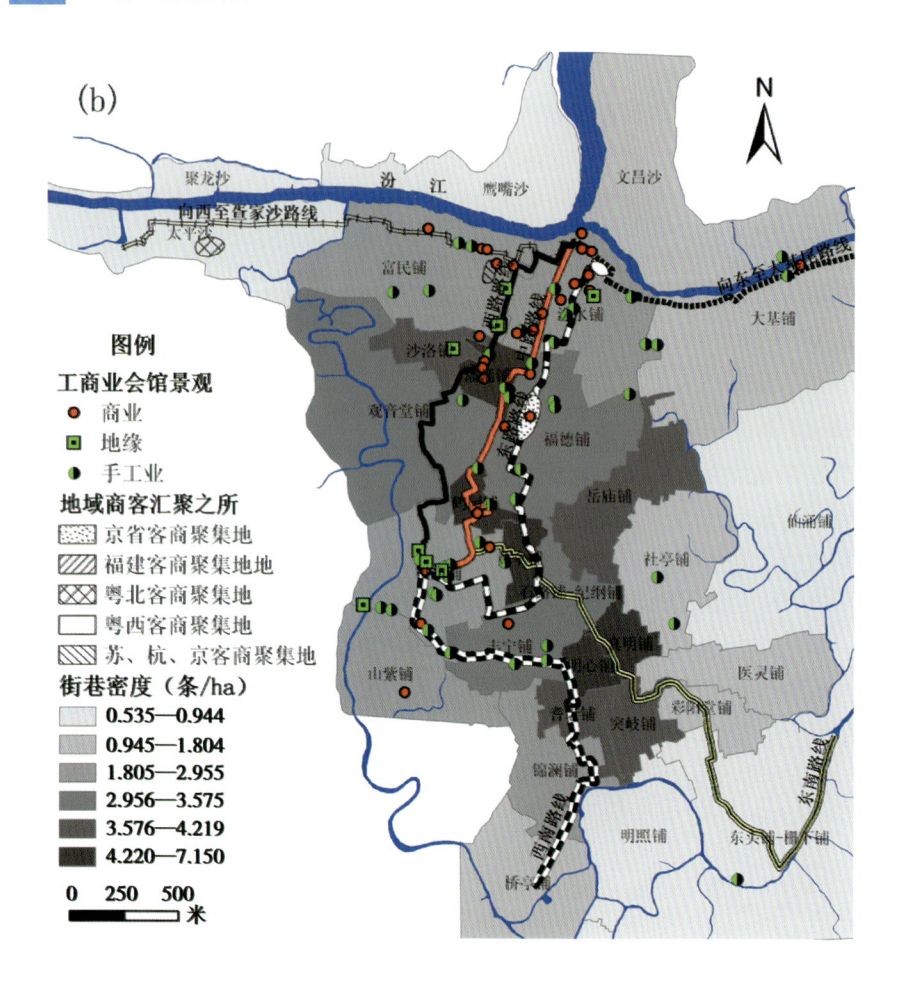

图 5-20　佛山镇工商业景观分布（续图）

官亭为出发点的有五条线路，核心是由接官亭到祖庙的中路、东路和西路三条线路，从接官亭沿汾江河还有向西往疍家沙至沙口、向东至大基尾的两条线路；以祖庙为出发点有向东南至栅下新文塔、向西南往村尾通济桥的两条线路。佛山的铸造业集中在沿河涌的中南部各铺，形成了炒铁、打铁、拉拔铁线等行业的集中地，尤其是丰宁铺的新安街、通胜街、丰宁里、走马路和莺岗大街一带，是炒铁炉户、商铺和行会会馆的集聚地。纺织业集中在东南部的岳庙、社亭和仙涌三铺。康熙年间，纺织大户任应、任伟兄弟所建的任映坊就在岳庙铺的乐安里。"汾水在佛山镇，去汾流古渡数十武,市肆云连、舳舻相接,亦商务中枢地也。"① 北部汾江沿岸河面宽阔,水通西、北二江和广州,不仅各省货物在此聚散,而且镇内各手工业产品也在此发运,酒楼茶肆、戏班红船云集,楚南会馆、江西会馆和粤剧琼花会馆等都集聚于此,成为主要商业区。佛山中部沿街店铺林立,祖庙铺以灵应祠为中心,周围分布有忠义流芳祠、崇正社学、义仓和八图祖祠等公共建筑群落,以及山陕会馆、浙江会馆、源流会馆和南邑道会馆等地缘性会馆建筑。由图5-20可见,《佛山街略》中的商贸路线沿线,街巷和铺屋稠密,特别是从接官亭到祖庙沿线是佛山镇人口、街巷和铺屋最为稠密、商贸最为繁盛的地带。由此可见,铸锅烟接炒锅烟②,商业会馆比比皆然,作坊店铺皆鳞次,酒楼边处见红船,无论是志书还是舆图,都书写了佛山镇工商业繁华的景观意象。

第三节 志书叙事对聚落环境的书写

道光《佛山忠义乡志》卷首有以画法绘制的《佛山形势龙脉图》(见图5-21),民国《佛山忠义乡志》卷首二也有以画法摹绘的《山川形势图》(见图5-22和图5-23),从图幅范围和绘制精度看,后者要远大于前者,两幅图都描绘了佛山镇的聚落地理环境。明代王祎《青岩丛录》谓风水又称地理,以"形势宗"为最盛。"其说,主于形势,原其所止,以定位向,专注龙、穴、砂、水之匹配,其它拘忌,在所不论。"③ 地志以山川为重,所谓形势即山川地理形势,风水格局讲究"负阴抱阳,背山面水","龙、穴、砂、水"是基本的构成要素。风水作为中国古代朴素的人居环境观,也是古人对于聚落环境意象的空间认知,它不仅体现了人地之间的环境关系,还体现了聚落文化景观所蕴含的精神空间和文化意义,对我国古代的城市、村落、民宅和葬地的布局都产生了极大的影响。

乡人冼沂所做《佛山赋》描写如下:季华旧迹,福地佳名,星分牛宿,地接羊城。丫髻峰高,百里之来龙特耸;仙人脉近,万山之降势弥清。二

---

① 《岭南冼氏宗谱》卷三之二十六《分房谱·汾水房》。
② (清)吴荣光:道光《佛山忠义乡志》卷十一《艺文下》。
③ 戚衍、范为:《古城阆中风水格局——浅释风水理论与古城环境意象》,载王其亨《风水理论研究》,天津大学出版社1992年版,第46—58页。

图 5-21　道光《佛山忠义乡志》卷首图《佛山形势龙脉图》

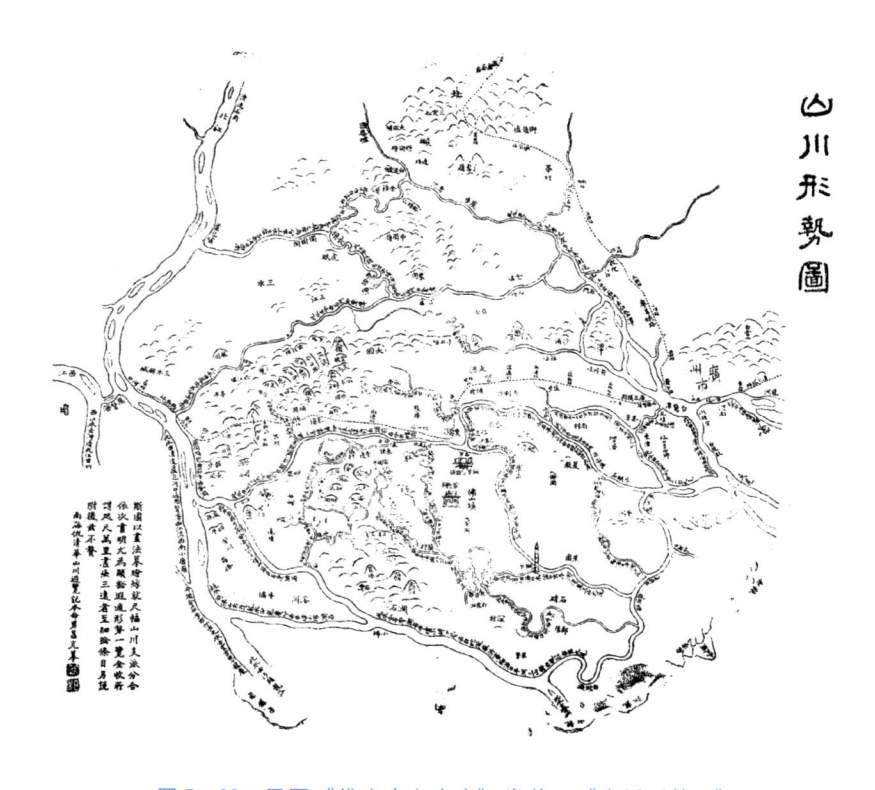

图 5-22　民国《佛山忠义乡志》卷首二《山川形势图》

第五章 志书叙事中的佛山书写

图 5-23　古佛山镇山川形势图

资料来源：转绘自（民国）冼宝干民国《佛山忠义乡志》卷首二《山川形势图》。

水分流，浈郁之分源各异；五星聚美，狮龙之聚讲方成。王借几寻，望去日光始射；蟠峰一点，拥来月影初横。海外三山，旗鼓之星峰卓立；云间列帐，几屏之护从相迎。外势既详，内形可视。矫若龙翔，屹如鹄峙。汾江渡口，红日朝霞。古洛涌边，绿波春水。旗带水兮何深，锦香池兮何弥。庆真楼观，既鸟革而翚飞，等等。①

佛山为古之四大名镇，有其自然生长的聚落风水环境，结合乡志中的《佛山形势龙脉图》《山川形势图》《佛山形势龙脉图》等志书叙事对佛山聚落环境的书写，从风水文化观的角度分析古佛山的聚落风水格局，可以窥见古人的聚落环境意象和景观审美思想，以指导当下城市景观布局和规划的实践。

---

① （清）吴荣光：道光《佛山忠义乡志》卷十一《艺文下》。

一 风水文化观下的古佛山聚落环境意象

(一) 龙脉的意象

风水所指的龙即山，龙脉即山脉。根据山脉大小、延长的远近，分为大干龙、小干龙、大支龙和小支龙，犹如一棵树，干枝分脉清晰，并分别对应不同等级的江河水系。故城市选址"非于大山之下，必于广川之上"，就城镇聚落的山川格局而论，依龙脉的聚结而分为大、中、小三种"聚局"：大聚为都会、中聚为大郡以及小聚为乡村、阳宅和富贵阴地。①

古佛山虽非郡县府治，但明清以来一直是岭南巨镇，当属"中聚"而论。佛山位于珠江三角洲的腹地，其"来龙去脉"并不明显。故在乾隆、道光和民国《佛山忠义乡志》中对于龙脉的描述也不尽相同。据道光《佛山忠义乡志》载："佛山，岭南一巨镇也，其来龙之远者不及详。惟自仙人岭、将军冈分支擘脉，其一由帽冈过沙口渡海，穿王借山脚，入大富乡，至张槎，起圭冈、驷马、狮冈，直走石湾一路。其结佛山者，则自将军冈出脉，至桶头、寨边，群山萃立……遂从朗溪渡海，入朗边乡，至张槎接龙里。起后底冈、茶冈，至郁龙冈。顿伏脱卸，以入佛山。是郁龙冈为佛山之少祖山也。"② 仙人岭、将军冈分别是位于今南海区狮山镇、罗村镇的岗丘。自将军冈分两支，都是现罗村镇的一些低冈，经沙口、寨边进入佛山，皆聚结于张槎的郁龙冈，所以，吴荣光③将郁龙冈称为佛山的少祖山(实为主山)，并将位于广州市花都区海拔300余米的丫髻岭称为远脉(远祖山)、仙人岭称为近脉(少祖山)，正如"丫髻峰高，百里之来龙特耸。仙人脉近，万山之降势弥清"。④ 而陈炎宗⑤则以"王借为乡之远脉，赤珠为乡之近脉"⑥，赤珠冈为张槎郁龙冈南面的岗丘，海拔22.5米。⑦ 冼宝干⑧在民国《佛山忠义乡志》中对吴荣光、陈炎宗两人的说法提出质疑："丫髻岭在东，自为一支。佛山龙脉起自花县三兜松。大山为正干，丫髻岭亦支脉之一。"⑨ 即以位于现清远市和广州市花都区交界的三兜松，海拔约

---

① 亢亮、亢羽：《风水与建筑》，百花文艺出版社1999年版，第77、86页。
② (清) 吴荣光：道光《佛山忠义乡志》卷一《乡域志》。
③ (清) 吴荣光：道光《佛山忠义乡志》编纂者。
④ (清) 吴荣光：道光《佛山忠义乡志》卷十一《艺文下》。
⑤ (清) 陈炎宗：乾隆《佛山忠义乡志》编纂者。
⑥ (清) 陈炎宗：乾隆《佛山忠义乡志》卷一《乡域志》。
⑦ 据佛山市城建局1959年1月测绘。
⑧ (民国) 冼宝干：民国《佛山忠义乡志》编纂者。
⑨ (民国) 冼宝干：民国《佛山忠义乡志》卷一《舆地·地脉》。

400米,为远祖山,是古佛山之正脉,其余都是支龙。但吴荣光、冼宝干二人都以仙人岭为少祖山,张槎的郁龙冈为主山。郁龙冈位于古佛山镇西张槎境内,又称为陈冈、张槎冈,海拔23.8米。① 现在,郁龙冈、赤珠冈在城市建设中几乎被推平了。

存在以上争议的主要原因是佛山地势低平,其"来龙去脉"不甚明显。但是,如果从更大的空间来看,南岭山地为南干龙,粤北山地则是其衍生的众多支脉,古佛山位于珠江三角洲的西北端,地势由西北低山丘陵向东南冲积平原过渡,这样,聚落北部就有高大的天然屏障,阻挡着北部的寒风。东南开敞,迎纳南部的阳光和暖湿气流,形成良好的气候。在景观上,张槎的郁龙冈、赤珠冈高起,形成古佛山镇的城市背景,只是高度不大,这种景观的衬托作用不强。但是,由于是主山,至清末,它们的植被保存还较好,在清光绪三十四年(1908)实测的佛山地形图上,这一地带的林地最为集中,无疑具有较好的景观效果。

(二) 砂的意象

在风水格局中,砂乃统指前后左右环抱城市的群山,并与城市后倚的来龙或主山镇山者,呈隶从关系。依照中国传统宇宙观,砂山格局以朱雀、玄武、青龙、白虎四方位宿名来表征,形成"以其护卫区穴,不使风吹,环抱有情,不逼不压,不折不窜,故云青龙蜿蜒,白虎驯服,玄武垂头、朱雀翔舞"的景观意象。可见,砂山对于良好的生态与景观以及心理感受的作用是相当大的。②

据道光《佛山忠义乡志》载:"至石湾各冈之辅翊,如几如屏,如帐如幕,如拱如揖,如俯如伏。蜿焉袤焉。"又载:"郁龙分一支为赤珠冈、蟠龙冈,皆入石湾之圭冈驷马、狮冈,簇于一隅。……遂由夹山开帐串田以入。而石湾各冈俨为之辅。"③ 自郁龙冈始,从西北向东南,沿东平河北岸分布着大小共100多个第三纪形成的红土岗丘,即石湾诸岗,海拔为30—40米。这些岗丘地势延绵,蜿蜒起伏,山草青绿,如星斗遍布,形态各异④,重重围护着佛山镇的西部,为佛山的砂山。"郁龙冈为乡之少祖山。旁出赤珠冈、蟠龙冈,以为护砂。与圭冈(松冈)、驷马冈(又名赤

---

① 据佛山市城建局1959年1月测绘。
② 龙曦:《阆中古城地理环境及景观意象解构》,《四川建筑》2006年第2期。
③ (清) 吴荣光:道光《佛山忠义乡志》卷一《乡域志》。
④ 区瑞芝:《石湾史简介》,佛山,1990年版,第7—8、14页。

霞冈）、狮冈各山簇立，如聚井然。"① 称为"五星聚美"。乡人赞之曰："赤珠冈接赤霞冈，叠翠攒青地脉长。共识五星齐聚美，联珠佳气映文昌。"② 向南还有大清冈、蒙清冈、圣堂冈、宝塔冈、莲子冈和大帽冈（大雾冈）等。《地理人子须知》指出："以水源为定，故大干龙则以大江大河夹送，小干龙则以大溪涧夹送，大枝龙则以小溪小涧夹送，小枝龙则唯田源沟洫夹送而已。"石湾诸岗与内外河涌交错纵横，有海口涌、鸭姆涌、沙路涌、三丫涌和水部涌等大小河涌九条。③ 依山傍水的位置成为佛山先民最早的聚落，如狮头冈、大帽冈等周围的新石器晚期古文化遗址。

古佛山的左砂位于在南海的蟮冈。"王借为佛山之干龙，至结镇时与蟮冈相望，夹辅佛山，为一定形势。以蟮冈为佛之镇山。今营造家亦多借蟮冈作案，至两山相望。"④ 可见，蟮冈为古佛山的案山，即左砂。据宣统《南海县志》载："蟮冈山高约数十丈，顶圆而略平，尾垂而微卷，状若雷。"山岗南北长 760 米，东西宽 400 米，海拔 63.7 米。蟮冈与王借冈分峙古佛山东西两侧，蟮冈"状圆如月，端严丰满。与王借之如日者相望"。⑤

砂山"以端正圆巧，绣媚光彩，平正整齐，回抱有情为吉"。自古佛山镇眺望，右砂的石湾诸岗连绵起伏，山林茂盛，环护四周；"近揖蟮峰远展旗；"⑥ 左砂的蟮冈，如月端坐，与王借冈遥相呼应。平川远丘，层次丰富，景色尽收眼底。所以，古佛山周围的砂山往往成为寺观、书院的选址，也是佛山重要的风景点。例如，丰宁寺、陶师庙和莲峰书院建在莲子冈麓，王借冈、蟮冈和大帽冈（石湾六景之塔峰夕照）自古就是佛山的风景名胜。

（三）水脉的意象

水在风水中占有重要地位，故有"风水之法，得水为上"的说法。水是自然地理环境重要的组成部分，自然界中良好的"水脉"，可以构成和谐的自然生态环境，为万物提供生机。所以，凡耕渔、饮用、去恶、舟楫之利，以及调节小气候，莫不仰给于水。⑦ "水无山不媚，山无水不活"；"知者乐水，仁者乐山"。传统中国文化中，这种由水所塑造的钟灵毓秀的景观

---

① （清）吴荣光：道光《佛山忠义乡志》卷一《乡域志·山川》。
② （清）吴荣光：道光《佛山忠义乡志》卷十一《艺文下》。
③ 区瑞芝：《石湾史简介》，佛山，1990 年版，第 9 页。
④ （民国）冼宝干：民国《佛山忠义乡志》卷一《舆地·地脉》。
⑤ （民国）冼宝干：民国《佛山忠义乡志》卷一《舆地·地脉》。
⑥ （民国）冼宝干：民国《佛山忠义乡志》卷十《风土二·名胜》。
⑦ 刘沛林：《风水——中国人的环境观》，上海三联书店 1995 年版，第 147 页。

赋予人们极大的美学想象力。

论水讲究水口，水流上游谓之天门，水流下游谓之地户。风水格局强调在水口要有水口砂。"水口砂者，水流去处两岸之山也。切不可空缺，令水直出；必欲其山周密稠叠，交节关锁。"实际上，水口是进出聚落的门户和重要的视觉映象。所以，水口砂既须险要，又须至美，以壮观瞻。故"水口间有大桥、林木、佛祠"或"建台立塔"① 经常成为聚落标志性的景观。

据道光《佛山忠义乡志》载："佛山倚山襟河，王借耸乎上势，蟠冈峙于下游，如日月之相望焉。西、北二江，浩瀚奔注，三山、西淋，交牙关锁，青乌家所谓捍门也。……加以古洛涌之旋绕，旗带水之潆洄。……外河内涌，两水合流。文笔特峙，砥柱中州。"② 形象地描述了古佛山的水脉大势。

古佛山地势低平，但四面环水，风水格局实以"水法"为上。北面为汾江，也称佛山涌。至明代，随着佛山以上北江各支涌相继淤塞，佛山涌成为沟通广州与西、北江最重要的水运通道。据道光《佛山忠义乡志》载："'汾'原作'分'，以西、北两江由王借冈而分二道也。"由沙口至古佛山镇，河道越来越深，至佛山正埠，河涌又分为北流的佛山水道、东流的佛山涌两支，此间河道"益深且广……又曰'汾水头'。……对岸有关帝庙，其下绝深不可测"。③ 可见，明清时期，汾江在佛山古镇内的河段既宽又深，江面"帆影如云"，岸上"行人如蚁"④，"民庐栉比，屋瓦鳞次"。⑤古佛山正埠两岸正是分水口，在南岸的正埠建有汾江亭，又称接官亭。"汾江为一境灵胜，谋构亭江干，以延眺览……与客登临，可以送往迎来，可以接宸书，可以楫上宪，可以肃一镇之观瞻。红日一窗，清风满座，阶前绿水，四时映带。登高作赋，览胜怀人。"⑥ 在与之隔江相望的文昌沙的水口处，则建有宝洲禅寺（后改为关帝庙），这些都是汾江水口的标志性景观建筑。在汾江分水口以东大基铺对岸，有石云山，为水口镇山。石云山高不足两丈，但"峭石林立奇兀"，横峙河岸，如"石龙渡河"，气势不同。

---

① 戚衍、范为：《古城阆中风水格局——浅释风水理论与古城环境意象》，载王其亨《风水理论研究》，天津大学出版社1992年版，第46—58页。
② （清）吴荣光：道光《佛山忠义乡志》卷一《乡域志·形势》。
③ （清）吴荣光：道光《佛山忠义乡志》卷一《乡域志·山川》。
④ （民国）冼宝干：民国《佛山忠义乡志》卷十《风土二·名胜》。
⑤ （清）陈炎宗：乾隆《佛山忠义乡志》卷十《艺文志》。
⑥ （清）吴荣光：道光《佛山忠义乡志》卷十二《金石下》。

对岸为蠔冈埗头，河面辽阔，客渡渔舟聚集于此。古时佛山人春天多游石云山。黎简①有诗描写道："清川连野色，平望不会分。隔水招春渡，空亭冻石云。西流开大地，南极放斜曛。渔唱时还起，田歌悄未闻。"②"汾流古渡""白马扬波"和"石云晚唱"③成为古佛山重要的地理景观。

  洛水和新涌自东南向西北，如玉带般环绕在古佛山的西侧。洛水从桥亭铺的通济桥起，直至三官桥和华光桥河面止。由此以北的河段为新涌，直到都司署衙左的孖窦，流入新涌口，再与汾江汇合。④一般也把它们都称为古洛涌，由于城镇的发展，古佛山内很多河涌已"淤为廛肆"，"唯古洛涌一衣带水，至今尚存"。⑤古洛水沿岸有祖庙、仁寿寺等标志性景观建筑（见图5-24）。每逢端午节，佛山乡人又在河面赛龙船。佛山的文人墨客还临水筑屋，寄情于古洛。建有倚洛园、慕洛亭、钓鱼台和东园等。湛若水⑥曾写道："佛山之丘，汾水之头，古洛遥遥，有地超焉……何以谓古洛？凡有志于洛者，古洛今洛也，而程子之风若存焉。"⑦是故"汾、洛之名益著。形势攸关，亦名迹所在，居游斯土者，盖不尽溯洄之慕云"。⑧可见古洛水成为佛山的一条城市景观河流。

  汾江至石云山水面分流，左支经蠔冈、夏滘和平洲各乡，出五斗司汛口，入广州珠江，即现在的佛山水道；右支由石云山向南沿古佛山镇东面折回佛山，又称为佛山内涌。内涌到栅下海口处向西又分流大塘涌、栅下涌，直到通济桥与古洛水汇合。栅下涌、大塘涌至海口的水面比较宽阔，宋代在大塘涌设置了广州"市泊司"的分处"市泊务"，处理进出口业务。明代以前，它们一直是佛山对外运输的主要水道。另外，还有一些支涌蜿蜒地流进古佛山镇内，如南浦涌、东溪和栅溪等。这些溪涌为园林的修筑提供了丰富的水景资源，佛山最大的园林——东林园"其地前临栅溪，远衔西樵、西琳、蠔冈、石湾诸山……内有小溪，通大河，引水为湖，湖满

---

① 黎简（1747—1799）：字简民，号二樵，清代岭南著名的诗人、书画家。
② （清）吴荣光：道光《佛山忠义乡志》卷十一《艺文下》。
③ "汾流古渡"为清代佛山八景之一；"白马扬波"和"石云晚唱"为明代佛山八景之一。汾江河支流处，明代此地名为"白马滩"，河流湍急，势如万马奔腾，乡人视为奇景。参见区瑞芝《佛山新语》，1991年版，第70页。
④ 区瑞芝：《石湾史简介》，佛山，1990年版，第7—8、14页。
⑤ （民国）冼宝干：民国《佛山忠义乡志》卷一《舆地·川》。
⑥ 湛若水（1466—1557），字元明，号甘泉，明代著名学者、书法家。
⑦ （清）吴荣光：道光《佛山忠义乡志》卷十一《艺文上·鹤园记》。
⑧ （民国）冼宝干：民国《佛山忠义乡志》卷一《舆地·川》。

苔菡，游鱼可数。湖心为榭，虹桥跨焉。湖之旁，分植芙蓉、桃李、荔枝，四时佳气，可于湖内得之"。①"东林拥翠"成为清代佛山八景之冠。南浦乡的河面"簇簇帆樯若荠浮，天南客子共维舟"，"葭苇茫茫隔水湄，客来南浦赋新诗"。②佛山乡民经常到此游河避暑，文人墨客常常泛舟水面，吟诗作对。"南浦客舟"也成为清代佛山八景之一。

图 5-24　佛山古洛水及其沿岸的风光

水口是一个城邑的门户。对古佛山而言，王借冈为上游的来水口，即天门。它"当浈、郁二水之冲，孤峙河干"，又是汾江水道与东平水道分流处，海拔49.1米，是由新第三纪玄武岩构成的古火山遗迹，岩石出露，柱状节理发育，故"产石青色如剑戟"。③"一山突兀峙中流，王借遥分粤岭秋。"④独扼西、北两江与汾江分水口的王借冈，锁闭水口，形成天门开的格局，自古为佛山风景名胜。

---

① （民国）冼宝干：民国《佛山忠义乡志》卷十《风土二·园林》。
② （清）吴荣光：道光《佛山忠义乡志》卷十一《艺文下》。
③ （清）吴荣光：道光《佛山忠义乡志》卷一《乡域志·山川》。
④ （清）吴荣光：道光《佛山忠义乡志》卷十一《艺文下》。

栅下海口是古佛山的去水口，即地户。为镇水口，在海口处建有文塔，塔有五层，高"十一丈七尺"，左面还建有财神庙。登塔而望，"塔外古松苍翠，与日影波光相映。水口三山，西淋竞奇献秀；蟠峰一点，恍如青黛螺鬟。夜则渔灯并海月分辉，蛙鼓与村更答响。川原邈其何极，烟景呈其大观。"① 据传"海口浴月"是明代佛山八景之一。② 可见，与周围景物的相互映衬，海口文塔成为古佛山极佳的人文景观。至于更下游的去水口，一是左支的佛山水道与东平水道在平洲汇合后入广州珠江的水口，有三山"杰出奇秀临江"；二是右支的佛山内涌与东平水道汇合后的水口，有西淋冈"孤峙海旁，跨南海、顺德两县。界中有十余峰延袤数里"。在古佛山望三山及西淋冈"则形如顿鼓，同峙水口"，"为乡之捍门"。③ 古佛山至去水口的河涌大多近直角的转弯，使下游之水呈收藏之状，加之重重关锁，形成地户闭的格局。

总之，古佛山河涌潆洄，弯环曲折，镇内河网纵横，为古佛山乡民提供交通、防御和休闲娱乐之便。水口山则重重闭户，诸多秀丽壮美观瞻，形成极具"水脉"特色的风水格局。

（四）穴的意象

穴指城池、村落、住宅选址的场所，这个场所应处在龙、砂、水三大要素环抱且具有内敛向心的形势之中。④ 这种风水格局，一方面，能依周围山川拱抱阻御风沙，迎纳阳关，阴阳和合，草木茂盛，形成良好的聚落生态环境；另一方面，龙、砂、水种种景观意象，皆钟情于穴中，赋予人最丰富的感受，得到游目骋怀的心性寄托。穴位常选择这种山水格局中平坦开阔的明堂，并以南向为正，居中为尊，四至山水环抱有情。并依据风水格局组织明堂的纵横轴，其十字相交处称作"天心十道"，常常是城市的中心点所在地。而且由于大多数明堂的地势宽平，为避免水患之灾，城市中心也经常居高而建。⑤

古佛山由于地势低平，在城市选址中尤其重视"水法"。风水理论认为，主流及其两条相邻支流间的地形为三叉合襟之地，多为平原，宜于聚

---

① （民国）冼宝干：民国《佛山忠义乡志》卷十《风土二·名胜》。
② 区瑞芝：《佛山新语》，佛山，1991年版，第70页。
③ （民国）冼宝干：民国《佛山忠义乡志》卷一《舆地·山》。
④ 缪钟灵、宗凤书：《桂林城风水格局探讨》，《规划师》1997年第2期。
⑤ 戚衍、范为：《古城阆中风水格局——浅释风水理论与古城环境意象》，载王其亨《风水理论研究》，天津大学出版社1992年版，第46—58页。

落。河曲则以三面环绕缠护为吉，称作"金城环抱"。古佛山为西、北两江汇合后所衍生的支流所环抱，除具有交通、景观审美的作用之外，它还具有设险防御的功能。古代城市一般都有城池和护城河作为防御之用，但古佛山没有城墙，那么环绕四周的河涌就起到了天然的防御功能。另外，古佛山风水格局还要防御水患。自宋代以来，在古佛山周围的汾江、佛山涌和东平水道沿岸修建了存院围、石角围和观音围等二十余个堤围，犹如一道屏障，确保了堤围内各堡的安全。

由前所述，古佛山并非严格按照风水格局的形制。首先，镇址没有选择石湾、澜石等地势较高的低丘台地筑城，反而选在地势坦荡的冲积平原上。从佛山镇的发展过程看，佛山镇的行政、军事意义一直都无足轻重，更重要的是它的经济意义，所以，镇址选择在水运便利的开阔平原地带，更适宜工商业的发展。其次，直到民国初年，佛山镇才成为南海县的行政中心。它是由传统市镇发展起来的，具有有机体模式的"自然城市"。① 因此，其空间形态与一些郡县府治不同，"正结"祖庙（灵应祠）也没有在所谓的"天心十道"处。

二 古佛山风水格局对于名城保护的意义

（一）名城整体风水格局的保护

由上述可见，古佛山周围山峦蜿蜒屏护，河道畅通九曲环抱，具备了十分优良的地理生态环境（见图5-25）。理解这种良好的自然生态风水格局对于当下的名城保护具有重要意义。宏观上看，要保护名城的整体风水格局，即对于佛山城市宏观地理环境的风水格局要加以保护，并在城市规划和景观建设中体现出来。20世纪80年代以来，大规模的城市建设，使古佛山的一些风水环境要素消失了。比如，被称为"主山"的张槎郁龙冈、赤珠冈被铲平。石湾诸岗拱卫的"右砂"也多被企业和房屋建设占用。"水法"为上的古佛山镇风水格局被打破，历史上曾经多次清淤疏浚的古洛水、栅下涌和大塘涌等河涌，或被填平覆盖，或被淤浅污染。虽然佛山总的地理环境格局没有很大变化，但随着城市空间的不断扩展，需要保护佛山整体的风水环境，以营造城市人与自然的和谐统一。首先，要重视周围"龙""砂"的作用。南海狮山、罗村的低岗是佛山的"来龙"，王借冈、蠕冈是佛山的"水口砂"，蒙清冈（五峰山）、大雾冈等石湾诸岗是佛山的"右

---

① 周毅刚：《明清时期珠江三角洲的城镇发展及其形态研究》，博士学位论文，华南理工大学，2004年，第210页。

绘城：他者目光

图 5-25 道光年间佛山形势地图

资料来源：佛山市粤剧博物馆。

砂"。这些低山岗丘是城市生态系统的重要组成部分，通过对周边环境的整治，逐步恢复其自然生态景观，并加以严格保护，防止被过量的建筑占用，构成城市的"绿核"。其次，要重视"水脉"的作用，形成"三带一网"的风水廊道格局。"三带"是指东平水道、汾江—佛山水道、吉利涌三条环绕佛山中心城区的蓝色飘带。东平水道是中心城区一河两岸现代化新城发展的黄金水道。吉利涌则是新城区南拓后重要的景观廊道。而汾江—佛山水道作为古佛山镇传统的"水脉"中心，通过对沿岸景观整治和建设，可以成为历史文化积淀深厚的风水景观廊道。"一网"是指佛山中心城区内存有的纵横的河涌水网。应尽量保留这些水网，加强水质保护，沿河涌形成带状绿色生态走廊，突出佛山岭南水乡田园城市风貌。

（二）老城区及其周边风水环境的保护

微观上看，要保护老城区及其周边的风水环境。老城区（古佛山镇）及其历史建筑遗产的保护更为具体。佛山老城区是在传统风水格局下发展的"自然城市"，城市肌理非常清晰。历史上，二十八铺范围内"屋宇森复，弥望莫及，其中若纵若横，为衢为术，几以千数，阛阓骈列，百货山积"①，人口和工商业高度集中，使古佛山镇的铺屋和街巷都十分密集。近年来，在"旧城改造"的口号下，拆掉了很多古街巷，代之以宽广笔直的大道，破坏了传统的城市肌理，导致历史文化景观破碎化。对于老城区的城市色彩和风格也随意更改，大量的风格和体量都相当不协调的建筑物侵入老城区。对于历史文物建筑，只注意建筑"单体"，而忽视了周围的城市风水环境的保护。例如，作为佛山"正结"的祖庙，在修复的时候，拆除了旁边的三元寺和观音堂，并改变了原有的南北中轴对称、层层深入的风水格局。而后来周围建起的图书馆、酒店、商厦等高大的建筑物，让祖庙犹如城市中的盆景一般，使祖庙作为传统佛山风水格局中心的那种崇圣和庄严不复存在。所以，保护老城区及其传统的城市风水环境十分重要。

总的来看，风水文化的内涵是强调天人合一的思想，城市与大地环境和谐一致。而不同城市的地理环境存在差异，基于风水文化观下的城市营造，则依山就势，形成风貌各异的城市风格。所以，历史文化名城的保护及其城市景观的建设，必须探究古佛山镇的风水格局。《佛山形势龙脉图》和《山川形势图》描绘了古佛山镇的风水格局，从传统的风水文化观点看，古佛山曲水环绕有情，王借冈、蟠峰冈相望，石湾诸岗拱卫，是一块风水

---

① （清）吴荣光：道光《佛山忠义乡志》卷十二《金石上·修灵应祠记》。

极佳的"福山吉地"。尽管现在古佛山的一些风水要素已经不复存在了,但古佛山的风水格局是各种历史文化景观形成的传统文化土壤,通过分析风水格局,能加深理解历史文化景观的深刻内涵,认识历史上所形成的古佛山环境意象和景观空间格局,把握古城的历史文脉,以利于历史文化名城保护。

第四节　佛山城隍庙的空间文化解读

城隍神一般被认为源自《礼记》中八蜡中的水墉神,水墉神即沟渠神,为农田保护之神。人们在村落的周围常常挖一条深沟,作为防御之用,而且相信有沟渠神的存在,这样,水墉神就成为村落的保护神。随着社会经济发展,城市与村落功能发生分异,城市经常作为一个地区的军事和行政中心,经济繁荣富裕,原来简单的防御建筑逐渐被高大的城墙取代,围沟也变成了又宽又深的护城河。清代赵翼的《陔余丛考》说:"水则隍也,庸则城也。"[①] 显然,原来的村落保护神又升格为城市保护神。早期的城隍神是自然神,到了汉代,出现了正直之人死后为城隍的观念,城隍神从自然神演变为社会神。到唐代,城隍神又成为冥间地方官,功能和管辖范围大大增加。至宋代,城隍信仰已经是非常普遍的民间信仰。而且,自魏晋以后,城隍神在乡村已经很少,逐渐成为城市中的保护神。明代以来,城隍信仰从官方到民间达到了极致。《明史·礼志三》记载:太祖下诏"封京都及天下城隍神",形成了与都、府、州、县封建统治体系完全对应的城隍神等级结构,并将城隍信仰纳入国家祀典之中,完善了祭祀城隍的制度,以致每个县城以上的城市都相继按照相应的等级规格修建了城隍庙,城隍庙被寄托了护城保民、祛灾除患、惩治恶鬼、安抚厉鬼、护佑善者、惩治恶者等多种职能,成为城市的守护神。可见,按明代礼制,城隍庙只能在县城以上的城市设立,民国之前,佛山仅为南海县域一镇,佛山能有城隍庙,还与佛山最有名的道观——万真观有关。

一　万真观

佛山是我国古代著名的传统工商业城市,集中了岭南传统社会的各种文化现象,其中,宗教文化尤其昌盛。清道光年间,仅7000平方米的佛山

[①] （清）赵翼:《陔余丛考》卷三十五,商务印书馆1957年版,第772页。

镇有神庙 88 座，寺庵 28 座。① 至民国初年，佛山镇的神庙、寺庵和道观达到 200 余座。② 但在清代佛山镇的道观仅有 1 座，即万真观。

在民国《佛山忠义乡志》中的《各铺街道图》中，丰宁铺有一处庙宇建筑群十分显眼，这就是万真观（见图 5-26）。万真观又称洞天宫，据《重建洞天宫记》载："禅之南隅有土冈焉，莺其名也。其地原隰异形。西之数十步，茂林蠹空，蔓草连径，中建洞天宫，即古之万真观也。"③ 万真观在丰宁铺，西倚莺冈，周围林茂草盛，环境清幽。道观约建于明末，至清康熙癸巳年（1713），由罗浮山冲虚观铁松道人岑和顺等十人在其周围购地重建。雍正年间，万真观从广州迎城隍神至道观，导致内部神圣空间的重构。道观内部景观的空间结构以城隍庙为中心，神灵布置具有多功能性。左面建有"大慈堂"，以祭祀"无依木主"；中间为城隍庙；两侧"护法者众"。其东面有三元宫、吕祖宫和斗姥宫，其西面有洞天宫、十王宫、文武宫、太乙楼、洗心亭和清水殿环绕（见图 5-27）。其内部神圣空间形成了以城隍庙为中心的多元神灵景观空间结构。

二 城隍庙折射的空间文化含义

城隍庙是城市的保护神，与城市发展、城市经济之间关系密切，成为一个城市发展的肌理。对于佛山镇的万真观向城隍信仰空间的转变原因，虽然没有详细记载，但结合清代佛山镇的发展，可以透析出以下社会文化的含义。

（一）城市发展促成了神灵崇拜空间的重构

佛山至清代中叶已经成为岭南大都会。由表 5-11 可见，从明景泰二年到康熙十三年的 223 年中，人口只增加 4 万人左右；而从康熙十三年至二十三年的 10 年中人口就增加了 4 万人；至道光十年，已是"人稠地广，烟户十万余家"，人口激增到约 60 万人。《重修佛山海口文昌阁记》称："佛山为省垣西南重镇，四面环海，气运所钟，商贾辐辏，人文奋兴，于今为盛。四方之迁者侨者，从学而来者，宦成而归者，权缗竿以起家者，执艺事以自食其力者，咸以风淳俗美，乡有贤耆，梯航箧笈，麟萃云集，皆来而卜居焉。"④ 可见，当时有希望致富的商人、求食的工匠、求学的士子、退休的官员，等等，均云集于此。清代前期，佛山的侨寓人口很多，

---

① （清）吴荣光：道光《佛山忠义乡志》卷二《祀典》。
② （民国）冼宝干：民国《佛山忠义乡志》卷八《祠祀志》。
③ （清）吴荣光：道光《佛山忠义乡志》卷二《祀典》。
④ （清）吴荣光：道光《佛山忠义乡志》卷十二《金石下》。

图 5-26 舆图中的万真观

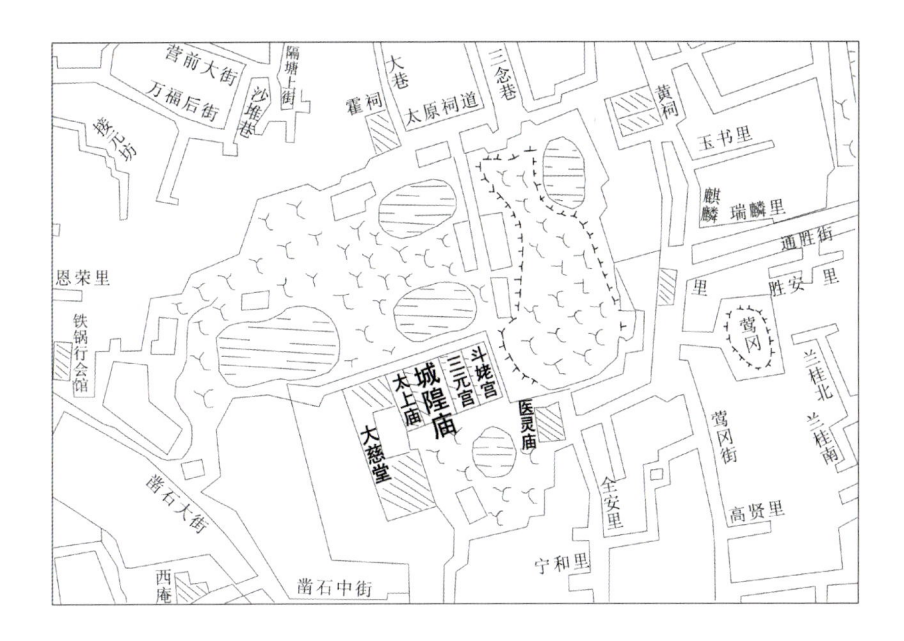

图 5-27　清末的万真观（城隍庙）及其周围环境

资料来源：转绘自民国《佛山忠义乡志》卷首一《各铺街道图》。

表 5-11　　　　　　　　　明清部分年份佛山镇人口数

年份	户数（户）	人口（人）	资料来源
明景泰二年（1451）	3000 余	20000	《灵应祠碑记》
康熙十三年（1674）	10000	60000	《佛山忠义乡志》
康熙二十三年（1684）	—	100000	《修灵应祠记》
乾隆九年（1744）	20000	120000	《佛山忠义乡志》
乾隆十九年（1754）	30000	180000	《佛山忠义乡志》
道光十年（1830）	100000	600000	《佛山忠义乡志》

注：一户以六口人计。

资料来源：佛山地方志编纂委员会：《佛山市志》，广东人民出版社 1994 年版，第 199 页。

正如梁九图的《佛山》诗云："舟车云集此天涯，半是侨居半故家。"[①] 在大量的流动人口中，经常会有一些商贩、学徒和工人客死异乡。人们迷信客死异地的殇鬼因为心中有怨气，经常要作祟，被称为"厉鬼"。所以，需

---

① （民国）冼宝干：民国《佛山忠义乡志》卷十五《艺文三》。

要请城隍神主祭厉坛,安抚孤魂野鬼。清代康熙至道光年间是佛山镇人口增长速度最快的时期,而佛山镇迎建城隍行台也在这一时期。据清道光《佛山忠义乡志》载:"康熙癸巳年,罗浮山冲虚观道衲杜阳栋之五世孙岑合顺,与其同门陈有则等十人购地重建。左为大慈堂,以祀无以木主。雍正丁末,游魂不安,怪异屡见,乃奉都城隍神以镇抚之,佛山之有城隍行台,肇此也。"① 城隍庙在丰宁铺,紧邻莺冈,清道光《佛山忠义乡志》中的《忠义乡域图》中有明确的标注(见图5-28)。

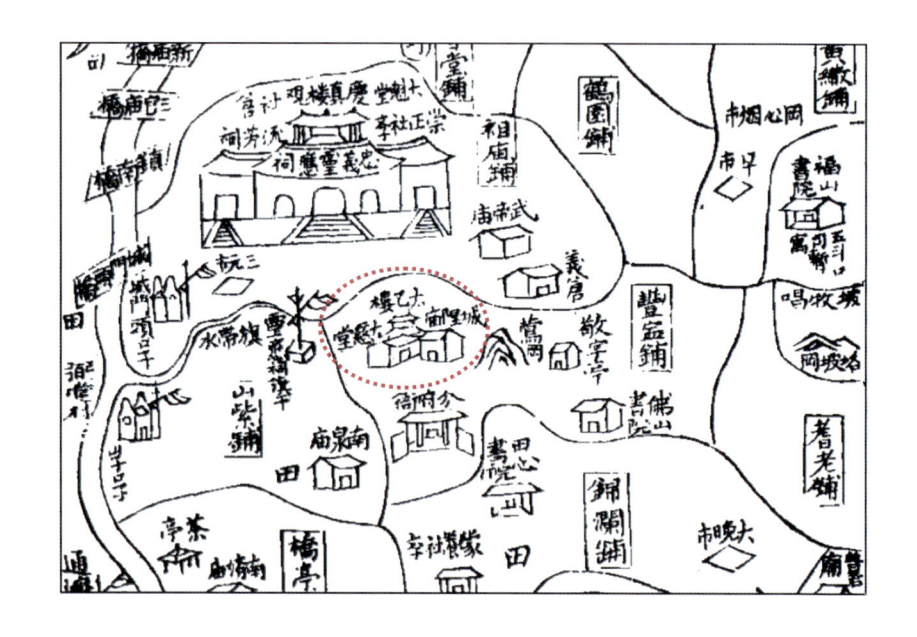

图5-28 《忠义乡域图》中的城隍庙

资料来源:(清)道光《佛山忠义乡志》卷首《图》。

可以看出,雍正丁未年(1727),万真观从府城奉迎城隍神进观,建立城隍庙,以安抚和震慑游魂,并形成以城隍神为主、众神拥之的多重神灵崇拜空间。此后,每逢春节、盂兰盆节,市民多到庙参神,"规模宏大,香火亦盛"。② 市民甚至直接将道观称为城隍庙,而万真观、洞天宫之名反而不彰。③ 据《南海县政季报》中的《布告严禁佛山城隍庙开坛建醮案》载:

---

① (清)吴荣光:道光《佛山忠义乡志》卷二《祀典》。
② (民国)冼宝干:民国《佛山忠义乡志》卷八《祠祀志》。
③ 区瑞芝:《佛山新语》,佛山,1992年版,第53—54页。

"近查该庙司祝,竟欲乘俗例盂兰盆会时期,定于本月十三日,在庙内开坛建醮,名为万人缘……到开坛之日,则男女杂处,一连数日,喧扰通宵。"① 可见,至少到民国初年,佛山城隍庙还经常开坛建醮,万人云集,成为市民重要的公共活动空间。

(二) 市镇发展成为城市对身份表征的内在需求

我国城市的发展,概括起来,有两个主要途径:一是作为区域的军事、政治或经济中心,在府州县治的基础上发展起来;二是作为区域的交通和商贸中心,在市镇基础上发展起来。明洪武以后,我国很多县治以上的城市都修建了城隍庙,且位于城市的中心位置,是城市的重要标志之一。明清时期,珠江三角洲等地区农村商品经济日益活跃,草市和墟市的规模逐渐扩大,部分交通位置较好、商贸发达的乡村聚落发展成为市镇,其中一些市镇不断拓展空间,成为工商业巨镇,佛山、陈村、石龙和广州成为清代广东的"四大镇"。其中,佛山的变化最大。在元大德《南海志》中仅有"佛山渡"的记载,到了明代景泰年间,佛山成为以冶铁业为主的工商业市镇。"民庐栉比,屋瓦鳞次,几万余家。""工擅炉冶之巧,四远商贩,恒辐辏焉。"② 而且佛山堡与周围各堡不同,设立了二十四铺的社区划分制度,打破了以血缘群体为主的乡村聚居形式,使佛山脱离了乡村市镇状态,开始形成城市雏形。③ 至清代中叶,佛山除冶铁业外,其他手工业也十分发达,四方商人云集于此,从事贸易活动,成为岭南一大都会,名列天下"四大镇"④ 和"四大聚"⑤ 之一。

清代康乾道时期,随着佛山镇商品经济的发展和商业活动的繁盛,从忠义乡到佛山堡再到佛山镇,佛山已成为岭南大都市,具备城市的特征和功能。相对来说,在行政体系中,佛山镇也要确立自己的位置,纳入都一府一州一县各级行政序列的下层,而要做到这一点,非要有表明"身份"的城隍庙不可。这样,作为城市要素之一的城隍庙,在经济发展的推动下,

---

① (民国) 南海县政府编辑处:《布告严禁佛山城隍庙开坛建醮案》,《南海县政季报》1929年第1期。
② (清) 吴荣光:道光《佛山忠义乡志》卷二《祀典》。
③ 罗一星:《明清佛山经济发展与社会变迁》,广东人民出版社1994年版,第77—78、393页。
④ (民国) 冼宝干:民国《佛山忠义乡志》卷首二。
⑤ (清) 刘廷献:《广阳杂记》卷四,中华书局1957年版,第193页。

进驻了原本没有资格拥有的城镇。① 陈炎宗曾在《忠义乡说》曰："佛山，堡名耳，乡则曰'忠义'。顾天下艳称佛山，几忘其乡之为'忠义'，毋乃爱其地而逸其美乎？……乡人士不以之自耀，但称佛山，故天下亦遂循而忘之也。……唯揭忠义之名，昭表里之意，俾天下咸知是乡之美，不在烟火之稠，文物之盛，货财之富，而在二十二人之赤忠与其子第之从义，昭当时，风后世……"② 显然，陈炎宗想为忠义乡正名。但如文中所言，之所以市民只称佛山，而忘记忠义之名，实为"烟火之稠，文物之盛，货财之富"。可见，随着佛山镇经济与城市发展，佛山取代"忠义乡"是必然的，这反映出市民和侨寓者对于佛山城市身份的认同。

（三）清代以来礼制的松动使佛山建立城隍庙成为可能

按明代礼制，城隍庙只能在县治以上的城市设立。但明代中叶以后，在商品经济发达的珠江三角洲等地区陆续出现了镇城隍庙，清代以后则更多。显然，它们有违礼制，只能属于淫祠。如前所述，佛山万真观向城隍庙身份的转变，一方面，与商品经济发展、商业活动繁盛以及由传统市镇向城市转型过程中的身份认同有关；另一方面，虽然清代的祭礼基本沿袭了明代旧制，但是，明代祭城隍列为中祀，而到清代，祭城隍却只是五十三群祀之一，城隍神的地位有所下降，这种礼制的松动，也是如佛山之类的由市镇发展起来的工商业城市能够修建"城隍庙"的原因之一。至民国时期，庙宇的经营和纸宝捐是政府重要的商业税收渠道之一，《南海县政季报》更是称佛山城隍庙为"市有产业，由司祝缴饷批承"。③

（四）佛山城隍庙的"草根性"凸显了佛山镇的政权、族权和神权的社会特征

城隍庙的修建形式一般是由官方和民间（包括信徒）共同修建。例如，三水县和顺德县的城隍庙都是在知县的主持下修建和增修的。佛山镇成为重要的经济中心后，先后设立了文武四衙，成为南海县以下的政治中心。顺治七年（1650），广州同知派驻佛山；康熙三年（1664），五斗口司巡检署移至佛山；雍正十一年（1733），开始设置佛山同知。但据罗一星研究，佛山官方机构的设立，并未使佛山都市郡县化，佛山的实际权力仍由以祖

---

① 郑土有、刘巧林：《护城兴市——城隍信仰的人类学考察》，上海辞书出版社2005年版，第66—150页。
② （清）吴荣光：道光《佛山忠义乡志》卷十一《艺文上》。
③ （民国）南海县政府编辑处：《布告严禁佛山城隍庙开坛建醮案》，《南海县政季报》1929年第1期。

庙大魁堂为核心的士绅阶层把持。① 佛山镇的城隍庙是由万真观道士募捐、民间力量的推动而兴建的，佛山镇的官方并未参与。制度化的宗教在佛山的发展很有限，民间信仰一直在佛山镇的精神领域占据统治地位。明代以来，以北帝信仰为纽带，逐渐形成了以佛山祖庙为中心的"中心—四方"形式的社会文化空间②，祖庙实际上是佛山镇集神权、族权和政权于一体的核心。祖庙铺及其周围成为核心信仰圈，城隍庙就位于这个信仰圈中，紧邻佛山镇信仰中心。佛山市博物馆馆藏的《接法事部》账本详细记录了万真观道士在佛山祖庙接法事的情况。显然，万真观与祖庙联系密切，清代佛山祖庙醮会几乎都请城隍庙（洞天宫）道士操持法事③，而且在《佛山忠义乡志》中以"城隍行台"之名被纳入民间信仰系列的神庙之列。可见，佛山城隍庙的这种草根属性折射出佛山镇的政权、族权和神权的社会特征。

综上分析，神圣空间的产生和演变的背景反映了地方生活世界的人文需求以及政治、社会、经济和情感的整合运作。雍正五年（1727），佛山开始有了城隍庙，万真观遂形成了以城隍庙为核心的宗教空间，城隍庙在佛山民间影响很大，大有盖过万真观之势。从万真观到城隍庙的神圣空间重构及其所带来的空间文化含义的变化，可以折射出佛山镇由"乡村"到"城市"空间意义的转变。城隍庙实际上成为一种象征，除经济上的推动外，与对行政治所的诉求和"城市"身份的认同关系也十分密切。佛山民间信仰神庙大多不供养专职道士，万真观（城隍庙）的道士便成为佛山大量神庙醮会法事的主力军，加深了万真观和民间信仰神庙的联系，特别是通过向祖庙靠拢，借祖庙的影响来发展自己的优势。抗日战争爆发后，万真观道人四散，日渐衰落，大部分殿宇、园林被占用，直至 20 世纪 50 年代，仅存城隍庙从事道教活动。后来，由于修路，城隍庙连同万真观都被拆毁，庙里的城隍像被搬进了祖庙的殿堂。时至今日，城隍庙已不复存在，仅存留在乡志舆图的历史记忆中，只有祖庙的城隍像和"超幽"石成为万真观和城隍庙剩下的历史印记（见图 5-29）。

---

① 罗一星：《明清佛山经济发展与社会变迁》，广东人民出版社 1994 年版，第 77—78、393 页。

② 李凡、司徒尚纪：《民间信仰文化景观的时空演变及对社会文化空间的整合——以明至民国初期佛山神庙为视角》，《地理研究》2009 年第 6 期。

③ 肖海明：《中枢与象征——佛山祖庙的历史、艺术与社会》，文物出版社 2009 年版，第 171—177 页。

图 5-29 祖庙里的城隍像与超幽石（李凡摄）

第六章　志书诗画中的佛山印记

在历史的长河中，佛山的诗文具有自己的特色，《佛山忠义乡志》记述了佛山的历史文化。《佛山忠义乡志》初编纂于清代康熙年间，乾隆、道光、民国时期三次续修，由陈炎宗、吴荣光、冼宝干等进士出身、精通经史、学识非凡的名流主持。《佛山忠义乡志》中收入了大量的诗文，如民国《佛山忠义乡志》校注本前言所言："《佛山忠义乡志》还是文学宝库，其《风土志》《艺文志》保存了本乡本土大量的诗文，其意境之高，风格之奇，音韵之美，变化之多，令人执卷流连，赞叹不已。而往事如歌，风光如画，乡情如水，又倍感亲切，耐人寻味。"[①] 下面我们以《佛山忠义乡志》中的诗文和佛山竹枝词为例，寻找佛山的印记。

第一节　佛山竹枝词

竹枝词是一种诗体，由古代巴蜀的民歌演变而来，最初广泛流传于四川东部地区以及湖北西部沿江一带。宋人郭茂倩《乐府诗集》卷八十一云："竹枝词本出于巴渝。唐贞元中，刘禹锡在沅湘，以里歌鄙陋，乃依骚人《九歌》，作《竹枝》新词九章，教里中儿歌之，由是盛于贞元元和之间。"唐代诗人刘禹锡当时任夔州刺史，在乡中常看乡人演唱竹枝词。据载：古人演唱时，竹枝词声高激越，且边歌边舞，吹短笛，击鼓为伴奏，刘禹锡在其《竹枝词》序中写道："四方之歌，异音而同乐。岁正月，余来建平，里中儿连歌《竹枝》，吹短笛，击鼓以赴节，歌者扬袂睢舞，以曲多为贤。聆其音，中黄钟之羽，卒章激讦如吴声。"因而学习屈原的《九歌》，采用当地民歌的曲谱，制成新的《竹枝词》，从此，竹枝词逐渐成为一种固定的文人诗词创作样式。从唐代开始，不少文人墨客也开始创作竹枝词，明清

---

① （民国）冼宝干：民国《佛山忠义乡志》校注本，岳麓书社 2017 年版。

以来，竹枝词作品大量涌现，创作数量可以说是蔚为壮观。1997年12月北京古籍出版社出版的《中华竹枝词》共收录了1200多位诗人的2.1万多首竹枝词；2007年11月北京出版社出版的《中华竹枝词全编》共收录了4400多位诗人的7万余首竹枝词。可见竹枝词在中国诗歌创作方面占有极其重要的地位。

竹枝词大体分为三种类型：一是文人收集保存的民间歌谣；二是文人吸收竹枝词歌谣的特点而创作的具有民歌色彩的诗歌；三是借竹枝词格调写出的七言绝句。目前我们看到的，多是第三种类型，这成为自刘禹锡以后的竹枝词的主要格式，是经过改造而固定下来的诗词格式。

（1）杨柳青青江水平，闻郎江上唱歌声。
东边日出西边雨，道是无晴却有晴。
——（唐）刘禹锡《竹枝词》

这是刘禹锡著名的《竹枝词》，借天气的阴晴变化，写出了少男少女们青涩的感情，明明是"江水平"，只要是闻郎唱歌，心中却掀起波澜，因而有了"有情""无情"的遐想。

竹枝词是以吟咏风土为主要特色的诗作，对社会、文化、历史和风土人情有着重要的史料价值。竹枝词的作者多是土生土长的本地文人，他们熟悉乡土的风俗民情，笔下的风俗、人物、地貌、名胜，都具有自然和人文的地理色彩，自有风情趣味。另一些外地作者，他们或任职或被贬或游历，以观察的眼光，对异地的风情充满了好奇，笔下的竹枝词也极具民间的风趣，描写淳朴的民风、率真的民情，讥诮社会的时弊，让人真切地感受到时代的气息。

（2）雅座家家设女宾，男宾雅座杳无闻。
方令男女称平等，平等如斯也笑人。
——（民国）刘师亮《成都青羊宫花市竹枝词》

作品写了成都维新茶社男女杂坐的状况，而且是"家家"如是，记录了当时女子与男子平等，可以入茶馆、上饭馆的社会现象，极具俏逗的韵味。

2010年10月广东高等教育出版社出版的《广东竹枝词》"岭南篇"，

便有大量尽情地展现富有岭南特色风土的竹枝词。《广东竹枝词》前言说："所谓风土，就是指当地的风俗民情，也就是群众的生活方式、生活习尚。……包括群众的生活状况、生活方式、生活习惯、生产劳作、人际交往、爱情婚姻、喜庆节日、婚丧嫁娶、山川风景等。"这些竹枝词就是社会文化直接的、真实的、生动的记录。

（3）昆仑栽竹事空传，不见春潮送客船。
　　只似蜀江江山路，两山中挟手巾天。
　　　　　　　　　　——（宋）方信孺《清远峡》
（4）飞泉十道泻峣峰，怪底潭中翠黛浓。
　　圣代即今多雨露，何须激怒水中龙。
　　　　　　　　　　——（清）陈坤《岭南杂事诗钞》
（5）红佛桑花红欲然，罗浮仙蝶舞蹁跹。
　　素馨斜畔春如海，白雾蒙蒙落蚬天。
　　　　　　　　　　——（清）张延谟《岭南春日》
（6）种得芭蕉初长成，夜来风雨忒无情。
　　不知雨打芭蕉叶，还是芭蕉打雨声。
　　　　　　　　　　——（明）余庆源《竹枝》

（3）写清远峡的地势。
（4）写东莞十龙潭的飞瀑和幽邃的潭水。
（5）写岭南春日的桑花、罗浮山的飞蝶、花田（素馨斜）以及蒙蒙的白雾，一幅岭南春日的美景图。
（6）写了岭南特色的芭蕉，也写出了岭南多雨的气候。

除了写景，竹枝词更多的是写社会百态、人文历史、百姓生活、百姓的喜好和百姓的习俗。

（7）翩跹天上五仙人，羊驾何年到海滨。
　　晋汉相传半无有，观中遗石自轮囷（jun）。
　　　　　　　　　　——（宋）方信孺《五仙观》
（8）绕市长呼万众人，禾叉鱼弩捍贼锋。
　　民知大义原无敌，俎豆千春起懦庸。
　　　　　　　　　　——（明）方信孺《忠义流芳祠》

(9) 竹林塘西越女归，双双采莲歌夕晖。
兰舟荡桨忽分去，两岸风花高下飞。

——（明）王佐《竹枝词》

(10) 乌乌画角起军声，野市吹来入耳惊。
欲把弦歌兴雅化，杀机不作便升平。

——（清）陈坤《岭南杂事诗钞》

(11) 七日良宵鹊驾成，空庭拜罢夜三更。
劝君欲汲天孙水，莫待鸡啼第二声。

——（清）陈坤《岭南杂事诗钞》

（7）写广州城（五羊城、穗城）的来由，五仙人执穗骑羊而至，遗穗广州，羊化为石。

（8）写佛山的忠义流芳祠，流芳祠纪念明朝梁广等二十二位义士抗击黄萧养叛军之事，佛山因此改"季华乡"为"忠义乡"。

（9）栩栩如生地写出了采莲的越女形象，还写了采莲的"兰舟"和两岸的"风花"。

（10）记录了顺德容奇、马齐等村奇特的吹角卖鱼、卖肉的特色，让人们了解当年黄巢屯兵地辖内以角声号召军队的特点。

（11）写了广州人在七夕汲取圣水（天孙水）的习俗。七月七日，牛郎织女鹊桥相会，汲取江水或井水以备用，汲水的最佳时间为鸡初鸣之时，而不能超过"鸡啼第二声"。由此可见，竹枝词可以说是历史文化研究无可替代的重要史料。

竹枝词特点鲜明，内容贴近生活，记录的是与民众息息相关的内容，写普通民众的生活，极具人情味。风格上"能以嬉笑代怒骂，以诙谐发都勃"（见颜继祖《秣陵竹枝词》序），尤其是口语、俚语均可入诗，所以能创造出深入浅出的境界，没有高处不胜寒的尴尬，反而给人一种幽默风趣的良好感觉，赢得了文人墨客的青睐，也深得广大民众的喜爱，既可阳春白雪，也可下里巴人。

竹枝词的格式多为七言四句体，与七言绝句相似，但其实两者并不相同。刘禹锡以后的竹枝词，是民歌与诗歌的融合，凸显文人竹枝词的特点。清代诗人王士祯在《带经堂诗话》卷二十九答问中曾有论述："问：竹枝词何以别于绝句？竹枝咏风土，琐细诙谐皆可人，大抵以风趣为主，与绝句迥别。"除最常见的七言四句体外，竹枝词的格式还有七言二句、五言四句、六言四句的类型，甚至更有七言八句体。与盛唐的格律诗相比，竹枝词韵律并不严格，不受平仄的限制，也无格律可言，语词只讲求明决流畅。"文人创作的竹枝词，无论构思立意、词句锤炼还是音韵修饰，都很注意从民歌中汲取营养，同时也滤掉了其中粗鄙芜杂的残渣，从而使其从内容到形式都得到提高，以至升华，成为一种吟咏山水风光、民俗风情的诗体。"① 早期的竹枝词，歌词也是前四后三分为两段，有时还会在前句与后句中插入衬字或者用叶韵，歌唱时群相和声，采用联唱的形式。

（12）木棉花尽_{竹枝}荔枝垂_{女儿}。
　　　千花万花_{竹枝}待郎归_{女儿}。
　　　　　　　　——（唐）皇甫松《竹枝词》

（13）罗浮人家_{竹枝}红蕉布_{女儿}，谁裁郎衣_{竹枝}侬所作_{女儿}。
　　　　　　　　——（清）陈维崧《粤东词》

（14）槿花篱外竹横桥_{竹枝}，日日溪边荡小桡_{女儿}。
　　　借问侬家住何处_{竹枝}？蛎墙低处认红蕉_{女儿}。
　　　　　　　　——（清）李调元《竹枝十六首》

（15）二品加衔四品阶，皇然绿轿四人抬。
　　　黄堂半跪称卑府，白简通详署宪台。
　　　督抚请谈当座揖，皋藩接见大门开。
　　　便宜此日称观察，五百光洋买得来。
　　　　　　　　——（民国）苏曼殊《捐官竹枝词》

从（12）至（15）可以看到，从唐代皇甫松到清代陈维崧的七言二句，再到清代李调元的七言四句，都是带和声的竹枝词，而民国广东著名诗人苏曼殊的《捐官竹枝词》（共七组）则是七言八句，类似律诗而非绝句。

《佛山忠义乡志》中的《风土志》《艺文志》两部分中收录了《佛山竹枝词》（15 首）和《汾江竹枝词》（19 首），加上《广东竹枝词》② 中的《佛山篇》辑录的作品，共计 254 首，可见，佛山也有为数不少的竹枝词佳作。这些竹枝词作者均为清代人，有何若龙、陈捷扬、冯达昌、梁东文、

---

① 李永贤：《试论清初韶州诗人廖燕的竹枝词》，《韶关学院学报》2005 年第 11 期。
② 钟山、潘超、孙忠铨：《广东竹枝词》，广东高等教育出版社 2010 年版。

陈昌坪、袁英、梁序镛、廖衡平、麦照、陈日新、屈宋才、廖卓然、崔茂龄、舒彬、梅璿枢等25位诗人，他们中既有佛山本地作家，也有在佛山任职的朝廷官员。其中，冯雨田作品有195首，集成《佛山竹枝词初集》，其《序》中写道："诗以三百篇为宗，至唐而称盛。唯言情绘景，各已登峰造极，后人何用蹈其蹊径？唯竹枝词一格，描写方言谚语，风土人情，于天趣性灵，兼而有之，洵足别开生面。"竹枝词具有独特的艺术魅力，是因为有自己的特点。综观诗篇，佛山竹枝词的整体特点与其他竹枝词一样，语言流畅，通俗易懂，土语、土词都可以入诗。诗歌格式都是绝句，但风格各异，雅俗共赏。诗风明快，读来朴实，自然清新。诗的题材广泛，广为记事，记录历史。

第二节　佛山竹枝词的地景和想象

竹枝词是诗，是一种文学体裁，而文学是生活的反映，提供了人类了解自身与世界的可能性。看似平淡无奇的佛山竹枝词，却是研究佛山历史难得的宝贵史料，打开佛山竹枝词的诗卷，让我们能够了解作为四大古镇之一的佛山所具有的魅力，它的地理空间、生活气息、乡土魅力和人文情怀。研读佛山竹枝词，既让我们了解佛山，也了解岭南。

一　佛山竹枝词的地景

佛山竹枝词充分体现了竹枝词吟咏风土的特色，把佛山的自然景观一一呈现在读者眼前。

（一）佛山的空间感

佛山竹枝词里，有不少诗句反映了佛山的地理位置，描写了佛山的地貌、地势特色。

（16）汾江江水自西来，一日江头见两回。
　　　绝怕郎心似江水，到头才合又分开。
　　　　　　　　　　　——（清）陈日新《汾江竹枝词》
（17）汾江江上水迢迢，日日江头两度潮。
　　　生怕郎心似潮水，到头才合又全消。
　　　　　　　　　　　——（清）黄宝田《汾江竹枝词》

(18) 文沙正埠复鹰沙，三岸相分柳影斜。
独恨夜撑横水渡，引郎人黑听琵琶。
——（清）冯雨田《佛山竹枝词》

(19) 沙口西流栅下朝，中间直出省城遥。
东西北路三叉水，哪得郎君心一条。
——（清）冯达昌《佛山竹枝词》

（16）和（17）写出了汾江的特点。"汾江江水自西来，一日江头见两回。""汾江江上水迢迢，日日江头两度潮。"写出了江水分道的特点。据《佛山忠义乡志》卷一《乡域志》载："汾水，在乡之北，'汾'原作'分'，以西、北两江由王借冈而分二道也。……'分'，添水为'汾'，则以人情喜合恶分也。"[①] 不难看出，诗中后两句，借汾水的特点，道出了女子目睹江景而生出的担心。"绝怕郎心似江水，到头才合又分开。""生怕郎心似潮水，到头才合又全消。"

（18）和（19）写出汾江文沙段的另一种特色——三叉水分三岸。

(20) 日曜含胎产地球，中藏水土气悠悠。
遥看宛转蟠冈态，知是曾随随荡漾流。
——（清）冯雨田《佛山竹枝词》

(21) 一坡芳草映蟠冈，恰得群鸡衬夕阳。
不管炭廖谁富贵，畜生也变石心肠。
——（清）冯雨田《佛山竹枝词》

（20）和（21）写蟠冈地貌，蟠冈因水流冲击而形成，《佛山忠义乡志》卷一《舆地志》描述蟠冈："状圆如月，端严丰满，与王借之如日者相望。"在蟠冈附近，有石云山，石云山又名鸡乸石（鸡乸：粤方言"母鸡"的说法），在岸边一石婆婆，数小石连缀，如鸡群其母，所以状如"群鸡衬夕阳"。

(22) 赤珠冈接赤霞冈，叠翠攒青地脉长。
共识五星齐聚美，联珠佳气映文昌。
——（清）麦照《汾江竹枝词》

---

① （清）吴荣光：道光《佛山忠义乡志》卷一《乡域志》。

(23) 王借冈连紫洞冈，炮台宜设此中藏。
何愁西省来蟊贼，未动烽烟已预防。
——（清）冯雨田《佛山竹枝词》

(24) 海阔开汊分五条，西流到此渐平消。
劝郎节用当观水，涨绿无多得几朝。
——（清）冯雨田《佛山竹枝词》

(25) 接官亭下柳千条，春水桃花荡画桡。
多少文园题柱客，登云桥北跃龙桥。
——（清）梅璿枢《汾江竹枝词》

(22) 和（23）写赤珠冈、赤霞冈、王借冈、紫洞冈的地理位置。

(24) 写五丫口的水流特点，"西流到此渐平消"。

(25) 借"登云桥北跃龙桥"反映佛山水多桥多的特色，皆因"粤故泽国也"。①

(26) 海关关接广州关，只隔盈盈水一间。
风月自来无例税，满船装去复装还。
——（清）冯达昌《佛山竹枝词》

(27) 新涌潮贯大塘涌，流入汾江浴日红。
海口也教文塔守，防边深望擢群雄。
——（清）冯雨田《佛山竹枝词》

(28) 五月西街西水天，侍儿报道涨床前。
深闺不识农愁潦，笑说凌波步步莲。
——（清）冯雨田《佛山竹枝词》

(26) 点出了佛山与广州"只隔盈盈水一间"之遥，说明是一水相连。

(27) 写出了汾江海潮的壮观、落日的热烈。

(28) 反映了佛山每年的水患，但是，"深闺不识农愁潦"，西水已经涨到床前了，仍是"笑说凌波步步莲"，诗歌也表现出诗人沉重的忧患意识。

---

① （民国）冼宝干：民国《佛山忠义乡志》卷一《舆地志·通济桥记》。

(二) 佛山的自然风光

佛山竹枝词充分描绘了佛山的自然景色，令人读来心旷神怡。诗人笔下的美景让人陶醉，让人迷恋，真切地感受到佛山巨镇的魅力。

(29) 木棉花谢鹧鸪鸣，通济桥头春水生。
　　箬笠筠笼归路晚，蒙蒙烟雨又清明。
　　　　　　　　　　——（清）廖衡平《汾江竹枝词》

(30) 东林拥翠夏生凉，似胜花田一味香。
　　遥望晚霞红蘸水，荔枝围住马蹄塘。
　　　　　　　　　　——（清）冯雨田《佛山竹枝词》

(31) 莺冈三月百花飞，排草街边草正肥。
　　见说兰台风景好，何人走马看花归？
　　　　　　　　　　——（清）屈宋才《汾江竹枝词》

(32) 西林山色耸晴空，黄蔗冈遥烟雨蒙。
　　重九清明两佳节，画船摇出大塘涌。
　　　　　　　　　　——（清）冯雨田《佛山竹枝词》

(33) 东风落雾北风消，卅六江春又长潮。
　　银钏湿摇庄步雨，一枝柔橹入沙腰。
　　　　　　　　　　——（清）冯雨田《佛山竹枝词》

(34) 两岸茅檐绿树围，迢迢栅水午闻鸡。
　　篙撑塔影冬潮浅，半棹慈姑半马蹄。
　　　　　　　　　　——（清）冯雨田《佛山竹枝词》

(35) 绿树参差人晚凉，苔生螺道陟莺冈。
　　万灯知赏中秋月，曝背谁还记日光。
　　　　　　　　　　——（清）冯雨田《佛山竹枝词》

(36) 接官亭外绿波清，杨柳垂腰解送迎。
　　多少鸣驺经此地，几留棠荫尉舆情。
　　　　　　　　　　——（清）张荫榆《汾江竹枝词》

(37) 玉蟾流彩照长空，韵事清霄选妙童。
　　仿佛羽衣天半落，锦烂西畔塔坡东。
　　　　　　　　　　——（清）吴荣光《佛山》

(29) 和 (30) 提及了福山（佛山）八景中的村尾垂虹和东林拥翠两

景。关于佛山八景，有不少绘景的诗句，后面有专论的章节，在此只举其中一二。

（31）写三月的莺冈百花纷飞，到处春意盎然。

（32）写重九清明秋春两季的气候。

（33）写江雾和江潮。

（34）至（37）写江岸的醉人景色，绿树蔽围、杨柳依依、波光水色、明月当空，这是何等迷人美景。

（三）佛山的花木果蔬

一方水土，孕育出一地的物产。佛山竹枝词提及多种本地花木、蔬果等农产品，并使人联想到利用这些食材烹制出来的各种美味佳肴。

（38）簇簇红灯细细风，素馨芳馥半帘通。
玉儿好伴王孙宴，却挽莲舟入画中。
——（清）陈捷扬《佛山竹枝词》

（39）鲤鱼涌畔杏花时，茉莉沙边柳万枝。
郎舣车船侬驳艇，此间风景两家知。
——（清）冯雨田《佛山竹枝词》

（40）团年猸务各如麻，最爱天晴放晚霞。
艳说三圩兼六市，四更犹卖水仙花。
——（清）冯雨田《佛山竹枝词》

（41）蚬栏东望绿盈郊，文阁三层出树梢。
闲笑木棉头角露，恰如侔国见曹交。
——（清）冯雨田《佛山竹枝词》

（42）柴门斜对讲经堂，认得桫椤几树芳。
侬自纺丝郎自织，愧无春恨诉禅王。
——（清）冯雨田《佛山竹枝词》

（38）至（42）展示了不同季节的具有岭南特色的素馨花、杏花、茉莉花、水仙花、木棉花、桫椤等花木。

（43）文沙佳果四时香，干焙枝圆贩外洋。
利济莫如棉广种，转嫌榕树遍南方。
——（清）冯雨田《佛山竹枝词》

(44) 侬赤双趺转自嗟,风尘都算享闲时。
　　　若教钟得坡公爱,哪惜文沙贩荔枝。
　　　　　　　　　　　——(清)冯雨田《佛山竹枝词》

(45) 小桥筝水水三汊,收铁何讥铸镬家。
　　　蚝壳墙围龙眼树,十年结子有新花。
　　　　　　　　　　　——(清)冯雨田《佛山竹枝词》

(46) 海面无心看水嬉,轻衫白氎日长时。
　　　檐间一听丫蝉叫,早卷珠帘买荔枝。
　　　　　　　　　　　——(清)舒彬《汾江竹枝词》

(47) 黄柑芋粉杂牲笾,冬至经营又策年。
　　　平日俭勤今觉好,余留醉腊杖头钱。
　　　　　　　　　　　——(清)冯雨田《佛山竹枝词》

(48) 地豆垂针怕旱天,生油价长怪年年。
　　　得时火水添豪焰,近日文光不值钱。
　　　　　　　　　　　——(清)冯雨田《佛山竹枝词》

(43)至(48)呈现给我们的是岭南的荔枝、龙眼、黄柑、地豆(花生),描写了嘴馋之人的囧态。

(49) 存昌豆腐滑中香,盎菜争夸鹤嘴塘。
　　　鼎食岂如闲有味,人生真乐在家常。
　　　　　　　　　　　——(清)冯雨田《佛山竹枝词》

(50) 竹环沙口笋生春,西粤船来趁水旬。
　　　载得郎归兼载米,儿家不怨造舟人。
　　　　　　　　　　　——(清)冯雨田《佛山竹枝词》

(51) 汾江渔返夜乌栖,携酒推篷付老妻。
　　　喜说苦瓜新出市,连朝高价卖三黎。
　　　　　　　　　　　——(清)冯雨田《佛山竹枝词》

(52) 红花社日兴尤雄,醉得邻姬似晓枫。
　　　宿酒未醒天已曙,隔溪又唤买禾虫。
　　　　　　　　　　　——(清)冯雨田《佛山竹枝词》

(53) 风偃芦低见鸭沙,杉皮作屋度年华。
　　　春鯿秋鲤供师馔,设帐何修教蜑家。

——（清）冯雨田《佛山竹枝词》

(54) 花篮样子腊猪腮，年礼权门馈几回。
     不及莺冈诸铁匠，有人送炭雪中来。

——（清）冯雨田《佛山竹枝词》

(55) 小平泉菜柱侯鸡，笋味争传沙口堤。
     侬道听莺沽酒处，不如正埠卤猪蹄。

——（清）冯雨田《佛山竹枝词》

(49)至(55)给我们带来了美妙的食材和诱人的佛山美食，食材中有豆腐、苦瓜、沙口笋、三黎鱼、禾虫、鳊鱼、鲤鱼、腊猪腮、柱侯鸡、卤猪蹄等。

二 佛山竹枝词的人文特色

《佛山忠义乡志》和《广东竹枝词》所录的竹枝词，皆为七言四句类的绝句人文竹枝词，词作写得活泼明快，具有浓郁的生活气息和鲜明的地方色彩，从多方面反映了佛山的社会风貌和民风民情，表现了百姓的生活，记述了佛山的习俗，记录了社会的变化，针砭时弊，表现出诗作者对百姓生活的关注和对民众疾苦的关心。

（一）市井生活，芸芸众生

佛山竹枝词真实地记录了百姓的市井生活，短短的几句诗，描述了栩栩如生的佛山百姓群体，种种人物跃然纸上，有血有肉，有喜有悲，有起有落，真可谓人生百态，尽收眼底。诗中，有勤劳的铸铁工匠，有习武之勇士，有务农人家，有奔波的商人，有辛劳的船家，有针黹的妇人，有劳碌的小贩，有扯风箱的村妇，有循规蹈矩的出家人，有勤学苦练的师娘，有狂蜂浪蝶，有新潮的大家闺秀，既有群像，也有特写，它们构成了一幅和谐的佛山人际图，让读者看懂了真实的佛山社会。这些生活在社会底层的人，有美好的憧憬，也有伤心的没落，却是实实在在地活着，为生存而忙碌着。生于斯或者长于斯的诗人尽情地宣泄着他们对于佛山这片热土独特的爱，写出佛山的繁华，写出了佛山的生活气息。

(56) 铸犁烟杂铸锅烟，达旦烟光四望悬。
     漫说红楼金漏永，辛勤人自不曾眠。

——（清）何若龙《佛山竹枝词》

(57) 铸锅烟接焰锅烟,村畔红光夜烛天。
　　 最是辛勤怜铁匠,拥炉挥汗几曾眠?
　　　　　　　　　　——(清)梅璩枢《汾江竹枝词》

(58) 炼铁孤村缕缕烟,桃花春水绿榕天。
　　 近来公铢尤珍重,铸鼎宜教立足坚。
　　　　　　　　　　——(清)冯雨田《佛山竹枝词》

(59) 笞杯冈畔路铺箱,且住亭前晚稻黄。
　　 转惜打钉村妇拙,髀如白雪扯风箱。
　　　　　　　　　　——(清)冯雨田《佛山竹枝词》

(60) 莺冈炉火四时烟,徒铸鸡刀铁可怜。
　　 别有几家篱落好,妇姑深夜凿红线。
　　　　　　　　　　——(清)冯雨田《佛山竹枝词》

　　(56)至(60)五首词,写出了铸铁模人家的辛劳,达旦的夜烛,缭绕的飞烟,连娇俏的妇人(髀如白雪:"髀"即大腿)也得跟着挑灯夜战。

(61) 何处侬郎挑菜归,蛋家沙地想依稀。
　　 东风开遍菜花早,莫看一双蝴蝶飞。
　　　　　　　　　　——(清)梁序镛《汾江竹枝词》

(62) 昨宵秋色彻南楼,晏起云鬟尚未修。
　　 渔妇抠门鱼换米,呼僮沽酒细桥头。
　　　　　　　　　　——(清)何若龙《佛山竹枝词》

(63) 推船逐寸渡河沙,汗滴汾江浪起花。
　　 阿妹不知郎力苦,围裙犹曳响云纱。
　　　　　　　　　　——(清)冯雨田《佛山竹枝词》

(64) 车声轧轧妾缝衣,愈巧谁知利愈微。
　　 追忆垂髫居厚谷,佣针犹足养慈帏。
　　　　　　　　　　——(清)冯雨田《佛山竹枝词》

(65) 妾生汾水住渔矶,不信针神识者稀。
　　 抛却嫁裙犹未绣,为人夫婿补鹑衣。
　　　　　　　　　　——(清)冯雨田《佛山竹枝词》

(66) 百种生涯百货陈,明知幻景赏偏真。
　　 最奇呼卖鱼生粥,陆地摇舟引笑人。

　　　　　　　　　　　——（清）冯雨田《佛山竹枝词》

　　（67）年货斑斓五色成，趁圩先记普君名。
　　　　　买来笑面偏贪大，儿戏谁知亦世情。
　　　　　　　　　　　——（清）冯雨田《佛山竹枝词》
　　（68）鸡催早市会司晨，上市家鸡等八珍。
　　　　　休问祝鸡翁在否，卖鸡原是姓鸡人。
　　　　　　　　　　　——（清）冯昕华《佛山竹枝词》

　　在（61）至（68）这些诗中，我们看到了为生活而奔波的菜农、渔妇、纤夫、缝纫妇、贩鸡人，他们成就了"百种生涯百货陈"的繁荣，也打造了斑斓五色的墟市，让人流连。

　　（68）还提示了佛山一个少有的姓氏——鸡姓人，这是佛山最早落户的四个姓氏之一——鸡、田、布、老，鸡姓为越族而非汉族姓氏。

　　（69）经堂古寺近庵堂，救世同心隔一墙。
　　　　　僧诵金刚尼礼佛，未曾自忏废伦常。
　　　　　　　　　　　——（清）冯雨田《佛山竹枝词》
　　（70）路经盘古庙前坊，桑柘青青荫几行。
　　　　　忽听黄鹂声百啭，几家檀板教师娘。
　　　　　　　　　　　——（清）苏爻山《汾江竹枝词》
　　（71）清明情种插情田，久客归家觉妇贤。
　　　　　廿四铺中繁孕育，便宜执妈过肥年。
　　　　　　　　　　　——（清）冯雨田《佛山竹枝词》
　　（72）豪商旅枕怯孤醒，亚姐街私立小星。
　　　　　赢午他年开族谱，佛山又发一房丁。
　　　　　　　　　　　——（清）冯雨田《佛山竹枝词》

　　（69）不改初衷，一心普度众生的僧尼，一如既往地诵经祈福。
　　（70）年轻的师娘（卖唱女盲人）刻苦勤练，唱出如黄鹂鸟般动听的歌声。
　　（71）和（72）道出了长年在外的经商人的奔波和思乡之苦。

　　（73）三蒸旧酒三元市，俗子纷纷醉到狂。
　　　　　侬愿统将西北水，化为益智众人汤。

——（清）冯雨田《佛山竹枝词》

（74）不知米价醉鹰沙，炒尽秋娘米仔茶。
侬砌牛郎偏用米，教人见米忆农家。
——（清）冯雨田《佛山竹枝词》

（75）纸醉金迷色色秋，箫声吹月浸街头。
郎君傅粉花车坐，不是丰年莫浪游。
——（清）冯雨田《佛山竹枝词》

（76）晓风残月壮登程，正埠刚喧早渡声。
不道隔江歌舞舫，酒阑灯暗梦初成。
——（清）冯雨田《佛山竹枝词》

（77）妾居栅水近东头，知稼难兼责礼优。
劚藕耕田无别务，薯茛短裤亦风流。
——（清）冯雨田《佛山竹枝词》

（78）天气清和晓更凉，凉风吹彻熟罗裳。
罗裳绿似潘涌水，水面双凫触恨长。
——（清）冯雨田《佛山竹枝词》

（79）佛山闺秀鼎湖游，云鬟霞裳蹴凤钩。
路遇斩柴椎髻妇，互惊怪物在山头。
——（清）冯雨田《佛山竹枝词》

（80）打网轻舟破晓烟，栅东鱼较栅西鲜。
小姑荡桨临流市，箬笠红衫正妙年。
——（清）冯雨田《佛山竹枝词》

在（73）至（76）这些诗中，诗人用笔墨描写了灯红酒绿、沉迷于女色的狂浪之人，他们涂脂抹粉，矫揉造作，醉生梦死，挥金如土，反映出当时社会的不良风气。

（77）至（79）描绘了女子的服饰，塑造了新潮粤女的形象。

（80）中"箬笠红衫"的小渔女，与明代南园五子王佐在（9）中塑造的越女形象有异曲同工之妙，飒爽英姿，清新脱俗，充满活力。

佛山竹枝词记录了民众的生活，从多方面反映出佛山人的勤劳、坚韧、乐观的性格，他们安居乐业，共同创造出佛山的繁荣，他们爱群居，也能独处。

(81) 百尺龙楼与凤楼，镂金错彩万花浮。
每逢上巳争行乐，簇拥香旃是处游。
——（清）梁东文《佛山竹枝词》

(82) 绿瓦鳞鳞矗梵宫，小桥流水皱松风。
观音未肯真开库，个个奢妆不像穷。
——（清）冯雨田《佛山竹枝词》

(83) 松花如雨点莓苔，十亩芝田手自栽。
若把莺冈比仙岛，洞天宫是小蓬莱。
——（清）冯雨田《佛山竹枝词》

(84) 东瓜吼里好村庄，纸阁芦帘薜荔墙。
香梦不惊强盗扰，胜他豪拥软藤床。
——（清）冯雨田《佛山竹枝词》

(85) 卿画门神侬理绣，瓜庐虽小胜阿房。
若淘古井防苔滑，戏把风谣砺玉郎。
——（清）冯雨田《佛山竹枝词》

(86) 路入荒园一径通，溪花亭柳两蒙蒙。
扁舟载得黄湾酒，浴鹤池边吊醒翁。
——（清）岑徵《汾江竹枝词》

(87) 汾江船满客匆匆，若个西来若个东。
何处可容垂钓叟，石云山下一孤篷。
——（清）陈昌坪《佛山竹枝词》

(88) 端阳醉后脸犹霞，邻姊招邀掠鬓鸦。
记取良辰朝十九，约侬胜地拜莲花。
——（清）冯雨田《佛山竹枝词》

(89) 六街呕哑踏歌声，侣伴招邀逐队行。
忽见彩绳风力紧，秋千飞入彩云轻。
——（清）梁东文《佛山竹枝词》

诗作由人的活动，写出了人们活动的场所，由此我们看到了华丽堂皇的"龙楼""凤楼"，那是令人迷醉的地方，如（81）。除此之外，还有绿瓦青砖的松风大户人家，如（82）；也有幽静温馨的家园，如（83）、（84）和（85）。（86）和（87）更写出了令人羡慕的隐居荒园怡然自得的"醒翁"和石云山孤篷下自娱自乐的垂钓翁。（88）和（89）写出了相约到胜地街拜观音的姐妹们的兴奋,也写出了众人相邀组队放风筝的喧哗。

(二)地名入诗,记录历史

地名是一地的名片,是文化的活化石。地名有两大功能:一是自然或地理实体的名称,呈现地方的自然属性;二是历史的画卷,历史的记录。地方的命名、更名或者废名,都受到社会文化等方面的影响,是社会生活的记录,这是地名的社会性。据《佛山忠义乡志》卷一《舆地志》载,佛山共有二十四铺(或加上四沙街道,共二十八铺),有四沙(文昌沙、鹰嘴沙、太平沙和聚龙沙),有"三墟六市"[三墟指表冈墟(大墟)、塔坡墟(普君墟)、盘古墟;六市指官厅市(官厅脚)、公正市、早市(冈心烟市)、三元市、晚市和朱紫市],还有不少的山冈、河涌。

综观佛山竹枝词,地名入诗的特点非常明显。在《佛山忠义乡志》收入的34首竹枝词里,地名入诗的有17首,有的竹枝词在短短的四句诗中,却包含三个地名。这些竹枝词出现的地名有通济桥、赤珠冈、赤霞冈、莺冈、文昌塔、鹰嘴沙、鲤鱼沙、排草街、走马街、塔坡街、胜地街、纪纲街、南泉庙、忠义乡、栅下铺、石云山等山名、川名、铺名、街名、墟名、市名、桥梁名、塔名或者与之相关的海关名、店名等。

  (90)春风走马满街红,打铁炉边接打铜。
    颇爱塔坡留胜地,卖花翁对卖茶翁。
          ——(清)陈昌坪《佛山竹枝词》
  (91)银烛千行月一钩,与郎同倚水边楼。
    低头莫问汾江水,但忆江名便起愁。
          ——(清)廖衡平《汾江竹枝词》

(90)、(17)、(21)和(26)都是一诗出现多个地名的。其中,(90)出现了"走马""塔坡""胜地";(17)出现了"文沙""正埠""鹰沙";(21)出现了"赤珠冈""赤霞冈""五星""文昌(塔)","五星齐聚美"是指佛山西北方的帽冈、王借冈、圭冈、驷马冈和狮冈五座山冈;(26)出现了"新涌""大塘涌""汾江""海口文塔"。

地名的出现,常常与人的活动相关。以"鹰嘴沙"为例,佛山竹枝词多次出现"鹰嘴沙"这个地名,与它关联的人和事就展示在读者面前。从地理位置看,鹰嘴沙"在河西,以基围为界,北至鹰沙汛,西到乌利庙,东至旧海关。……四沙商务以文沙为盛,鹰沙以西,木商最多,自成一市。

其地有支流断港，土人多驾排操舟，习知水性"。①

(92) 瓜皮小艇荡新潮，鹰嘴沙前住画桡。
花里灯光花外月，衣香人影醉通宵。
——（清）麦照《汾江竹枝词》

(93) 鹰嘴沙边耸画楼，瓜皮小艇送人游。
筵前灯烛花前月，嬉笑通宵赛粉候。
——（清）黄宝田《汾江竹枝词》

(94) 芦花风起打江波，鹰嘴沙边净绮罗。
两岸画船齐照水，问谁分得月明多？
——（清）崔茂龄《汾江竹枝词》

(95) 鹰嘴沙前选艳歌，名姝灼灼定情多。
渡江送客过汾水，水自分流人奈何？
——（清）廖卓然《汾江竹枝词》

(96) 汾水年年有雁飞，与君同作一行归。
短衣窄袖娉婷甚，鹰嘴沙飞看打围。
——（清）苏爻山《汾江竹枝词》

(97) 杉排塞海海生槎，沙聚龙回岸积沙。
买木易知心里烂，嫁郎难度不贪花。
——（清）冯雨田《佛山竹枝词》

(17) 和 (76) 描述了文沙、正埠、鹰嘴沙是三岸相分，柳影斜垂，"正埠"的对岸是鹰嘴沙。(87) "汾江船满客匆匆，若个西来若个东"，原因就是鹰嘴沙。(92) 至 (97) 呈现出鹰嘴沙招引过来的大量游客，他们迫不及待地前往画桡舞舫，于衣香人影间流连。"筵前灯烛花前月，嬉笑通宵赛粉候。"正埠已经开始早渡时，他们才"酒阑灯暗梦初成"。瓜皮小艇送来的客人，灯红酒绿，肆意撒野，"炒尽秋娘米仔茶"。(96) 写在鹰嘴沙"打围"，"打围"即打猎，每年雁飞来的时候，公子小哥相约前往鹰嘴沙打猎，"短衣窄袖"，看来甚是潇洒。(97) 反映了土人驾排操舟的生活。从诗中可见，鹰嘴沙已经成为"以旅廛逼闹，游手朋喧，优船聚于基头，酒肆盈于市畔"的颓废人生的安乐窝。

---

① （民国）冼宝干：民国《佛山忠义乡志》卷一《舆地志》。

（三）沧海桑田，社会变迁

随着社会的发展，新事物不断涌现，佛山竹枝词记录了当时的社会变迁，让我们了解当时的社会变化。

(98) 民食从来重稻粱，膏田何事改鱼塘。
　　　汾江地狭争农利，转惜退陬未垦荒。
　　　　　　　　　——（清）冯雨田《佛山竹枝词》

(99) 出口茶丝价不低，栅溪隙地改桑畦。
　　　蚕缲辛苦侬何怨，犹望兴商埒泰西。
　　　　　　　　　——（清）冯雨田《佛山竹枝词》

(100) 墟头新筑火□①头，名利驱人万里游。
　　　几处画楼飘酒旆，旧时一一是田畴。
　　　　　　　　　——（清）冯雨田《佛山竹枝词》

(98)、(99) 和 (100) 三首竹枝词反映了良田变成鱼塘、桑畦、画楼、酒市，对"民食从来重稻粱"的民生现状的改变表示担忧，本来就是"汾江地狭"，膏田却改为鱼塘，隙地改为桑畦。《佛山忠义乡志》卷六《实业志》云："桑叶用以饲蚕，价值随丝业之利钝为低昂，相差恒至倍蓰（倍：一倍；蓰：五倍），获利轻种稻为易，故近多改禾田以植之。"② 可见，良田的流失，皆因趋利也，而田畴改成画楼酒市，还是逃不脱名和利。

(101) 芝麻地僻近桑田，门巷桃花别有天。
　　　藕姐自忘秋已老，白兵红匪话从前。
　　　　　　　　　——（清）冯雨田《佛山竹枝词》

(102) 大山园里草铺茵，半坐骄奢懒骨人。
　　　酸听丐妻谈往事，裙拖门阃也镶银。
　　　　　　　　　——（清）冯雨田《佛山竹枝词》

时代在变，人的心态也在变。(101) 和 (102) 说明社会变化，藕姐、白兵、红匪、丐妻都在话从前了，丐妻渴望能够重过当年"裙拖门阃也镶

---

① 原文缺字。
② （民国）冼宝干：民国《佛山忠义乡志》卷六《实业志》。

银"的生活。

(103) 豆豉为名巷亦豪，新灯虽好费脂膏。
月光不用将钱买，争奈人偏看不高。
——（清）冯雨田《佛山竹枝词》

(104) 汾流晚望月光涵，脚费轮船价倍三。
记得儿时风尚俭，橹声帆影渡鹅潭。
——（清）冯雨田《佛山竹枝词》

(105) 叠溪欲暮远山青，姑嫂徐桡水面萍。
行客自来心事急，怪郎偏搭慢孖舲。
——（清）冯雨田《佛山竹枝词》

(106) 升平两字榜当街，游女争来买玉钗。
西水拍桥通正埠，不愁拖湿牡丹鞋。
——（清）冯雨田《佛山竹枝词》

(107) 轮船兴后废撑篙，论捷无如车路豪。
近日谋生犹斗智，一山将更一山高。
——（清）冯雨田《佛山竹枝词》

(108) 佛镇豪华汉镇雄，云山万里片时通。
一条轨路如弦直，有几心肠与铁同？
——（清）冯雨田《佛山竹枝词》

(103) 和 (104) 写人们用上"新灯"后又心疼花钱，怀念以前的"月光"当空照，却又只能承认其不变的心态，也感叹物价的上涨。

(105) 至 (108) 记录了交通工具的变化，从慢悠悠的"孖舲"到"轮船"，再从汽车到火车，其变化"一山将更一山高"，"云山万里片时通"，反映了交通工具的变化，既给人们带来了便利，也缩短了行程的时间。

（四）褒善贬恶，忠义乡风

《佛山忠义乡志》卷十《风土志》载："佛山地广人稠，五方杂处。习尚盖歧出矣。故家巨族，敦诗书，崇礼让，祠祭竭其财力，妇女罕出闺门，此其大较也。至于异地新迁，或宦成名立，始来卜居；或拥赀求安，爰得所处。类皆谨敕和厚，少蹈慆淫。然商贾猬集，则狙诈日生；佣作繁滋，则巧伪相竞。兼以旅塵逼闹，游手朋喧，优船聚于基头，酒肆盈于市畔，耳濡目染，易以迁流，遂或失其淳实之素矣。"所以，重申教化的作用。
"夫申教谕以玉俊良，惩邪惰以醒顽钝，非司风化者之急务哉？"① 佛山竹枝词从多个不同角度反映了这一社会现象。佛山人崇尚爱乡保家，读书明理，疾恶如仇，行善济世，不崇洋媚外，只求安居乐业。

（109）乡名忠义至今存，保障功成俎豆尊。
二十二人名姓在，买丝端合绣平原。
——（清）冯雨田《佛山竹枝词》

（110）治世偏生御侮才，乡间保障亦雄哉。
流芳祠外风吹雨，犹见提戈破贼来。
——（清）岑澂《汾江竹枝词》

（111）金戈铁马动班声，岂为封侯始斩鲸。
廿二老人忠义著，千秋留得此乡名。
——（清）冯雨田《佛山竹枝词》

（112）文沙武庙石台高，久立中流脚愈牢。
任倒狂奔浈郁水，依然砥柱不惊涛。
——（清）冯雨田《佛山竹枝词》

（113）守棚壮勇护花忙，放胆神丛斗绮妆。
剪绺敢伸三只手，一条告示辣于姜。
——（清）冯雨田《佛山竹枝词》

当年佛山内政设县知事，得以掌刑律，有警察，更有团练。"乡之壮丁，尝勇于自卫矣。"(109) 至 (113) 描写了忠义流芳祠合祀明代义士梁广等二十二名抗击黄萧养叛军、誓不从贼的义士，佛山也因此把"季华乡"更名为"忠义乡"，所以说，佛山之以忠义名乡，二十二老忠义之功也，正是"廿二老人忠义著，千秋留得此乡名"。传承忠义精气、文沙武庙等各路习武之人，"久立中流"，纵然狂风巨浪，"依然砥柱不惊涛"，他们力保家园。

（114）清幽书院两相连，吉贝花开罩眼鲜。
若到文人摘藻后，此花那似笔花妍。
——（清）陈日新《汾江竹枝词》

---

① （民国）冼宝干：民国《佛山忠义乡志》卷十《风土志一》。

(114) 以"吉贝花"鲜艳夺目为题,道出心中之追求,文人铺张辞藻的"笔花"比"吉贝花"更美丽。

  (115) 万善门开万善堂,俠传七十二商行。
    □①他天上华□②市,不见仙人沛义浆。
          ——(清)冯雨田《佛山竹枝词》
  (116) 荒园栖丐啸凄风,施粥寒天第一功。
    铁乞近来虽罕见,济人原不论英雄。
          ——(清)冯雨田《佛山竹枝词》
  (117) 前朝文敏士林尊,鹭序鹓班迹尚存。
    剩有官厅甘露井,济人原不计酬恩。
          ——(清)冯雨田《佛山竹枝词》

  佛山有义仓、十堡社仓,有万善堂、赞翼诚善堂、务慈善堂等机构,《佛山忠义乡志》卷七《慈善志》载:"粤省善尝林立,甲于他省。我佛山亦代有建设,近益踵而增之。凡夫济人利物之举,靡不次第扩张,中西兼备。"③ 正因为有七十二商行的参与,才会有"万善门开万善堂"的盛况,才会有多次的义仓开赈,才会有"铁乞近来虽罕见"的变化。

  佛山人有自己的价值观,明辨忠奸,不媚外,会感恩,希望勤劳致富,家庭和睦,过上平静安稳的生活。

  (118) 野老闲谈坐树根,贬褒秦桧各纷纷。
    琼花宫内生纲鉴,目击忠奸胜耳闻。
          ——(清)冯雨田《佛山竹枝词》
  (119) 岳庙全非祀岳王,负他忠愤战沙场。
    后身应是哥伦布,别竖花旗作帝皇。
          ——(清)冯雨田《佛山竹枝词》
  (120) 有女不嫁金山客,金钱挥尽又相离。
    石湾河宕世姻好,朝见岳母晚见儿。

---

① 原文缺字。
② 原文缺字。
③ (民国)冼宝干:民国《佛山忠义乡志》卷七《慈善志》。

——（清）冯雨田《佛山竹枝词》

（121）东河筛蚬水清清，南浦叉鱼月色明。
侬是橹枝郎是戌，一生不识别离情。

——（清）冯雨田《佛山竹枝词》

（122）养女方知岳母恩，嫁妆琐琐置尤烦。
才偿奁债刚周岁，又送红袍与外孙。

——（清）冯雨田《佛山竹枝词》

（118）和（119）写野老们在榕树下聊天，论剧情，谈忠奸，贬秦桧，褒岳飞。

（120）至（122）则是一幅夫妻同劳作、阖家和睦的美丽图卷。

对于社会的陋习，佛山竹枝词则是不遗余力地进行揭露、鞭挞，希望人们从善如流，如《佛山忠义乡志》卷十《风土志》所云："申教谕以至俊良，惩邪惰以醒顽钝。"① 诗歌对社会上的各种不良现象做了深刻的反思。

（123）灿烂灯光楼上楼，通宵人醉木兰舟。
万花齐放三更月，好似花神夜出游。

——（清）黄宝田《汾江竹枝词》

（124）艳色由来惹诼谣，追怀厚俗不妆佻。
可怜脂粉良媒馆，俗把禅山变六朝。

——（清）冯雨田《佛山竹枝词》

（125）姗姗月底耍儿郎，抹粉涂脂惹客狂。
都道色心强似女，如何私借妾衣裳。

——（清）陈昌坪《佛山竹枝词》

（126）芳龄十二坐灯催，花未含苞蝶忍摧。
怪底鹰溪溪畔树，也摇葵扇拨郎来。

——（清）冯雨田《佛山竹枝词》

（127）台开万福演霓裳，阅到风情众若狂。
独有小娃犹识耻，秋波伴转眺龟塘。

——（清）冯雨田《佛山竹枝词》

---

① （民国）冼宝干：民国《佛山忠义乡志》卷十《风土志一》。

(123)至(127)以及前面的(92)、(93)和(94),都描写了鹰嘴沙等地的夜生活,对这种涂脂抹粉、酒醉通宵、三更喧闹的艳事痛心疾首,对那种下俗做作,还不如小娃知廉耻的"众狂"嗤之以鼻,但对这种恶俗的蔓延却又无能为力。

(128)地灵龙聚炼丹砂,紫气横天九鼎霞。
可见世人多粉饰,不知劳煞几仙家!
——(清)冯雨田《佛山竹枝词》

(129)罾排古洛尚嫌疏,流截新涌获鲋鱼。
有利劝君休网尽,些留鲕泳与孙渔。
——(清)冯雨田《佛山竹枝词》

(130)新涌二月夜游芳,爆竹烟花较短长。
一息热场人道好,已倾贫户半年粮。
——(清)冯雨田《佛山竹枝词》

(131)轻舟归去掩篷窗,粤海关前早发桹。
我有新诗三五首,不妨漏税过汾江。
——(清)麦照《汾江竹枝词》

(132)严诘盘查两道关,畏途商旅病痌瘝。
我舟载有诗千首,漏税汾江任去还。
——(清)黄宝田《汾江竹枝词》

(133)六市三圩夜月辉,九头八尾闸重围。
更丁高枕烟霞阁,不及香江一绿衣。
——(清)冯雨田《佛山竹枝词》

(128)中诗人反对粉饰太平,以及只追求长生不老的炼仙丹的行为;

(129)中诗人揭露了只求蝇头小利而罔顾他人的小人嘴脸;

(130)中诗人痛斥一场爆竹烟花倾去贫户半年粮的浪费;

(131)和(132)诗人痛恨官官相护的漏税现象;

(133)中诗人痛批更丁擅离职守,沉迷烟霞阁,感叹佛山乡丁不像香港的警察(绿衣:当年香港警察的绿色制服)那样尽职尽责。

(五)岁令习俗,多姿多彩

一地有一地之月令,一地有一地之习俗。佛山竹枝词记录了很多佛山的风俗习惯,让读者对粤俗有更为深入的了解,如春节、元宵节、正月十六行通济、清明节、佛诞节、端午节、龙母神诞、普君神诞、七巧节、中元节、中秋节、重阳节、华光神诞、冬至、小除祀灶、团年、除夕守岁，等等，粤俗中，凡节日皆有各种形式，林林总总，多姿多彩，令人目不暇接。

（134）绿云裁叶绛云葩，灯买新圩一六谙。
　　　　都让元宵文会好，春风先上笔尖花。
　　　　　　　　　　　　——（清）舒彬《汾江竹枝词》

（135）履端六日趁圩期，灯市繁华色色奇。
　　　　最羡鱼灯成比目，树头花底缀双枝。
　　　　　　　　　　　　——（清）何若龙《佛山竹枝词》

（136）烛花火萼缀琼枝，一派笙歌彻夜迟。
　　　　通济桥边灯市好，年年欢赏起头时。
　　　　　　　　　　　　——（清）孙锡慧《佛山竹枝词》

（137）菊瘦兰贫妹妹娇，典钗犹醉上元宵。
　　　　明朝相约游通济，运济时通好过桥。
　　　　　　　　　　　　——（清）冯雨田《佛山竹枝词》

（134）至（137）写的是正月十五上元节及正月十六行通济的习俗。上元节有开灯宴，《佛山忠义乡志》卷十《风土志》关于灯市是这样写的："普君墟为灯市，灯之名状不一。其最多者曰茶灯，以极白纸为之，剔镂玲珑，光泄于外。生子者以酬各庙及社，兼献茶果，因名茶灯。曰树灯，伐树之枝稠而杪平者为灯干，缀莲花于枝头，多至百余朵，燃之如绛树琼葩。曰八角灯，中作大莲花，下缀花篮，八面环以璎珞。曰鱼灯，曰虾灯，曰蟾蜍灯，曰香瓜灯，则象形为之。曰折灯，可折而藏者。曰伞灯，可持而行者。自元旦为始，他乡皆来买灯。挈灯者鱼贯于道，通济桥边、胜门溪畔，弥望要客矣。"[①] 灯之名目繁多，真是"繁华色色奇"。与元宵相接的是正月十六行通济（桥），借着元宵灯会，人也会在通济桥边设灯市，"行通济，冇闭翳"，祈求"运济时通"。这一习俗一直延续至今，2019年，参加行通济的游人多达72万人次，连广州等珠江三角洲地区的人也会来凑热闹。

---

① （民国）冼宝干：民国《佛山忠义乡志》卷十《风土志一》。

（138）浴佛芳辰夏未炎，渊樨印饼指纤纤。
忽闻香送龙船饭，呼婢哺儿半卷帘。
——（清）冯雨田《佛山竹枝词》

（139）端阳竞渡庙前湾，水店飞觞尽醉颜。
一笑彩棚人散后，鼓声犹绕石云山。
——（清）袁英《佛山竹枝词》

（140）黍角蒲觞已荐新，龙舟来往跃龙津。
缘知乘舫游多乐，记否当年鱼腹人？
——（清）吴荣光《佛山》

（138）、（139）和（140）写的是端午节竞龙舟、吃龙舟饭的盛况。四月初八佛诞节浮屠浴佛过后，马上又迎来了端午节，饮黄雄酒"尽醉颜"，江上龙舟竞发，鼓点振奋人心，岸上人们观龙舟，笑声喧天。

（141）梨园歌舞赛繁华，一带红船泊晚沙。
但到年年天贶节，万人围住看琼花。
——（清）梁序镛《汾江竹枝词》

（142）心事多年与梦悬，花迎绮阳过南泉。
观音不少杨枝水，池里常开并蒂莲。
——（清）何若龙《佛山竹枝词》

（141）说的是天贶节看粤剧的事。宋朝规定，六月初六为天贶节，在佛山，这一天又是普君神诞节，因此，梨园歌舞，万人看琼花（梨园、琼花即指粤剧）。

（142）讲的是祀观音的事。每年二月十九日和六月十九日，佛山绅士集南泉庙，祀观音大士。六月十九日，佛山妇女竞为观音会，《佛山忠义乡志》卷十《风土志一》云："妇女竞为观音会，或三五家，或十余家，结队酿金钱，以素馨花为灯，以露头花为献，芬芳酝郁，溢户匝途。游人缓步过，层层扑袭，归来犹在衣袖间也。"①

---

① （民国）冼宝干：民国《佛山忠义乡志》卷十《风土志一》。

（143）不到鸡鸣不肯休，纪纲街口闹中秋。
　　　　齐看环珮三更月，道是花神夜出游。
　　　　　　　　　　——（清）陈捷扬《佛山竹枝词》
（144）纤手亲镌柚子灯，鸳鸯红艳影层层。
　　　　郎携好认关情处，妾坐阶前月似冰。
　　　　　　　　　　——（清）陈昌坪《佛山竹枝词》
（145）柚灯如昼妒姮娥，丝竹沿街按节歌。
　　　　纸马莲舟都入画，果然秋色比春多。
　　　　　　　　　　——（清）岑溦《汾江竹枝词》

　　佛山的中秋节也是热闹非凡。八月十五日，祭灵应祠，社日还会有秋色巡游。《佛山忠义乡志》卷十《风土志》是这样描述秋色活动的："会城（即省城）喜春宵，吾乡喜秋宵，醉芋酒而清风生，盼嫦娥而逸兴发。于是征声选色，角胜争奇，被妙童以霓裳，肖仙子于桂苑。或载以彩架，或步而徐行，铛鼓轻敲，丝竹按节，此其最韵者矣。至或健汉尚威，唐军宋将，儿童博趣，纸马火龙，状屠沽之杂陈，挽莲舟以入画，种种戏技，无虑数十队，亦堪娱耳目也。灵应祠前，纪纲里口，行者如海，立者如山，柚灯纱笼，沿途交映，直尽三鼓乃罢。"① 现在佛山人还保留着秋色活动，每年的秋色巡游，巡游的人流仍然是里三层，外三层，巡游表演队伍所到之处，都是一片欢呼声。"行者如海，立者如山"就是秋色活动的真实写照。例如，（143）写闹中秋至三更天鸡鸣时方停歇，（144）和（145）则写中秋巡游场面的热闹。

（146）糖凝谷爆煮圆口②，四万人家春信催。
　　　　偶爱石榴抟粉果，祝郎宜子又宜财。
　　　　　　　　　　——（清）冯雨田《佛山竹枝词》

　　（146）与前面的（46）都是写冬至、祭灶、办年货的习俗。佛山人有"冬大过年"的观念，即冬至比过年更重要的意思。"祭灶"佛山人叫"谢灶"，以金橘、糖豆为献，所以，"黄柑芋粉杂牲筵"。办年货则是糖凝谷

---

① （民国）冼宝干：民国《佛山忠义乡志》卷十《风土志一》。
② 原文缺字。

爆煮煎堆，做糖环抟粉果，人人喜气洋洋。

竹枝词还反映了佛山的婚嫁习俗以及祈福禀神的习惯，佛山人爱拜神，而且可拜的神特别多，祈求神明保护。

（147）仙城佛地宝华开，女嫁男婚各论财。
　　　　人但怨媒谈大话，不知媒亦怨前媒。
　　　　　　　　　　　　——（清）冯雨田《佛山竹枝词》

（148）茶筵烛照伴娘齐，羞剃芙蓉面略低。
　　　　一片笛声催出阁，花婆撒米饩金鸡。
　　　　　　　　　　　　——（清）冯雨田《佛山竹枝词》

（149）快子长兴福禄游，艳排翠仗结鸾俦。
　　　　多情最羡尘家浪，抬举新娘到白头。
　　　　　　　　　　　　——（清）冯雨田《佛山竹枝词》

（150）踢轿檀郎酒正醺，鸾笺压袖麝兰芬。
　　　　红衫黑帕金花髻，表洁还穿白练裙。
　　　　　　　　　　　　——（清）梁植荣《佛山竹枝词》[①]

（151）拦门佳节又秋天，百果园中百果鲜。
　　　　阿姆恐儿心外向，西瓜大欲结娇缘。
　　　　　　　　　　　　——（清）冯雨田《佛山竹枝词》

（152）镇南立妾青衣轿，镇北迎妻轿子红。
　　　　大妗可怜阳不嫁，玉颜甘作叩头虫。
　　　　　　　　　　　　——（清）冯雨田《佛山竹枝词》

（147）至（152）反映了佛山人的婚嫁观念。

（147）佛山人婚嫁要明媒正娶。

（148）女子出阁要先修脸（也叫"开脸"），有伴娘，有花婆。

（149）佛山的迎亲队伍要经过筷子路、福禄路，以求多子多福，福禄满堂。

（150）和（151）写的是旧时接新妇的形式，新妇至门，夫婿要踢轿帘，新妇要还迎书，新妇从人伴娘会"拦门"向男家索取庆婚礼物。

---

① 新妇至门，婿例出迎，三揖一踢，曰踢轿帘。妇必袖还迎书。相传吉日嫁娶交纷，尝有甲娶而归乙者，欲以书为据也。妇衣红衣，罩黑帕，绾金髻，穿白裙。白裙盖取洁白之义。

（152）则指娶妻纳妾有异，迎妻用红轿子，纳妾只能用青轿子。

（153）闻道如来不笑人，佛山佛殿好逡巡。
　　　　瓣香沐手殿勤炷，自把痴情款款陈。
　　　　　　　　　　　　——（清）观瑞《佛山竹枝词》

（154）己亥重修祖庙新，痴心求子话难伸。
　　　　只缘初嫁无多日，会意娘儿代禀神。
　　　　　　　　　　　　——（清）冯雨田《佛山竹枝词》

（155）铸犁街北霍祠旁，老妪何因献瓣香。
　　　　为祝女儿专内宠，不辞绮语拜桄榔。
　　　　　　　　　　　　——（清）冯雨田《佛山竹枝词》

（156）王灵官掌九天枢，除日争焚百解符。
　　　　第一愿除民疾苦，解忧其次到奴奴。
　　　　　　　　　　　　——（清）冯雨田《佛山竹枝词》

（157）大王祠庇万家安，正月毡街拾翠场。
　　　　妯娌如花求结子，有谁祈福为姑嫜？
　　　　　　　　　　　　——（清）冯雨田《佛山竹枝词》

（158）归来请得佛炉香，作福梳佣最擅长。
　　　　更会主人祩祝意，描金榼子载酸姜。
　　　　　　　　　　　　——（清）冯雨田《佛山竹枝词》

（153）至（158）反映了佛山人爱拜神，盼望能得到各路神仙或祖先的保佑，他们心诚求拜，口择良言绮语，祈求的内容也是丰富多彩，希望除民疾苦，希望得子多福，希望家人如愿顺遂。

第三节　八景：诗画中的地方呈现

民国《佛山忠义乡志》卷十《风土志二》的"名胜"部分提到："福山八景名流题咏附。"[①] 福山，佛山的别称，所以，"福山八景"即是"佛山八景"，包括汾流古渡、冈心烟市、庆真楼观、塔坡牧唱、孤村铸炼、东

---

① （民国）冼宝干：民国《佛山忠义乡志》卷十《风土志二》。

林拥翠、南浦客舟和村尾垂虹。在道光《佛山忠义乡志》卷首收录有佛山八景全图。佛山明清两朝都曾经评选过八景，史书上有记载的多是清代的八景。佛山古代八景在民间广泛流传，经过文人墨客、乡绅官吏的评选，成为佛山古镇的标志性景点。

一　汾流古渡

汾流古渡（见图6-1），位于现佛山市南堤永安路尾正埠码头的地方。明清时期，佛山镇汾江河面宽阔，北部汾水沿岸已经形成了繁华的商业中心区。岸上建有忠义乡亭（俗称接官亭），亭边古榕茂盛，当时各地客商到佛山采购货物多经此处，船渡络绎不绝，拥挤不堪，非常热闹，遂成一景。

图6-1　佛山八景全图——汾流古渡

资料来源：转引自（清）吴荣光道光《佛山忠义乡志》卷首。

古代粤地是泽国，水路是出行的主要途径，小舟穿梭，川流不息。明清时期，佛山镇的手工业与商业兴旺发达，汾江是佛山水路交通运输往来的主要枢纽，如《佛山新语》所言："国内外客商乘渡船来往采购货物甚众，因而沿河建立的埗头和码头也多起来，当时先后共有大小百余个（含商店所建的）。"① 一说到通津码头，人们就必然会提到"正埠"。《佛山新语》列举了佛山以正埠为界，向左、向右的大小埗头，比如："'佛山大码头'即'正埠'码头，岸上建有'敕赐忠义乡牌坊'的'接官亭'和'接官厅'。以前是明清时代在此迎送官吏和国内外来往客商登陆上落之处，且泊有来往省佛辰时、巳时两客货渡，南海盐步和各乡渡。左边对岸是'鹰嘴沙'、右边对岸是'文昌沙'的通津埠头。"② 这些埗头主要是用于货物装卸或人员上落的，而且有比较明确的分工，或停靠货船，或停靠客船，或停靠粤剧戏船，或停靠杉排。货船又细分为谷艇、缸瓦船、木柴船、煤船、碳船、纸类船等，停靠不同的码头；客船有电船、紫洞艇、孖舲艇，是分别来往四乡的渡船，如西南渡（三水）、水藤渡（南海）、石龙渡（南海）、西樵渡（南海）、陈村渡（顺德）、甘竹渡（顺德）、三洲渡（顺德）、市桥渡（番禺）、新会渡、江门渡，等等。由此可见，当时的正埠等码头是非常繁忙的。《佛山忠义乡志》收录了多首文人墨客的诗，从这些诗中我们可以感受到当时佛山北部商业中心区的繁华。

汾流古渡（崔振鳌）

深深汾水头，隐隐江色暮。
皇皇远行人，簇簇汾江渡。
秋深停渡频，日暮争渡喧。
望去渡旁渡，帆影如云屯。
我披楼上风，客泛江中水。
一忙与一闲，相去成千里。
念此舟中客，名牵与利缚。
毋乃行路难，而怯风涛恶。
我欲钓东风，人海殊匆匆。
何处寻清流，可容垂钓翁？

---

① 区瑞芝：《佛山新语》，佛山，1991年版，第21页。
② 区瑞芝：《佛山新语》，佛山，1991年版，第22—23页。

前题（王俊勋）

佛山货财薮，汾水东门户。
出入必由斯，河道塞帆橹。
三叉水分流，疾若箭离弩。
石气激盘涡，地维设深组。
风送呕哑声，大半榜人①语。
缤纷争济川，挥汗辄成雨。
后波续前波，往复成今古。
向沐真武灵，电扫群狐鼠。
江河今晏清，恩可天地补。
我暂脱尘鞿②，买舟问渔父。
朝参壮缪祠，忠义钦出处。
暮泊石云山，幽寻松菊主。
酒边纵豪谈，残月落前浦。

前题（潘参彦）

朝寻汾江渡，暮寻汾江渡。
汾江潮汐万万古，行人如蚁朝复暮。
唯有岸柳今犹昔，送尽去来名利客。
汾江之水清且深，岸柳那识行人心？
汾江之水清且浅，岸柳偏着行人眼。
欲牵柳丝系游缰，劝君及早归故乡。
君不见臧氏壳氏③均亡羊，闲者自闲忙者忙。

前题（屈宋才）

古渡烟横落日昏，仙乡名佛水名汾。
潮痕没石蜂窠合，橹影冲波燕尾分。
入港船炊菰米饭，临流人着藕丝裙。

---

① 榜人：船夫。
② 鞿：牵制，束缚。
③ 臧氏壳氏：典出《庄子·骈拇》："臧、壳二人牧羊，臧挟策读书，壳博塞以游，皆亡其羊。"

芳情未必输桃叶①，时有歌声隔岸闻。

前题（余怀涤）

广州关对粤关遥，关畔年年荡画桡。
三面楼横丁字水，半江人语子时潮。
雁飞误忆高歌日，波绿愁看欲别宵。
知有离情流不断，春来折尽短长条。

前题（廖衡平）

断岸中横两水分，渡头终古占河汾。
半江湍濑重滩恶，五月飞涛数里闻。
贾舶风樯移碧浪，酒楼歌板倚红裙。
即非桃叶还牵绪，独立苍茫对夕曛。

前题（梁序镛）

汾流燕尾迹成陈，三月桃花涨又新。
冉冉百年谁彼岸，劳劳千古此征尘。
归帆近带仙城曙，去棹遥通庾岭春。
阅尽往来无限客，生涯人与宦游人。

汾江夜泊（冯达昌）

海关关复广州关，只隔盈盈一水间。
风月自来无例税，满船装去又装还。

佛山正埠酒楼歌 即汾流古道（吴奎光）

酒楼，酒楼，汝知有人间不死之丹邱②？
兹何不建诸洞庭之野、潇湘之流，与古贤而为俦？
胡为独处乎百货充斥之区，商货云集之府，狠鄙琐屑之中，湫隘嚣尘之所？
犹复开层轩而俯江，泻千觞而飞羽。

---

① 桃叶：渡口名，即桃叶渡，在今江苏省南京市秦淮河畔，相传因晋王献之在此送其爱妾桃叶而得名。

② 丹邱：传说中神仙所居之地。

呼酒保而喧豗，乃郁郁而谁语？
斯楼之所遭，亦于是而良苦。
虽苦有足多，汝且听我歌。
汝今阅十八省之人物，接一万里之牂牁①。
壶中兀兀封醉侯，座上一一驱愁魔。
豪雄正如鲸吸川，日月任彼龙腾梭。
伯伦一《颂》王绩《记》②，大书壁间如蚪蝌。
白云劝酒可以醉，俯视槛外舟𬳿来往真幺麽。③
有人袖得柴桑诗，日向楼上高吟哦。
螟蛉蝶蠃不知日凡几，唯见展旗诸岭环立如翠螺。
噫嘻，汾江之水生素波，第一楼头春又过。
谪仙已远放翁老，楼兮楼兮将奈何？

  首先，从这些诗中，我们可以了解到正埠码头的地貌和周围的环境。"深深汾水头，隐隐江色暮。""古渡烟横落日昏，仙乡名佛水名汾。"诗句表现了汾江水浩浩荡荡，水气缭绕。民国《佛山忠义乡志》卷一《舆地志》载："汾水，在乡之北。'汾'原作'分'，以西、北两江由王借冈而分二道也。东从石湾、澜石入海，西从黄鼎、街边下佛山，故不以名黄鼎、街边之水，而以名此水，盖上流沙积日浅，至张槎而渐深，至佛山而益深且广。故以分属之。此间也又曰'汾江头'。亦以深广甲于前后，宜称首也。"④"三叉水分流，疾若箭离弩。""石气激盘涡，地维设深组。""潮痕没石蜂窠合，橹影冲波燕尾分。""断岸中横两水分，渡头终古占河汾。半江湍濑重滩恶，五月飞涛数里闻。"写出了汾江正埠的地理位置和特点，"两水分"是指西江、北江在此分流，江水冲击岸边的石块，惊涛骇浪，激起千堆雪，海涛声声传数里。"三叉水分流"是指正埠码头处是丁字河岸，周边店铺林立，会馆、酒楼、妓馆、戏班云集，一片繁华。

  其次，一些诗句描绘了正埠码头的繁忙景象。"皇皇远行人，簇簇汾江

---

① 牂牁（zāng kē）：西江古称牂牁江。
② 伯伦一《颂》：刘伶（221—300），字伯伦，魏晋时期沛国（今安徽省淮北市濉溪县）人，"竹林七贤"之一，曾作《酒德颂》。王绩《记》：王绩（590—644），字无功，号东皋子，绛州龙门（今山西河津）人，曾作《醉乡记》。
③ 幺麽：微不足道的。
④（民国）冼宝干：民国《佛山忠义乡志》卷一《舆地志》。

渡。秋深停渡频，日暮争渡喧。""朝寻汾江渡，暮寻汾江渡。汾江潮汐万万古，行人如蚁朝复暮。""风送呕哑声，大半榜人语。缤纷争济川，挥汗辄成雨。后波续前波，往复成今古。"通津码头人来人往，摩肩接踵，日夜喧闹。"望去渡旁渡，帆影如云屯。""出入必由斯，河道塞帆橹。""归帆近带仙城曙，去棹遥通庾岭春。阅尽往来无限客，生涯人与宦游人。"江上舟船如鲫，帆影如云。只因为这里是繁华的商业重地，是"佛山货财薮，汾水东门户"，是"百货充斥之区，商货云集之府"。清道光年间的《佛山街略》就细数了当时佛山汾水铺的街道商业情况，卖苏杭美物、皮衣、颜料、各色洋布、葵扇、门神、铁器、各地药材、锦绣镶杯、琴瑟笙箫、糙米、香炉、棉花、水晶、宝石、翠花玻璃等货品的商店比比皆是。所以说，正埠码头有着极其重要的作用。"海关关复广州关，只隔盈盈一水间。风月自来无例税，满船装去又装还。"康熙二十二年立的《修灵应祠记》①中是这样写的："漓、郁之水经于其北，四方商贾之至粤者，率以是为归。河面广逾十寻，而舸舶之停泊者，鳞砌而蚁附。中流行舟之道，至不盈数武。桡楫交击，争沸喧腾，声越四五里，有为郡会之所不及者。沿岸而上，屋宇森覆，弥望莫极。其中若纵若横，为衢为衎，几以千数。阛阓②层列，百货山积，凡稀觏之物，会城所未备者，无不取给于此。往来驿路，骈踵摩肩。廛肆居民盈逾十万。"也可证明当时正埠码头之重要。

除此之外，这里还有令人迷失的灯红酒绿。"广州关对粤关遥，关畔年年荡画桡。三面楼横丁字水，半江人语子时潮。"尤其是周边的酒楼，深夜时分依然是沸沸扬扬。"贾舶风樯移碧浪，酒楼歌板倚红裙。即非桃叶还牵绪，独立苍茫对夕曛。""芳情未必输桃叶，时有歌声隔岸闻。"在这里，可以有不同的人生、不同的记忆。"雁飞误忆高歌日，波绿愁看欲别宵。知有离情流不断，春来折尽短长条。"既可以回首当日的得意"高歌日"，也可以是沉迷于温柔乡。面对于此，诗人也禁不住感慨："唯有岸柳今犹昔，送尽去来名利客。汾江之水清且深，岸柳那识行人心？汾江之水清且浅，岸柳偏着行人眼。欲牵柳丝系游缰，劝君及早归故乡。君不见臧氏壳氏均亡羊，闲者自闲忙者忙。"

最后，诗人对于这种醉生梦死的沉沦，给予了无情的揭露和有力鞭挞。吴奎光的《佛山正埠酒楼歌》，历陈了酒楼的诟病。"酒楼，酒楼，汝知有

---

① （民国）冼宝干：民国《佛山忠义乡志》卷八《祠祀志》。
② 阛阓（huánhuì）：街市。

人间不死之丹邱?"痛不学圣贤之士。"兹何不建诸洞庭之野、潇湘之流,与古贤而为俦?"批酒楼喧嚣之人。"犹复开层轩而俯江,泻千觞而飞羽。呼酒保而喧嚣,乃郁郁而谁语?"斥花天酒地之堕落。"汝今阅十八省之人物,接一万里之烊舸。壶中兀兀封醉候,座上一一驱愁庞。""螟蛉蠛蠃不知日凡几,唯见展旗诸岭环立如翠螺。"诗人痛心疾首,但是无可奈何。"噫嘻,汾江之水生素波,第一楼头春又过。谪仙已远放翁老,楼兮楼兮将奈何?"所以,诗人们呼吁正埠回复清净,希望还佛山一片安宁,表达出诗人的理想与情怀。崔振鳌的《汾流古渡》:"我披楼上风,客泛江中水。一忙与一闲,相去成千里。念此舟中客,名牵与利缚。毋乃行路难,而怯风涛恶。我欲钓东风,人海殊匆匆。何处寻清流,可容垂钓翁?"给人一种世人皆醉我独醒的感觉,在喧闹的世俗中,"我"仍然是寻找清流,做一个不被名牵利缚的垂钓翁。王俊勋的《汾流古渡》则通过写佛山古镇的游踪,表达了自己的抱负:"向沐真武灵,电扫群狐鼠。江河今晏清,恩可天地补。我暂脱尘鞿,买舟问渔父。朝参壮缪祠,忠义钦出处。暮泊石云山,幽寻松菊主。酒边纵豪谈,残月落前浦。"可见,随着社会的发展,佛山古镇,一方面是经济的快速腾飞,另一方面也不可避免地出现"食饱思淫欲"的弊端,提出了社会教化的严肃思考。

二 冈心烟市

冈心烟市在三穴冈上,位于现今福贤路尾纪纲街口。明代三穴冈在汾江河主流河边,当时居仁里出口就是上落的码头。在三穴冈平坦的地方,设有早市,每天五更开市贸易,摆卖日用品、粮食和果蔬等,因市场照明而火光冲天,远近可见烟雾弥漫,远望成为奇景,人们称为"冈心烟市"(见图6-2)。《佛山忠义乡志》引用了两首描述冈心早市的诗,我们可以从诗中了解到当时早市的场景。

冈心烟市(屈宋才)

路入冈心即市廛,哄声喧处涠人烟。
馔供鸡黍蝇趋热,酒羡羔羊蚁慕膻。
三月早瓜浮绿嫩,一筐新荔擘红圆。
盘飧莫叹无兼味,说法还参玉版禅。

前题（廖街平）

九市通衢列肆连，人家处处起炊烟。
四时花鸟官无税，百室鸡豚岁有年。
旧酿倾尊招价好，新蔬盈担占春先。
只怜几度沧桑后，卖线犹依古庙前。

图 6-2　佛山八景全图——冈心烟市

资料来源：转引自（清）吴荣光道光《佛山忠义乡志》卷首。

诗句点出了冈心集市的地点、状况和规模。"路入冈心即市廛，哄声喧处溷人烟。"一进入三穴冈，到处都是赶集的人，人头攒动，热闹非凡，人在走烟在飘。"九市通衢列肆连，人家处处起炊烟。"说的是佛山当时的几个市集相连，列肆售货。当时佛山有"三墟六市"，"三墟"是指表冈墟（大墟）、塔坡墟（普君墟）和盘古墟；"六市"是指官厅市、公正市、早市、三元市、晚市和朱紫市，后来增加三角市、大桥头市和细桥头市，故有"九市"的说法。公正市和早市位于佛山的中心地带，可以把九个集市连成一片，所以说，"九市通衢"足以证明当时佛山的兴旺繁华。

诗人还写了集市上的佳肴美食与果蔬。"馔供鸡黍蝇趋热,酒羡羔羊蚁慕膻。""盘飧莫叹无兼味,说法还参玉版禅。"热气腾腾的"鸡黍"招来了蝇子,美味的羊肉惹来了蚂蚁,从侧面衬托出美食诱人,引人垂涎三尺,特别是那美味的竹笋,更是让人回味无穷,"玉版"是"笋"的别称。至于蔬果方面,"三月早瓜浮绿嫩,一筐新荔擘红圆"。三月的瓜菜新鲜欲滴,早熟的荔枝也已经上市。"四时花鸟官无税,百室鸡豚岁有年。"反映了集市的物品丰富,地方管理又是政通人和,买卖交易顺畅自由,家家户户,丰衣足食过新年,呈现出一派繁荣祥和的景象。

  诗人的笔下,还反映了当时集市交易的情况。"旧酿倾尊招价好,新蔬盈担占春先。只怜几度沧桑后,卖线犹依古庙前。"陈酿的美酒能卖出好价钱,春天新出的蔬菜也招人喜爱,但是,一些传统产品的买卖就不是太如意了,只能是惨淡经营,维持原状。真可谓是几家欢喜几家愁啊!

  这就是冈心早市的真实写照,物产丰富,集市兴旺,百姓生活富饶。

三　庆真楼观

  庆真楼是佛山祖庙的后楼,当时人们登上庆真楼远眺,佛山全镇景物,尽入眼帘,故称"庆真楼观"(见图6–3)。

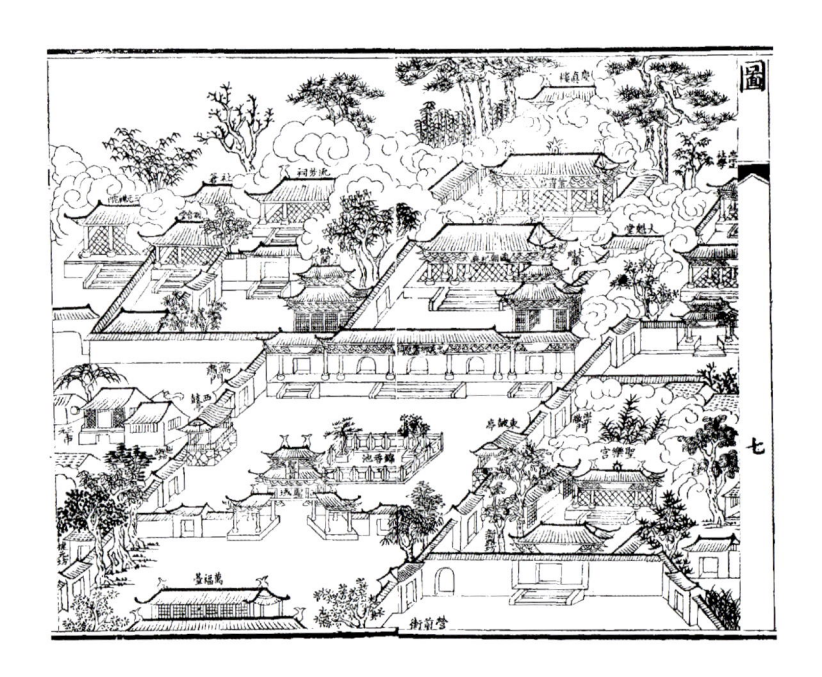

图6–3　佛山八景全图——庆真楼观

资料来源:转引自(清)吴荣光道光《佛山忠义乡志》卷首。

祖庙，又名"灵应祠"，供奉道教真武玄天上帝，俗称北帝，始建于北宋元丰年间（1078—1085），位于"汾江河"支流洛水岸边（现佛山祖庙路）。北帝神，传说是北方水神，唐宋时期，佛山多有水灾，在请来北帝以后，禅城一带再也没有闹过水灾了，因此，佛山人拜北帝，北帝崇拜包含着风调雨顺、国泰民安的良好愿望。

最初的祖庙虽小但灵验，有求必应，为乡人崇拜，是全乡的香火庙。因建庙在佛山诸庙之先，所以名"祖庙"，又有"祖堂"之称。明景泰三年壬申岁（1452），明代宗敕封"祖庙"为"灵应祠"，旌赏乡绅冼灏通、梁广等为忠义官，季华乡佛山堡就此改名为"忠义乡"，因此，祖庙由民间祭祀之地变成官方祭祀之地。佛山人把祖庙视为福庙，每逢中国传统的节假日，老百姓都会不约而同地聚集在祖庙。他们朝拜祈福，许下良好心愿；他们反思忏悔，净化心灵。

祖庙南北中轴线由万福台、灵应牌坊、锦香池、钟鼓楼、三门、前殿正殿、庆真楼等建筑物组成，整体布局规整庄严，疏密有致。祖庙的西面有流芳祠，东面有崇正学社、议事的大魁堂。冼沂的《佛山赋》曾这样写道："旗带水兮何深，锦香池兮何弥。庆真楼观，既鸟革而翚飞。崇正文章，更蛟腾而凤起。"①

万福台是古戏台，始建于清初顺治十五年，具有300多年历史。

灵应牌坊始建于明朝景泰二年，因祖庙赐封为灵应祠而建。牌坊建筑为三楼三层式，威严耸立，檐柱间大量施用斗拱，飞檐叠翠，飘逸凌云，整个建筑壮丽异常。

锦香池位于灵应牌坊前，池中有象征北帝的石雕龟蛇像，历来供人们投掷钱币。

三门是整座神庙的门面，面宽九开间，顶端有陶塑人物瓦脊，檐下是贴金木雕，中间是红色砂岩围墙并排配以三个进深为一米的圆拱门洞，下为石砌台级，整个建筑壮丽威严。

祖庙前殿建于明宣德四年，为山歇顶式建筑，檐下为如意斗拱，层层相叠，雄伟壮观。正殿是祖庙最重要也是最早的建筑物，采用宋代建筑斗拱法，施用大量斗拱，向外延伸，形体坚固厚重，外观雄伟稳健。前后殿两侧有连廊，中间有天井。殿内置有明正统年制作的形象威严的真武大帝（北帝）铜造像，披发端坐，清静庄严，彩绘龙袍，金光闪耀，是祖庙供奉

---

① （民国）冼宝干：民国《佛山忠义乡志》卷十五《艺文志三》。

的主要神像。

庆真楼在佛山祖庙的最北端，现存的庆真楼建于清嘉庆元年（1796），楼高二层。《佛山忠义乡志》收录有廖衡平和黄文光的诗，主要是描写庆真楼的建筑特点以及登楼远眺的感受。

庆真楼观（廖衡平）

杰构凌虚凤翼翩，峥嵘遥望五云边。
衢尊寿献南山近，阁道星明北斗悬。
应有篆碑题碧落，更无尘梦奏钧天。
楼居自是仙人好，桂观蜚廉忆汉年。
巍巍庙貌列星辰，百尺飞楼仰庆真。
葆羽流慈歌大父，欃枪驱孽惠编氓。
连天雨色春祈社，动地金声夜赛神。
晴日登高闲眺望，良田千顷稻怀新。

前题（黄文光）

高标廊庙拥巍峨，九日登临逸趣多。
北望楼台浮蜃蛤，东来风雨震龟鼍。
烟开市镇千家小，月落城门一雁过。
到此尘缘超绝处，晨钟暮鼓壮高歌。

廖衡平的诗主要写庆真楼的特点以及祖庙的作用。"杰构凌虚凤翼翩，峥嵘遥望五云边。"描述了庆真楼结构特别，高大而灵动。"巍巍庙貌列星辰，百尺飞楼仰庆真。"写出了庆真楼的飘逸感，百尺高楼需要仰视。其位置是"衢尊寿献南山近"，其结构是"阁道星明北斗悬"，回廊环绕，晚上抬头能够看见高悬在天空的北斗星。"应有篆碑题碧落，更无尘梦奏钧天。"写出了庆真楼浓郁的人文气息，大气优雅，幽静深邃。"葆羽①流慈歌大父，欃枪②驱孽惠编氓。"写庙内大殿供奉北帝，天兵天将齐来护航，保佑黎民百姓平安顺遂。"连天雨色春祈社，动地金声夜赛神。"写朝拜祈福的

---

① 葆羽：仪仗名，以鸟羽为饰。
② 欃枪：彗星的别名。

人络绎不绝，场面壮观。"到此尘缘超绝处，晨钟暮鼓壮高歌。"（黄文光诗）"晴日登高闲眺望，良田千顷稻怀新。"晴日登上庆真楼，面对千顷良田稻花飘香，诗人自然会发出"楼居自是仙人好，桂观萤廉忆汉年"的感慨。

黄文光的诗主要写登上庆真楼的感受。"高标廊庙拥巍峨，九日登临逸趣多。"写了登楼的时间，也写出了庆真楼的恢宏气势。登楼后看到的景象是："北望楼台浮蜃蛤，东来风雨震龟鼋。"往北看到的楼台，有如海市蜃楼之梦幻，东面飘来的风雨，吹打着锦香池的石雕龟蛇。"烟开市镇千家小，月落城门一雁过。"风雨过后，云开雾散，佛山全镇的景物尽收眼底，清晰可见。"晨钟暮鼓壮高歌"，古老的祖庙依旧充满活力，生生不息。

四 塔坡牧唱

提起佛山，就会让人联想到坊间流传的"未有佛山，先有塔坡；不去塔坡，未到佛山"的谚语，可见塔坡在佛山的重要地位。相传在东晋隆安二年（398），天竺和尚达毗耶舍尊者带着徒弟来到季华乡，在塔坡冈（今塔坡街）上讲经并建立经堂，摆出三尊鎏金铜佛让信徒膜拜。他回国后，随着时间的推移，寺宇倒塌。至唐贞观二年（628），塔坡冈上异彩四射，乡人在塔坡冈上发掘出三尊铜佛，并发现了清泉和石碑，碑上有对联："胜地骤开，一千年前，青山我是佛；莲花极顶，五百载后，说法起何人。"于是建井取水，重建塔坡庙寺，供奉三尊铜佛。从此，"季华乡"改名为"佛山"，便有了"肇迹于晋，得名于唐"的说法，塔坡也被认为是"佛山初地"。塔坡寺至明洪武二十四年，诏毁寺观，塔坡寺被毁无存，僧人四散。以后塔坡冈荒芜，草木丛生，成为附近乡村牧童每日放牛的地方。余闲之时，牧童们互相吹笛高歌，声传远近，当时被人们称为"塔坡牧唱"（见图6-4），并列为佛山古八景之一。遗址在现在的普君西路一带。

《佛山忠义乡志》收录了梁序镛、潘参彦、谭澄、唐卓然、潘学元和廖衡平六位诗人的同题诗，描写了塔坡冈的变化，再现了牧童吹笛高歌的愉快生活，也表现出诗人对曾经鼎盛的塔坡寺庙变迁的惋惜。

塔坡牧唱（梁序镛）

太平风景满山阿，叩角无劳宁戚歌。
芳草有情谁遣此，夕阳偏匿待如何？
参差短笛吹来惯，婀娜长腔和者多。
犹有耕田随作息，康衢遗调共吟哦。

图6-4 佛山八景全图——塔坡牧唱

资料来源：转引自（清）吴荣光道光《佛山忠义乡志》卷首。

前题（潘参彦）

坡柳绿深坡草碧，坡上牧童青箬笠。
乌犍斜系柳阴中，藉草卧吹三孔笛。
横鞭还过饮牛亭，亭边扑扑飞牛虻。
雀儿鼓翅蛤蟆跳，野塘水满齐牛腰。
牵来仍放陂陀脚，远树森森烟漠漠。
日暮闻歌不见人，隔林月下敲牛角。

前题（谭澄）

塔坡冈上现毫光，嘉名肇锡荣此乡。
塔坡寺改余芳草，澹烟疏雨行人道。
牧竖晴来破翠微，山花着笠云着衣。
飘飘逸兴翻歌曲，步虚声寂如堪续。
按拍几腔霜树红，扣角一声秋草绿。

我来访迹眼逾青，锦槛高悬印月亭。
宝络金装看缥缈，斜阳如画乱峰小。
余光隐约市中丘，余音断续水边楼。
野讴四起日云暮，芳村拥翠寻归路。
悟破瞿昙色即空，我赓一阕咏香风。
归途唱和遥相识，牛背翻为三弄笛。
时平不用长夜歌，编作新声古太和。

前题（唐卓然）

雅韵悠悠起塔坡，樵风一径转山阿。
古今浩劫头陀寺，山水清音孺子歌。
笠影渐低红日近，笛声遥遇白云过。
问谁酬唱应无偶，一笑人间俗调多。

前题（潘学元）

春草茸茸牧塔坡，数声迢递耳边过。
童蒙那识横经趣，天籁偏能扣角歌。
短笛频吹音断续，野花遍插舞婆娑。
普君祠外西斜日，牛背归来尚自哦。

前题（廖衡平）

拍岸潮痕染黛螺，芊绵碧草长平坡。
塔阴横处日刚午，蓑影欹时风正和。
别浦清音流水调，隔江余籁答渔歌。
归来犊背闲吹笛，相送松声落逝波。

潘参彦的《塔坡牧唱》，全诗 12 句，都是写牧童的活动。诗中描绘了塔坡冈上绿草如波，牧童戴着青箬笠在坡上牧牛。牧童放牛于坡上，于柳荫中，自己却悠然地倒卧在草地上吹三孔笛，享受着大自然的美好。近景是："雀儿鼓翅蛤蟆跳，野塘水满齐牛腰。"远景是："远树森森烟漠漠"，绿树葱葱，炊烟袅袅，何等的惬意，何等的逍遥。夕阳下，牧童归去，歌声不断；月光下，兴奋地拍打着牛角，踏上归途。

其他诗人描写"塔坡牧唱"的诗句也都是传神到位，创设出来的意境令人遐想，令人向往。写景的有："牧竖晴来破翠微，山花着笠云着衣。""塔阴横处日刚午，蓑影欹时风正和。""春草茸茸牧塔坡，数声迢递耳边过。""短笛频吹音断续，野花遍插舞婆娑。"写笛声歌声的有："参差短笛吹来惯，婀娜长腔和者多。""飘飘逸兴翻歌曲，步虚声寂如堪续。""别浦清音流水调，隔江余籁答渔歌。"写牧童归途的有："笠影渐低红日近，笛声遥遇白云过。问谁酬唱应无偶，一笑人间俗调多。""野讴四起日云暮，芳村拥翠寻归路。""归途唱和遥相识，牛背翻为三弄笛。""归来犊背闲吹笛，相送松声落逝波。""普君祠外西斜日，牛背归来尚自哦。"诗人以轻松的笔调，借牧童的欢歌，表现了佛山老百姓平和安稳的生活。

细读这几首诗歌，我们不难看出，诗人也流露出淡淡的愁绪，面对着牧童放歌的塔坡冈，不禁回想起塔坡寺的辉煌。"太平风景满山阿，叩角无劳宁戚歌。芳草有情谁遣此，夕阳偏匿待如何？""犹有耕田随作息，康衢遗调共吟哦。"平淡的生活中，有谁还记得塔坡曾经的荣光？"塔坡冈上现毫光，嘉名肇锡荣此乡。"现在塔坡冈已是面目全非，无人在意"佛山初地"的塔坡。"塔坡寺改余芳草，澹烟疏雨行人道。""我来访迹眼逾青，锦槛高悬印月亭。宝络金装看缥缈，斜阳如画乱峰小。余光隐约市中丘，余音断续水边楼。"人们已经没有了当年膜拜的虔诚。"古今浩劫头陀寺，山水清音孺子歌。""童蒙那识横经趣，天籁偏能扣角歌。"时代的变迁如"拍岸潮痕染黛螺"一般，慢慢地"芊绵碧草长平坡"。于是，"悟破瞿昙①色即空，我赓②一阕咏香风"。"时平不用长夜歌，编作新声古太和。"

这些"塔坡牧唱"的诗作，让后人感受到时代的变化，热闹的塔坡寺、塔坡井也就随着岁月的流逝而趋于平静了。

五 孤村铸炼

孤村铸炼（见图6-5）是指明代一个孤零的四野无人的小村落，因为村人多以冶炼为业，故日夜铸炉不熄，远看火光冲天；浓烟上升空际，蜿蜒如龙腾，形成独特的风景。遗址在现在佛山沙塘坊一带。

明清时期，佛山的铸造业非常发达，佛山已成为享誉海内外的岭南冶铁生产基地，最鼎盛的时期，有铸铁作坊一百多个，炒铁作坊数十个，工人六七万。"春风走马满街红，打铁炉过接打铜"的诗句，反映了佛山冶铁业的盛况。清代屈大均在《广东新语》中写道："铁莫良于广铁。……诸

---

① 瞿昙：释迦牟尼的姓，也作佛的代称。
② 赓：酬答、应和。

图 6-5 佛山八景全图——孤村铸炼

资料来源：转引自（清）吴荣光道光《佛山忠义乡志》卷首。

炉之铁冶既成，皆输佛山之埠。佛山俗善鼓铸，其为镬。……诸所铸器，率以佛山为良，陶则以石湾。其炒铁，则以生铁团之入炉，火烧透红，乃出而置砧上，一人钳之，二三人锤之，旁十余童子扇之；童子必唱歌不辍，然后可炼熟而为镴也。计炒铁之肆有数十，人有数千，一肆数十砧。一砧有十余人，是为小炉。炉有大小，以铁有生有熟也。故夫冶生铁者，大炉之事也；冶熟铁者，小炉之事也。其钢之健贵乎淬，未淬则柔性犹存也。淬者，钢以炉锤，方出火即入乎水，大火以柔之，必清水以健之乃为纯钢。此炼钢之事也。"①

明清时期，佛山的手工业发达，各行各业都有自己的行规。如冶铁行，又名铁镴行，是佛山特有的行业。此外，冶炼方面的分工也很具体，有铸砧行、铸炉行、铸犁行、铸锁行、铸针行、铸链行、拆铁行、铁线行等手工业。冶铁业的发达，甚至影响到佛山的气候。道光《佛山忠义乡志》卷

① （清）屈大均：《广东新语注》，广东人民出版社 1991 年版，第 363 页。

五《乡俗》关于佛山的气候是这样记载的："气候于邑中为独热,以冶肆多也。炒铁之炉数十,铸铁之炉百余,昼夜烹炼,火光烛天,四面熏蒸,虽寒亦燠。铸锅者先范土为模,锅成弃之,曰模泥。"当时佛山使用的是"红模铸造法"[1],铸造出表面光洁度极高的铁制品。先用泥土造成模具,再将铁水浇铸到泥模中,待冷却后,铁器成型,一次性使用的泥模就被丢弃于附近的空地上,日积月累,就堆积成小山岗。现在佛山祖庙边上还有一个泥模岗冶铁遗址,是元明时期以及更早时期的冶铁废弃泥模堆积,俗称"泥模岗"。泥模岗就是这样日复一日、年复一年地堆积而成的,能证明当时冶铸业在佛山的兴盛,也不难想象昔日炉场星罗棋布的繁盛境况。泥模岗距离佛山古八景"孤村铸炼"所在地不远,"孤村铸炼"在大墟沙塘,冶铁业由点到面发展,从大墟到灵应祠(祖庙),范围逐渐外扩。当时佛山冶铸业的产品几乎囊括了所有生产和生活用品,如犁耙、糖围、铁锅、铁钟、铁钉等,最著名的是家家户户都要用的铁锅,被称为"广锅"。还有大型的器物造型浇铸以及兵器,如广州光孝寺的南汉大铁塔、肇庆鼎湖山庆云寺的千人镬、香港九龙侯王庙清道光年间的铁香炉、清嘉庆年间的三足大铁鼎,等等,这些冶铸业产品既保家卫国又供生活所需。

《佛山忠义乡志》有关孤村铸炼的名流题咏诗有四首,给读者描写了当时佛山铸铁的盛况。

孤村铸炼（梁序镛）

风俗还淳卖剑时,农田凭汝铸锄夷。
梅间宋璟[2]吟初罢,柳下嵇康癖未知。
天道循环犹橐龠[3],禅门参偈亦钳锤。[4]
分明只借辛勤力,点雪红炉却是谁?

前题（陈畴）

为访名乡入胜门,当时铸炼失孤村。
不闻夜劝炉间力,唯见人归市上喧。

---

[1] （民国）冼宝干：民国《佛山忠义乡志》卷十《风土志一》。
[2] 宋璟（663—737）：邢州南和人,封广平郡公,唐代著名政治家,著有《梅花赋》。
[3] 橐龠（tuó yuè）：古代鼓风吹火用的器具。
[4] 钳锤：剃落头发,捶打身体。比喻禅家的接受点化。

千古文章纯火锻，十年富贵冷灰存。
嵇康已去成陈迹，柳底寻来感旧论。

前题（舒彬）

天高野旷半田园，霞蔚云蒸又一村。
踊跃祥金归大冶，郁葱佳气接平原。
一犁春雨占农事，半壁秋山误烧痕。
百炼转怜柔绕指，遐荒容易失刘琨。①

前题（杜伯棠）

大造为炉妙莫论，良工铸炼在孤村。
宝光万丈相摩荡，紫气千重互吐吞。
剑戟销来争战息，鼎钟认得姓名存。
太平无复干戈事，野老携锄向隰原。

　　诗人的作品，主要是描写铸铁小村庄的环境以及成品情况。冶铁的地点是"天高野旷"，铸铁形成了"霞蔚云蒸"的壮观，这个孤村造就了许多能工巧匠。"踊跃祥金归大冶，郁葱佳气接平原。""为访名乡入胜门，当时铸炼失孤村。""大造为炉妙莫论，良工铸炼在孤村。"说明铸炼村从业人员很多，铸铁工场的场景震撼人心。"宝光万丈相摩荡，紫气千重互吐吞。""不闻夜劝炉间力，唯见人归市上喧。千古文章纯火锻，十年富贵冷灰存。"说明当时的铸炼村热闹非凡，火光冲天，铸炉不熄。

　　诗人还记录了佛山铸铁的成品情况，铸铁既有实用的农具，又有兵器与鼎钟。"风俗还淳卖剑时，农田凭汝铸锄夷。""一犁春雨占农事，半壁秋山误烧痕。""太平无复干戈事，野老携锄向隰原。"佛山的铸铁，既可以打造出能战的大炮和利剑，也能为广东各地寺庙提供鼎钟。"剑戟销来争战息，鼎钟认得姓名存。"

　　诗歌还借用名人的故事，进一步衬托出佛山铸铁的重要意义。"梅间宋璟吟初罢，柳下嵇康癖未知。""嵇康已去成陈迹，柳底寻来感旧论。""百炼转怜柔绕指，遐荒容易失刘琨。"宋璟是唐朝的一代名相，刚正不阿，如

---

① 刘琨（271—318）：字越石，中山魏昌（今河北定州南）人，西晋政治家、文学家。其《重赠卢谌》诗，有"何意百炼刚，化为绕指柔"句。

梅花般有着铮铮傲骨，任广州都督时，为老百姓做了很多实事。嵇康不畏权贵，爱好打铁，铁铺子就设在枝叶茂密的柳树下。刘琨闻鸡起舞（剑）、锲而不舍的奋斗精神传为佳话。从这些诗句之中反映出佛山铸铁业在掌握传统技艺的基础上又富于创新发展的一种工匠精神。

六 东林拥翠

东林拥翠（见图6-6）在东头坊，是明代佛山最早的园林之一，园中种植各种树木，苍翠参天。这个园林为明代知州冼效所建，其后代子孙不断增筑，慢慢地具有一定的规模，成为名园，曾为佛山八景之冠。冼瑛在《东林园记》描写道：

> 自是代有增筑，东林名园遂为佛山八景之冠。据故老言，林周广约里许，林外柳堤夹岸，堤名"试马"。旁为射圃，即忠义官东谭公①与乡人较猎处也。内有小溪通大河，引水为湖，湖满菡萏，游鱼可数。湖心为榭，虹桥跨焉。湖之旁，分植芙蓉、桃李、荔枝，四时佳气，可于湖内得之。去湖之南，为集雅堂，宾客游宴之盛，拟于辋川。②堂前紫藤数架，琳琅千个，怪石参错于竹间，曲径通幽。有大院落，老松参天，古榆蔽日，中构书斋，为太守一吾公③读书处。斋右有松七株，征君崑华公④复筑精舍其旁，额曰："七松轩"，因以名其集云。去东，培土为山，高楼翼然，旁筑二亭，磴道相接，棋枰石几，绿满苔痕。每当斜阳欲下，微雨初晴，觞咏其中，俯瞰湖光，蔚蓝一色，令人作濠濮间想⑤矣。西去数十步，多竹篱茅舍，黄花满径，枫叶成林，豆棚瓜架与对岸楼台相掩映，山林趣味，馆阁风流，兼而有之。北则绿野盈畴，湖光灌注，自成汊港。拓草坪，槛之为圈，圈外遍植梅树，仙鹤翱翔于上，麀⑥鹿出没于下，桃源仙境不是过也。⑦

---

① 东谭公：指冼灏通，字亨甫，号东谭。
② 辋川：是唐代大诗人王维的居所。
③ 太守一吾公：指冼效（1531—1599），字衍孔，号一吾。明隆庆举人，官平乐府知府等职，多有惠政。
④ 征君崑华公：指冼士鉴。
⑤ 濠濮（háo pú）间想：指闲适无为、逍遥脱俗的情趣。《庄子·秋水》中有两则故事：一则是写庄子与惠子在濠梁上观鱼；另一则是写庄子在濮水边钓鱼，楚王派使者来请他去做官。这两则故事的内容被《世说新语》糅合为"濠濮间想"。
⑥ 麀：母鹿。
⑦ （民国）冼宝干：民国《佛山忠义乡志》卷十《风土志二》。

第六章　志书诗画中的佛山印记

图 6-6　佛山八景全图——东林拥翠
资料来源：转引自（清）吴荣光道光《佛山忠义乡志》卷首。

东林园主为冼姓冶铁巨商，在高州还拥有矿山，族大财雄。① 《禅城旧地》一书写道："园林广约里许，林外柳堤夹岸，堤名'试马堤'，傍建射圃，习武练箭之地。内有小溪（栅溪），引水为湖，湖植荷花，湖心为榭，横跨虹桥，湖傍桃、李、荔排列，老松参天，古榆蔽日，翠竹丛生，怪石四布，亭、台、楼、阁、大院、书斋、棋枰，分列左右。湖之南上集雅堂，为文士吟咏挥毫宴饮之所。至清代，日渐荒芜，民国时无存。"② 可见，东林园是一个绿树成荫、花香幽雅的好地方，是文人雅士喜爱的聚集地。《佛山忠义乡志》选用了诗人梁序镛、陈文瑞、郭泰舟所写的诗，读者阅读诗人的描绘，也会陶醉在那一片浓得化不开的绿色中。

---

① 佛山市地方志编纂委员会办公室编：《佛山史话》，中山大学出版社 1990 年版，第 129 页。
② 佛山市禅城区档案局、佛山市禅城区地方志办公室编：《禅城旧地》，佛山，2013 年版，第 103 页。

东林拥翠（梁序镛）

郁葱佳气满平林，十里寒生万木森。
沙岸送青连钓笠，石床分绿压眠琴。
画图全展初晴湿，楼阁才遮便夕阴。
欲问远公今不见，隔溪空听断蝉吟。

前题（陈文瑞）

夏木芊茸拥夕阴，翠屏叠叠耸高林。
浓添晓雨青疑滴，嫩借朝阳绿转深。
干老千年栖鹤梦，风高一夜作龙吟。
野人随处搴芳好，眠向苔衣一鼓琴。

前题（郭泰舟）

未辨枫林与桂林，东头人指翠森森。
栽培名节风霜古，盘错根株岁月深。
可有放春来阮啸，也应分绿到嵇琴。
享年莫怨不才老，荫喝人怀樾下心。

首先，诗人描绘了郁郁苍苍的园中嘉木，给人一种生意盎然的舒欣。"郁葱佳气满平林，十里寒生万木森。""夏木芊茸拥夕阴，翠屏叠叠耸高林。""未辨枫林与桂林，东头人指翠森森。"园中有高耸入云的老松、古榆、枫树，盖天蔽日，哪怕是炎炎的夏阳，也让你感受不到骄阳的蒸烤，反而会生出森森的凉意，充分体现出名园的价值。

其次，诗人介绍了园中的绿植与设施。"浓添晓雨青疑滴，嫩借朝阳绿转深。"晨雨后的绿叶青翠欲滴，阳光下的嫩叶更加葱绿。"栽培名节风霜古，盘错根株岁月深。""干老千年栖鹤梦，风高一夜作龙吟。""盘错根株"表明园中的树木已经历了岁月，甚至有千年的久远。"沙岸送青连钓笠，石床分绿压眠琴。""画图全展初晴湿，楼阁才遮便夕阴。"园中有木、有柳、有花，还有堤、有溪、有湖、有榭、有桥，处处表现出南方园林的特色。

最后，诗人告诉我们，在这样的园林环境中，人们心旷神怡，自由自在，不受约束，尽情地享受着生活的乐趣。"野人随处搴芳好，眠向苔衣一鼓琴。""欲问远公今不见，隔溪空听断蝉吟。"也可以像竹林七贤那样放飞心情，怡然自得。"可有放春来阮啸，也应分绿到嵇琴。""享年莫怨不才老，荫喝①人怀樾下心。"可以说，东林拥翠不仅是写园林的景象，更反映了佛山人热爱自然、享受自然、从容不迫的生活方式以及与生俱来的物人和谐共生的自信。

七　南浦客舟

佛山南浦乡大桥头前，当时的洛水（佛山涌）河面宽阔，端午节时可赛龙船。每逢夏季，富商巨贾、王孙公子、文人墨客在傍晚时分，都喜欢来到南浦雇舟船游河，尽兴乘凉。当时来往的舟船如过江之鲫，络绎不绝，颇为壮观，成为一道亮丽的风景，故名为"南浦客舟"（见图6-7）。

《佛山忠义乡志》辑录了李达天、麦照和屈宋才的三首诗，细读这些关于南浦客舟的诗作，我们可以了解到当时南浦客舟的盛况。

南浦客舟（李天达）

葭苇茫茫隔水湄，客来南浦赋新诗。
岂无一叶斜阳渡，难慰三秋尔室思。
荻岸似曾垂钓叟，渔矶犹忆落棋时。
深情已许同舟诉，书画船来只自知。

前题（麦照）

簇簇帆樯若荠浮，天南客子共维舟。
绿波江外将离棹，红树湾前买醉楼。
芦渚昼长应梦蝶，篷窗夜静合盟鸥。
海滨素有安澜庆，月影波光任去留。

前题（屈宋才）

渺渺汾江汗漫游，客来南浦荡轻舟。
绿波芳草斜阳岸，春水桃花古渡头。
载酒有时倾北海，挂帆随意向东流。
等闲好借文通笔，写尽销魂赋别愁。

---

① 荫喝：出自《淮南子·人间训》："武王荫喝人于樾下。"喝（yē），中暑。

图 6-7　佛山八景全图——南浦客舟

资料来源：转引自（清）吴荣光道光《佛山忠义乡志》卷首。

首先，诗人再现了南浦的自然风光。"葭苇茫茫隔水湄"，"渺渺汾江汗漫游"两句，"茫茫"写出了江面的宽阔，"渺渺"表现了江水的浩大。"绿波芳草斜阳岸，春水桃花古渡头。"描绘出古渡周边的景色，江波、绿草、春水、桃花尽收眼底。

其次，诗人交代了时间和人物。诗句："岂无一叶斜阳渡，难慰三秋尔室思。""绿波芳草斜阳岸，春水桃花古渡头。"写出了客舟到达南浦的时候是黄昏。人们爱来此地，无论是什么季节，客人来南浦都是络绎不绝。"天南客子共维舟""客来南浦荡轻舟"两句表明，天南地北的游客，倒喜欢一起来到南浦荡舟。

最后，诗人记录了当时的情景以及人们的活动。"簇簇帆樯若荠浮"，说明当时来往南浦的舟船很多，有如荠菜遍野，帆影如鲫。在南浦，人们的活动可谓是多姿多彩。有的吟诗作对，"客来南浦赋新诗"，"等闲好借文通笔，写尽销魂赋别愁"。有的垂钓下棋，如"荻岸似曾垂钓叟，渔矶犹忆落棋时"。有的醉生梦死，如："绿波江外将离棹，红树湾前买醉楼。芦渚昼长应梦蝶，篷窗夜静合盟鸥。"有的荡舟畅饮随波逐流，如："载酒有时倾北海，挂帆随意向东流。""海滨素有安澜庆，月影波光任去留。"诗作反映了佛山人自由自在的生活。

八 村尾垂虹

村尾垂虹（见图6-8）一景因为通济桥而得名。通济桥位于佛山古镇村尾南济观音庙前，是佛山最早修建的桥梁之一，至今已有400多年的历史。最初的通济桥只是一座木桥，后来多次修建，清乾隆《佛山忠义乡志》记录了明代嘉靖三十八年（1559）、隆庆二年（1568）和万历九年（1581）三次修建洛水桥之事。明代天启五年（1625），在时任礼部主事的乡人李待问的倡议下再次重修洛水桥，将原来的木桥改建为木石结构的拱桥，重修的洛水桥，桥头石级共九级，桥尾十三级，寓意"九出十三归"。新桥修成后，李待问题名为"通济桥"，寓意"桥以通济名，必通而后有济也"。通济桥横跨佛山涌，是通往顺德、番禺的必经之路，是佛山商贸交流的重要通道。通济桥两岸竹木摇曳，河中舟舫如鲫，路上行人络绎不绝。每逢太

图6-8 佛山八景全图——村尾垂虹

资料来源：转引自（清）吴荣光道光《佛山忠义乡志》卷首。

阳西下时，日光照着，桥影于河中，如天垂长虹，夕阳倒映水中，荡漾着斑斓的彩色，令人惊叹，令人陶醉，故称为"村尾垂虹"，被列入佛山旧八景之一。

通济桥出名的另一个原因是"行通济"的习俗。"行通济，无闭翳。"这一俗语在佛山无人不晓，正月十六行通济也成了佛山人的一件大事。

关于这些美景和民俗，《佛山忠义乡志》选录了吴仁等五位诗人的诗作，引领读者更好地体验夕阳下通济桥的魅力，了解"行通济"的盛况。吴仁的诗是五言诗，唐卓然、潘学元、梁彰世和梁序铺四人的诗为七言诗。

村尾垂虹（吴仁）

万里路迢遥，所喜在通济。
游踪不暂停，共藉长虹势。
行尽落花村，转眼惊新霁。
谁家挂酒帘，正宜此点缀。
隔岸扣禅关，正凭此维系。
彩缠杖履过，气吞舟楫逝。
常同玉𬘭①垂，恰漾縠纹细。
清溪返照时，孤亭月明际。
倒彩现玲珑，幽赏空尘世。
回思题柱人，壮志愧难继。
佳气美饮波，遣怀聊一憩。

前题（唐卓然）

老蛟吹浪势凌空，鞭石谁成利涉功。
乍见江头横匹练，旋看村尾挂长虹。
烟云北望三山合，舟楫南来五岭通。
借问何人题柱去，夕阳流水自匆匆。

前题（潘学元）

村尾遥分一水道，长桥稳驾接西东。
天边才委衔山照，村外旋垂饮涧虹。

---

① 玉𬘭：桥名，在北京西安门东，北海与中南海之间，又名御河桥。

日影波光连断处，云情雨意有无中。
任教五色江郎笔①，多恐描来未尽工。

前题（梁彰世）

朝匪阼西暮匪东，疏林缺处露长虹。
虬形断续烟迷岸，霞彩翻腾水拍空。
沽酒客归残雨后，浣纱人话夕阳中。
花汀倚棹频回望，村北村南一道红。

前题（梁序镛）

红桥雁齿②客扶筑，遥认长虹饮涧低。
碧水涨时晴雨歇，画船通处夕阳迷。
凌云才子应题柱，入月神仙或化梯。
凭语郊居原有赋，逢人休误是雌霓。

"万里路迢遥，所喜在通济。"写出了人们对通济桥的喜爱，不畏遥远来到通济桥。"游踪不暂停，共藉长虹势。"当年，通济桥两岸建有南济观音庙和通运社坛，每年正月十六，借元宵节的余兴，佛山民众以及四乡民众就会扶老携幼，成群结队地来到通济桥边，焚香燃烛，拜神祈福，由北向南步行通过通济桥，欣赏"村尾垂虹"的美景，祈求时来运转，百业兴旺，无忧无愁，由此佛山逐渐形成了正月十六"行通济"的习俗。每年浩浩荡荡的"行通济"人群，举着象征转运的风车，提着花灯和寓意"引财归家"的生菜，兴高采烈地走过通济桥，一路欢声笑语，人声鼎沸。

"行尽落花村，转眼惊新霁。"这句诗写的是人们的行踪，经过了村落，便可看到通济石拱桥。"乍见江头横匹练，旋看村尾挂长虹。"写的是江面开阔平静，犹如一条白练，拱桥有如长虹倒映在江面上。"朝匪阼西暮匪东，疏林缺处露长虹。""村尾遥分一水道，长桥稳驾接西东。"写的是拱桥在林荫中若隐若现，连接着东西两岸。"老蛟吹浪势凌空，鞭石谁成利涉功。"写出了通济拱桥的气势。"红桥雁齿客扶筑，遥认长虹饮涧低。"写出了桥上台阶的形状。"天边才委衔山照，村外旋垂饮涧虹。"写出了山水

---

① 五色江郎笔：江郎指江淹（444—505），字文通，南朝著名文学家。
② 雁齿：比喻桥的台阶。

相接的水乡特点。"谁家挂酒帘，正宜此点缀。"写了桥边的酒家。"隔岸扣禅关，正凭此维系。""烟云北望三山合，舟楫南来五岭通。"写明了通济桥是重要的水路交通位置。

诗人不吝笔墨，纵情描绘着"村尾垂虹"的迷人色景。"虹形断续烟迷岸，霞彩翻腾水拍空。"写的是烟霞缥缈的垂虹。"日影波光连断处，云情雨意有无中。"写的是云蒸霞蔚的垂虹。"碧水涨时晴雨歇，画船通处夕阳迷。"写的是潮涨潮落的垂虹。"彩缠杖履过，气吞舟楫逝。"写的是碧波翻腾的垂虹。"常同玉蝀垂，恰漾縠纹细。"写的是平静如画的垂虹。这些诗句，让我们看到不同状态下的通济桥垂虹，简直可以与北京的玉蝀桥（御河桥）媲美，令人着迷。诗人还写了通济桥下水中的倒影，清澈宁静。"倒彩现玲珑，幽赏空尘世。"写的是明月当空的通济桥，岸边上的亭子倒映在水面上，与水中的皎月互相辉映。"清溪返照时，孤亭月明际。"写的是美不胜收的"村尾垂虹"，"任教五色江郎笔，多恐描来未尽工"。哪怕是江郎的神奇画笔，也无法描绘出通济桥的美景。此外，诗人还写了人的活动。"沽酒客归残雨后，浣纱人话夕阳中。花汀倚棹频回望，村北村南一道红。"此情此景，令人陶醉，心中也就没有了杂念，尽量释怀，尽情享受。"佳气美饮波，遣怀聊一憩。"

几位诗人还不约而同地提及了通济桥题柱的对联："回思题柱人，壮志愧难继。"（吴伫）"凌云才子应题柱，入月神仙或化梯。"（梁序镛）"借问何人题柱去，夕阳流水自匆匆。"（唐卓然）靠近桥附近的村尾，建有一座石牌坊，牌坊上刻有"通济桥"字样，旁边有对联："通七堡之游行，逸客寻春，任得渡头饮马；济万人之来往，曲桥跨水，艳称村尾垂虹。"对联概括了古通济桥的风貌特色，也说明了通济桥为民造福的作用，深得后人赞颂。"入月神仙或化梯"则说明通济桥与神话传说有关，即神仙留金建桥时曾有"通吾困，济吾贫"之言。传说曾有一位道士手持红布包袱来到河边一小茶馆喝酒，酩酊大醉后喃喃自语："通吾困，济吾贫。"然后飘然离去，一道金光后，道士不见踪影，而红布包袱却留在桌子上，里面包着白花花的银子。众人以为银子是仙人所赐，便用来修建通济桥，于是就有了"行通济"的传统习俗。

可以说，村尾垂虹既有桥映水中的奇观，更代表佛山人对美好生活的憧憬，希望时通运转，百业兴旺，无忧无愁。正月十六行通济，祈福、募捐、游玩，成为一幅令人心旷神怡的佛山古镇的风情画卷。

附录　佛山市现有城市公园统计

行政区域	城市公园名称
禅城区（82个）	中山公园、季华园、石湾公园、下朗中心公园、绿岛湖湿地公园、湾华公园、文华公园、半月岛湿地公园、始平公园、亚洲艺术公园、白燕公园、兆祥公园、南浦公园、青柯公园、铁军公园、情侣公园、柏塱公园、上沙公园、王借岗深林公园、石梁公园、富竹公园、河宕公园、贺丰中心公园、惠景公园、垂虹公园、海心公园、奇槎滨水公园、上元公园、石湾湿地公园、西华公园、大雾岗深林公园、周尾围生态公园、五峰公园、拾号罗南体育公园、唐翠园、东平河石湾湿地公园、张槎公园、智慧公园、莲塘公园、绿瓦亭公园、塘头公园、下东公园、东兴公园、河西公园、置业公园、白坭玉景公园、上元公园、苏滘公园、渔村公园、人民公园、文沙公园、通济桥、古灶中心公园、站前公园、永安公园、小雾岗公园、鸿业公园、桂园宛、塔坡公园、主题公园、大笨像公园、联合公园、黎冲村大宗公园、艳芳里公园、南风古灶—国际陶文化公园、派的·地质公园、古北公园、联合公园、富溪公园、南庄法治文化公园、红光西便街中心公园、高墩公园、下北公园、充美公园、长廊公园、南榕园、朗兴公园、铸钢厂侧公园、南庄消防主题公园、朗心公园、鸿业园、祖庙街道反邪教主题公园
南海区（215个）	石啃公园、盐步公园、孝德湖公园、文翰湖公园、三山深林公园、南海全民健身体育公园、千灯湖公园、磻岗公园、河村公园、松岗文化公园、九龙公园、南海湿地主题公园、映月湖公园、洲村公园、大沥公园、平洲公园、展旗峰生态公园、回龙公园、白岗公园、小塘公园、佳兆业滨江公园、水口公园、大基尾公园、东二公园、黄歧公园、涌口公园、二村公园、贤僚公园、南隅休闲公园、荔庄公园、鲁岗公园、大石古庙公园、官窑景观公园、招大森林公园、康乐公园、心溪公园、沙头文体公园、南海活力足球公园、邓西公园、甘蕉公园、朝山公园、平地公园、上沙涌公园、沙涌公园、展旗村公园、凤东公园、金溪湿地公园、兴联村公园、横江公园、大步公园、夏南二公园、罗村文化公园、九村公园、兴隆公园、厦边公园、沥城公园、广东南海金沙岛国家湿地公园、怡海公园、颜边公园、青龙公园、南海文化公园、赤山公园、道头公园、富寿公园、五房沙公园、草暖公园、华光公园、南海中央公园、陈溪公园、桂城市政蟮岗公园、福南村公园、里水法治文化公园、岗联公园、城中公园、上柏社区东边体育公园、江晖园、东村公园、官山涌公园、里东公园、大地公园、胜塘北二公园、月池公园、罗村咏春体育公园、高铁公园、里水滨河公园、康怡公园、江夏园、沙溪公园、东约公园、凤西公园、沙口公园、探花公园、罗洞公园、八甲公园、张边南公园、东华娱乐公园、拱北公园、叠南中心公园、泗沥二村公园、平南公园、

续表

行政区域	城市公园名称
南海区（215个）	大操场公园、庄边公园、太和公园、大沥镇体育休闲公园、花社公园、夏北中心公园、良南公园、东平水道河堤公园、藕田公园、罗城公园、佛山南海金融公园、罗田公园、红棉公园、三村公园、云山公园、蛇山公园、和顺公园、里水消防科普公园、缘喜营地公园、状元公园、和顺文体公园、怡翠公园、江滨公园、河滨公园、九龙山森林公园、乐城公园、龙腹公园、海景森林公园、风雅公园、水头何公园、桥南村公园、李潘公园、清溪公园、伯奇公园、宏鹰公园、沿江公园、大藤水岸公园、五丫口公园、狮山镇罗村体育公园、朱九江纪念公园、爱情公园、荷香园、吕村公园、银河公园、珍丰公园、三村中心公园、沥北中心公园、信峰公园、蟾兴公园、灯湖市政公园、岳明公园、大谷公园、红旗公园、月亮湖公园、林岳岗公园、涌源公园、党建公园、新石村公园、街心公园、桂城街道消防宣传主题公园、东约公园、郁水公园、南园、联滘中心公园、社区体育公园、叠北公园、新龙村公园、北一公园、竹基公园、元龙公园、璜溪公园、逢涌虎头岗公园、石碣朗枝岗健身公园、怡园、颜峰主题公园、寨边公园、儿童公园、奥园公园、罗村花灯公园、榕树头直联公园、招大党建主题公园、唐边公园、西樵消防主题公园、加勒比松园、紫荆公园、江边公园、丹灶镇消防主题公园、大藤社公园、佛山国家高新区南海公园、胜利公园、邵边公园、大镇贰中心公园、联镰公园、莲藕塘公园、五一村大街公园、芦溪公园、横江外滩公园、东约公园、上社公园、智慧公园、流潮公园、上街公园、涌口公园、蛇龙公园、三洲公园、河岸公园、叠滘小学体育公园、北园休闲公园东园、庆云公园、涌口村潘合公园、东门公园、怡海公园、星湖公园、鳌峰公园、文明公园
顺德区（233个）	顺峰山公园、花海公园、广教公园、三洪奇公园、顺德海立方海洋公园、水藤公园、华侨城欢乐海岸主题公园、容里公园、中山公园、钟楼公园、东湖公园、水口村公园、北滘公园、华口中心公园、沙边公园、海尾公园、花溪公园、岭南和园、天湖森林公园、新城儿童公园、羊额公园、碧江民乐公园、良教公园、荷村公园、滨江湿地公园、东区体育公园、大闸公园、道教公园、联盛公园、合耕公园、绿轴公园、四基公园、泰安公园、荔村东街球场公园、景湖公园、陈大滘公园、东兴公园、新塘公园、仕版公园、南塘公园、甜竹林湿地公园、文化公园、和园、马村公园、萧地公园、均安公园、政府广场公园、大罗中心公园、鹭洲村体育公园、琴湖公园、罗村厦街公园、苏溪公园、君兰河堤公园、乐从文化公园、美的体育公园、佛山公园、文塔公园、西海中心公园、龙江人民公园、旧寨公园、登洲公园、坦西公园、上涌中心公园、沙河公园、玉带公园、云路公园、沙滘南村公园、大吉公园、河滨公园、五沙社区体育公园、法比奥文体公园、近良社区体育公园、石牌公园、南天公园、龙眼公园、小涌公园、三字经文化公园、西滘文化公园、丹桂公园、沙路公园、北滘都宁岗森林公园、新隆人民公园、勒流镇江村莘村公园、大凤岗公园、凤岭公园、德胜河滨公园、大凤山公园、石阁公园、红岗公园、东宁公园、熹涌公园、树生桥公园、狮山公园、龙溪公园、葛岸公园、岳步公园、北滘体育公园、顺德高新区体育公园、龙涌公园、三洲中心公园、沙富牛岗公园、百福公园、涌口公园、天河公园、沙洲公园、河滨景观公园、水口公园、合成公园、立交湿地公园、桂畔湖湿地公园、美德公园、大晚公园、南区公园、龙江龙峰山森林公园、鸡洲公园、劳村怡乐公园、周家祠公园、南街公园、大同公园、容桂马岗深林公园、光华公园、鹭洲公园、林苑公园、西河公园、榕园、桂南公园、青龙公园、庄头公园、道教体育公园、南岸公园、乐从儿童公园、大岗山公园、罗孝公园、城南公园、西邨公园、锦岩公园、北岸公园、夏园、沙良河公园、聚德公园、蓬莱公园、高翔公园、龙江大金山森林公园、外村公园、

续表

行政区域	城市公园名称
顺德区 (233 个)	北河公园、仙涌紫阳公园、翠湖公园、极限公园、细滘中心村公园、中国盆景大观园、五松坊公园、君兰河岸公园、鹭鸟天堂、华海公园、潭村公园、华南公园、富临公园、小布公园、龙江锦屏山森林公园、龙头公园、沙坑公园、永兴公园、滨江东公园、小黄圃中心公园、云近滨海公园、钊林公园、公憩园、三沙天后庙公园、太湖公园、龙母公园、保利外滩公园、沙岗公园、新村观音公园、华东公园、馨尾公园、桃村公园、云桂十四街公园、大良消防文化主题公园、曼谷公园、荔村丁字路公园、鲤鱼沙公园、马东永春休闲健身公园、新地坊公园、凫洲河公园、墨庄公园、良村中心公园、稔海村体育公园、麦基公园、豸浦公园、大墩公园、城西公园、沙浦中心公园、不锈钢主题公园、广群公园、新城湖泊公园、仕版位阳公园、体育公园、石洲公园、白莲公园、文帝公园、了竹新村公园、东街公园、西南公园、顺德国防公园、涌口古庙公园、粉黛子草湿地公园、大都公园、旺村公园、泮浦新村公园、浪迪足球公园、一景公园、润和公园、凤岭公园、顺江公园、黄爱意公园、海傍公园、伦教鸡洲奥脱福体育公园、千叶松园、河边公园、怡景公园、三华三体公园、北极公园、鹤岭公园、中法艺术公园、杏坛法治文化公园、丰源公园、都宁公园、北滘镇体育主题公园、中琇公园、合胜公园、清海公园、滨江西公园、马东狮山公园
高明区 (22 个)	白石公园、明湖公园、荷城公园、华山公园、天泽主题公园、明城郁金香公园、南蓬山森林公园、街心公园、智湖公园、云勇森林公园、三小公园、七星岗公园、秀丽湖景观公园、交通公园、海滨公园、榴边村公园、皂幕山森林公园、飞马公园、西江干堤公园、体育公园、杨和镇消防主题公园、新圩公园
三水区 (41 个)	三水森林公园、砂岗公园、月亮公园、高丰公园、彩虹公园、文塔公园、东交公园、三江水韵公园、三水文化公园、西南街道文化主题公园、左岸公园、北江体育休闲公园、昆都山森林公园、北江凤凰公园、黎北公园、沙头公园、西江公园、花海生态公园、水都湿地公园、三水区休闲公园、湖心公园、乐平同心公园、荷香湖公园、园林市场公园、右岸公园、城建公园、西南涌公园、湖心公园、龙坡公园、三水区大南山森林公园、洲边公园、六和公园、文峰公园、儒家天下文化公园、党建主题公园、河滩公园、白坭休闲公园、三水区乐平镇反邪教主题公园、秀清公园、景点沐波公园、佛山市宝特贝尔农业公园

资料来源：笔者整理。

参考文献

一 专著译著

李景康：《石湾陶业考》，上海书店出版社1941年版。

（宋）郭若虚：《图画见闻录》，人民美术出版社1963年版。

广东省博物馆编：《广东省博物馆馆藏陶瓷选》，文物出版社1972年版。

（宋）米芾：《画史》（于安澜编：《画品丛书》），上海人民美术出版社1983年版。

朱培初编著：《明清陶瓷和世界文化的交流》，中国轻工业出版社1984年版。

[美]查尔斯·麦克迪：《西方艺术简史》，上海人民美术出版社1986年版。

广东省社会科学院历史研究所、中国古代史研究室：《明清佛山碑刻文献经济资料》，广东人民出版社1987年版。

王庆成：《稀见清世史料并考》，武汉出版社1998年版。

孟凡人、马文宽：《中国古陶瓷在非洲的发现》，紫禁城出版社1987年版。

梅文鼎等：《石湾现代陶器》，岭南美术出版社1985年版。

曾昭璇：《岭南史地与民俗》，广东人民出版社1994年版。

熊廖：《陶瓷美学与中国陶瓷审美的民族特征》，浙江美术学院出版社1989年版。

冯先铭主编：《中国陶瓷》，上海古籍出版社1994年版。

谭畅：《谭畅陶艺》，岭南美术出版社1995年版。

袁钟红：《岭峤春秋》，中国大百科全书出版社1999年版。

黄炳、蔡波：《石湾陶瓷艺术》，岭南美术出版社2001年版。

苏斌主编：《石湾窑精粹》，岭南美术出版社2003年版。

[美]阿恩海姆、霍兰·蔡尔德等：《艺术的心理世界》，中国人民大

学出版社 2003 年版。

刘孟涵：《石湾窑大师作品选》，岭南美术出版社 2004 年版。

［美］沙朗·佐京：《城市文化》（都市与文化译丛），张廷全等译，上海教育出版社 2004 年版。

［美］鲁道夫·阿恩海姆：《艺术与视知觉》，四川人民出版社 2005 年版。

常锐伦：《绘画构图学》，人民美术出版社 2008 年版。

冯民生：《中西传统绘画空间表现与比较研究》，中国社会科学出版社 2007 年版。

肖海明：《佛山祖庙》，文物出版社 2005 年版。

中国硅酸盐学会：《中国陶瓷史》，文物出版社 2006 年版。

刘亚群：《感悟陶俑》，国际文化出版公司 2007 年版。

李立新：《探寻艺术设计的真相》，中国电力出版社 2008 年版。

单霁翔：《从"文物保护"走向"文化遗产保护"》，天津大学出版社 2008 年版。

钟汝荣、史鑫：《石湾善陶——佛山"石湾公仔"》，广东教育出版社 2008 年版。

［英］大卫·哈维：《资本的空间——批判地理学刍议》，王志弘、王玥民译，（台北）群学出版社 2008 年版。

马聘：《历代瓷塑艺术解读与辨识》，上海大学出版社 2009 年版。

中国陶瓷编辑委员会：《中国陶瓷——石湾窑》，上海人民出版社 2009 年版。

陈达：《南洋华侨与闽粤社会》，商务印书馆 2011 年版。

李立新：《设计价值论》，中国建筑工业出版社 2011 年版。

李立新：《设计艺术学研究方法》，江苏美术出版社 2011 年版。

方李莉：《中国陶瓷史》，齐鲁书社 2013 年版。

刘庆元：《匠器·曾力曾鹏陶瓷作品集》，岭南美术出版社 2013 年版。

李凡：《明清以来佛山城市文化景观演变研究》，中山大学出版社 2014 年版。

杨俭波：《全球视野与地方凝视：区域生产视角下的佛山历史文化名城发展与重构》，社会科学文献出版社 2016 年版。

杨俭波：《品城：街巷背后》，中国社会科学出版社 2018 年版。

丘良任、潘超等：《中华竹枝词全编》，北京出版社 2007 年版。

乔继堂、朱瑞平：《中国岁时节令词典》，中国社会科学出版社 1998 年版。

二　志书族谱

万历《南海县志》13 卷，（明）刘廷元修、王学曾纂，明万历三十七年（1609）刻本。

崇祯《南海县志》13 卷，（明）朱光熙修、庞景忠、麦懋藻纂，崇祯十五年（1642）修，抄本。

康熙《南海县志》17 卷，（清）郭尔戺、胡云客修，冼国幹纂，康熙三十年（1691）刻本。

乾隆《南海县志》20 卷，（清）魏绾修、陈张翼纂，乾隆六年（1741）刻本。

道光《南海县志》44 卷首末各 1 卷，（清）潘尚辑修，邓士宪等纂，道光十五年（1835）修，同治八年（1869）重刻本。

同治《南海县志》26 卷首 1 卷，（清）郑梦玉等修，梁绍献、李徵蔚纂，同治十一年（1872）刻本，叙事至同治十三年（1874）。

宣统《续修南海县志》26 卷首末各 1 卷，（清）郑荣修，桂坫、何炳坤纂，清宣统三年（1911）刻本，叙事至宣统二年（1910）。

《太原霍氏崇本堂族谱》卷五《杂记图说》，康熙六十年修订版，道光十一年续修。

丙辰年（2006）重修《沙岗张氏家谱》，转引自民国乙末年旧谱《南海沙冈张氏家谱》之《来祥岗山图》。

吴荣光：道光《佛山忠义乡志》卷十二《庆真堂重修记》，佛山博物馆藏 1830 年版。

陈炎宗：乾隆《佛山忠义乡志》卷十《艺文志》，佛山博物馆藏 1752 年版。

（民国）冼宝干：民国《佛山忠义乡志》，岳麓书社 2017 年版。

（清）屈大均：《广东新语》卷六《器语》，中华书局 1985 年版。

（民国）庞维新：《刘陶父子颂》，《石湾庞氏族谱》卷十六《存类》。

三　学位论文

陈笑倩：《佛山石湾陶塑的传承时间与发展》，硕士学位论文，中国艺术研究院，2017 年。

束维维：《石湾刘胜记家族陶塑风格形成、演变及其影响因素研究》，硕士学位论文，广州大学，2018 年。

季雅娴：《佛山石湾陶瓷的历史变迁研究》，硕士学位论文，暨南大学，2020年。

李宝洪：《陶瓷"神性"的美学探析》，硕士学位论文，景德镇陶瓷学院，2012年。

江雪：《基于符号学理论的中国陶瓷窑变的美学分析》，硕士学位论文，景德镇陶瓷学院，2012年。

江洲：《中国陶瓷款识的美学探析》，硕士学位论文，景德镇陶瓷学院，2012年。

秦嘉域：《智性与根性的审视——当代陶艺教育方法的研究》，硕士学位论文，大连理工大学，2020年。

常磊：《"写实"绘画形式语言分析》，博士学位论文，中国艺术研究院，2008年。

孔新苗：《20世纪中国绘画美学》，博士学位论文，山东大学，2005年。

秦寿平：《写实素描影响下的现代水墨写意人物画语言衍变研究》，博士学位论文，南京艺术学院，2013年。

苏刚：《回归经典——"中国写实画派"研究》，博士学位论文，首都师范大学，2014年。

范晓楠：《景观社会的图像与绘画——20世纪90年代以来的欧洲绘画研究》，博士学位论文，清华大学，2016年。

许乐：《论后现代绘画的艺术呈现与审美思维》，博士学位论文，东北师范大学，2016年。

钱慧：《儿童叙事绘画及其教育启示研究》，博士学位论文，南京师范大学，2014年。

陈晓虹：《日常生活视角下旧城复兴设计策略研究》，博士学位论文，华南理工大学，2014年。

刘乃芳：《城市叙事空间理论及其方法研究》，博士学位论文，中南大学，2012年。

邱天怡：《审美体验下的当代西方景观叙事研究》，博士学位论文，哈尔滨工业大学，2014年。

沈海虹：《集体选择视野下的城市遗产保护研究》，博士学位论文，同济大学，2006年。

冉懿：《清代安徽竹枝词的民俗词语研究》，硕士学位论文，山东大学，

2010 年。

吴娅丹：《空间形塑与日常生活实践：汉口内城社会生态及变迁》，博士学位论文，华中师范大学，2011 年。

童敏：《空间嬗变与秩序重建——论中国现代文学的上海街道书写》，博士学位论文，西南大学，2020 年。

刘乃芳：《城市叙事空间理论及其方法研究》，博士学位论文，中南大学，2012 年。

巫丹：《现代上海城市空间叙事》，博士学位论文，华东师范大学，2013 年。

三 期刊论文

陈文启等：《粤省石湾陶器调查》，《中外经济情报》1937 年第 194 期。

文第士：《广东陶瓷》，《贾梅士学院学报》1967 年第 1 期。

施丽姬：《略谈石湾美术陶》，《石湾陶展》，香港大学冯平山博物馆 1979 年版。

陈志亮等：《广东石湾古窑址的调查》，《考古》1978 年第 3 期。

周仁、李家治：《中国历代名窑陶瓷工艺的初步科学总结》，《考古学报》1980 年第 4 期。

林乃燊、邹华、石稳：《石湾陶瓷的源流、特色和历史地位》，《中山大学学报》1980 年第 3 期。

杨式挺：《史论西樵山文化》，《考古学报》1985 年第 1 期。

李果：《环珠江口新石器时代沙丘遗址的聚落特色》，《考古》1997 年第 4 期。

陈志杰：《石湾制陶史略》，《石湾陶》2011 年第 1 期。

刘传：《源自生活，贵在传神》，《中国工艺美术》1982 年第 1 期。

魏华：《1979 年到 2009 年南石湾陶塑人物创作研究》，《中国陶瓷》1998 年第 2 期。

陈芬：《公共环境中景观小品的造型设计探析》，《泰安教育学院学报岱宗学刊》2011 年第 3 期。

单留：《街头和庭园的建筑小品——喷泉》，《集邮博览》2005 年第 6 期。

葛山：《"京剧热"带火京剧脸谱收藏》，《中国拍卖》2006 年第 11 期。

韩静：《南海桂城，千灯湖片区崛起》，《小康》2019 年第 29 期。

刘周海：《浅论岭南剪纸艺术形式》，《美术大观》2010 年第 7 期。

马良:《浅析粤剧在东莞石碣镇的传播与发展》,《戏剧之家》2015 年第 7 期。

王建玲:《论石湾窑新发现及其意义》,《石湾窑》2014 年第 3 期。

黄晓蕙:《佛山奇石古窑及相关的几个问题》,《南方文物》2016 年第 2 期。

黄一枚:《探究清末岭南文人竹枝词创作思潮变迁——以〈羊城竹枝词〉为例》,《长江丛刊》2016 年第 11 期。

曹思彬:《羊城竹枝词》,《开放时代》1984 年第 2 期。

张奕琳:《近代广府文人海外竹枝词的文化体认》,《岭南文史》2020 年第 2 期。

严维哲:《晚唐五代蜀粤商贸活动与南粤土词的产生》,《华侨大学学报》(哲学社会科学版) 2018 年第 1 期。

李定广:《"花间别调"与晚唐五代蜀粤商贸活动》,《文化遗产》2018 年第 3 期。

郑毅:《徽州·茶竹枝词》,《茶叶经济信息》2004 年第 5 期。

周涛:《〈竹枝词〉溯源》,《中华文化论坛》2006 年第 4 期。

祝汪先:《论"竹枝词"》,《西南民族学院学报》(哲学社会科学版) 1988 年第 4 期。

吴艳荣:《近三十年竹枝词研究述评》,《中南民族大学学报》(人文社会科学版) 2006 年第 5 期。

向柏松:《巴人竹枝词的起源与文化生态》,《湖北民族学院学报》2004 年第 1 期。

谢明:《宛转轻快、多彩多姿——浅谈竹枝词》,《琼州大学学报》1996 年第 1 期。

胥洪泉:《〈全清词〉(顺康卷)"竹枝词"的几个问题》,《古籍整理研究学刊》2008 年第 4 期。

杨秋:《东莞槟榔歌的缘起、功能及其民俗意义》,《岭南文史》2003 年第 2 期。

张学敏:《竹枝词四论》,《西华师范大学学报》(哲学社会科学版) 2005 年第 1 期。

莫秀英:《从唐代到清代文人竹枝词题材内容的发展演变》,《中山大学学报论丛》2002 年第 2 期。

彭福荣:《试论乌江流域竹枝词民俗内涵》,《贵州社会科学》2008 年第 9 期。

丘良任：《略伦竹枝词的特色及其研究价值》，《广东社会科学》1985年第3期。

任访秋：《谚语的研究》，《礼俗》1931年第6—7合刊。

王子今：《思创竹枝词客家文化史料研究》，《重庆师范学院学报》（哲学社会科学版）2001年第1期。

吴尚德：《浅议竹枝词创作技巧》，《诗词月刊》2008年第9期。

杜同力：《关于谚语的报告和说明》，《国语周刊》1925年第9期。

范玉春：《以槟榔为礼：岭南汉族婚俗的文化地理学考察》，《广西民族研究》2005年第2期。

高月：《论刘禹锡〈竹枝词〉的起源和发展》，《涪陵师范学院学报》2002年第4期。

郭绍虞：《谚语的研究》，《小说月报》1921年第2—4期。

黄崇浩：《"竹王崇拜"与〈竹枝词〉》，《黄冈师范学院学报》1999年第1期。

梁莎莎：《民间竹枝词考》，《中央民族大学学报》（哲学社会科学版）2007年第3期。

刘剑锋、欧阳晓钰：《现代城市公园景观规划初探》，《山西建筑》2007年第30期。

刘美亮：《浅谈景观小品在公园中的作用》，《城市地理》2016年第6期。

刘奇俊：《岭南传统砖石牌坊文物保护技术研究——以佛山祖庙褒宠牌坊修缮工程为例》，《文物鉴定与鉴赏》2020年第9期。

李可：《公园绿地中的木结构景观小品设计研究》，《城市建筑》2019年第23期。

彭恬怡、陈玮：《城市公园景观规划设计——以常州春秋乐园为例》，《大众文艺》2019年第20期。

潘旋：《佛山市文华公园总体规划》，《广东园林》2008年第5期。

申恬波：《解析城市街头景观小品造型设计》，《现代装饰》（理论）2013年第12期。

苏里曼、梁丹妮：《佛山剪纸造型艺术的探讨》，《包装工程》2010年第24期。

王珂：《城市湿地公园园林小品设计浅析》，《农业科技与信息》2016年第2期。

叶莉：《浅谈"行通济"这一非遗项目的保护与思考》，《大众文艺》

2018 年第 5 期。

余凤英：《传承文化，塑造特色——佛山亚洲艺术公园建设》，《中国园林》2007 年第 8 期。

叶青：《中国绘画叙事传统的形成》，《江西社会科学》2007 年第 5 期。

何桂彦：《社会风景：中国当代绘画中的风景叙事》，《文艺研究》2012 年第 6 期。

朱芳：《张择端〈清明上河图〉绘画长卷的叙事性》，《文艺评论》2014 年第 4 期。

鲜益、汪代明：《民间年画中的绘画叙事形态》，《文艺争鸣》2011 年第 3 期。

尚辉：《重建图像时代的造型艺术形象》，《美术》2018 年第 2 期。

何桂彦：《"社会风景"中国当代绘画中的风景叙事及其文化观念变迁》，《美术文献》2013 年第 5 期。

杨杰：《现实语境中的图像叙事——延安革命意识形态语境下的绘画形式语言建构》，《美术大观》2016 年第 7 期。

水中天：《从"革命"的叙事到"生命"的思考——林岗绘画的发展脉络》，《美术研究》2010 年第 5 期。

王海燕：《"政治叙事"：新中国 17 年绘画题材的历史转型》，《艺术百家》2012 年第 4 期。

钱慧：《论儿童叙事及其绘画载体》，《陕西学前师范学院学报》2019 年第 2 期。

罗奇：《叙事的转向——广东近现代重大历史题材绘画管窥》，《美术学报》2014 年第 3 期。

吴良镛：《积极推进城市设计提高城市环境品质》，《建筑学报》1998 年第 3 期。

何子张、洪国城：《基于"微更新"的老城区住房产权与规划策略研究——以厦门老城为例》，《城市发展研究》2015 年第 11 期。

杨俭波、李凡、黄维：《对历史文化名城老城区更新运用"三旧"改造的思考——佛山岭南天地案例研究》，《中外建筑》2014 年第 6 期。

华南理工大学：《佛山历史文化名城保护规划（禅城部分）修订》，禅城区规划局 2008 年版。

杨奕、吴建平：《地方依恋：对象、影响因素与研究趋势》，《心理学进展》2013 年第 3 期。

后　记

　　光阴荏苒，五年弹指。见此从概念到成形的系列《品城：街巷背后》《论城：落脚佛山》和《绘城：他者目光》终于面世，心中感慨，不禁油然。人生苦短，能五年奋蹄于一事者，难也。然我辈福缘，外得强援，内获鼎助，团队同袍，协力同心，终成此事。幸哉！

　　本书（《印象·佛山》系列丛书第三部《绘城：他者目光》）是笔者研究团队（佛山科学技术学院产业发展与城市促进研究中心、佛山科学技术学院地方文化与旅游发展研究中心）长期、持续耕耘佛山城市文化和遗产管理的成果；也是团队所在的佛山科学技术学院环境与化学工程学院和佛山市自然资源局禅城分局、佛山珠江传媒集团（佛山日报社）、佛山市文化广电旅游体育局、佛山市禅城区文化广电旅游体育局等单位通力合作的成果和见证。本书由杨俭波、李凡、李兰和马蔚彤共同撰写完成，具体写作分工为：杨俭波撰写第一章和第三章，李凡撰写第五章，李兰撰写第二章和第四章，马蔚彤撰写第六章；杨俭波负责全书统稿、定稿。由于研究对象的复杂性、研究周期的长期性等原因，更由于研究者个人能力的局限和不足，使本书难免挂一漏万，有关成果若能起到抛砖引玉之效，已属万幸，如因笔者原因导致的问题，敬请方家批评、指正。

　　本书写作过程中得到佛山科学技术学院包括郝志峰校长、陈忻院长、刘小辉处长、魏兴琥院长、罗小兰副书记、徐颂副院长等领导的大力支持，也得到佛山市自然资源局禅城区分局名城办主任区迅敏同志，佛山珠江传媒集团王丽萍、邓磊、李淦、关永铿等同志的直接帮助，尤其是关永铿同志的耐心、宽容和努力，是本系列丛书得以顺利出稿、付印和出版的基本保障，在此特别致谢。

　　本书研究成果也离不开研究团队成员李凡教授、杨代友研究员（广州市社会科学院）、李飞副教授、陈刚博士、李兰老师、马蔚彤老师、黄维老师、刘书安老师等的大力协助，本校旅游管理专业2017级吴静，2018级覃泳龙，2019级吴清、曾若羽、苏小净、蔡招强、蔡富京、林晓青、周嗣景等同学参与了部分基础工作,在此一并表示感谢。

  同时,本书的写作离不开家人的大力支持,对来自家人的关照、支持和鼓励,不能仅以感谢言之,唯有不断自我鞭策、努力前行,方能报之。

  特别感谢中国社会科学出版社卢小生编审。卢编审以他的耐心、关爱和同理心,对本项目给予了巨大支持和帮助。他和他的编辑团队以崇高的人格和敬业精神,让我们仰望和致敬,谢谢!

俭波谨记

辛丑年孟夏于佛山